◆ 兰州大学"双一流"建设资金人文社科类图书出版经费资助

环境规制对中国工业产业绩效的影响研究

毛锦凰 著

中国社会科学出版社

图书在版编目（CIP）数据

环境规制对中国工业产业绩效的影响研究／毛锦凰著．
—北京：中国社会科学出版社，2018.6
ISBN 978-7-5203-2143-3

Ⅰ.①环… Ⅱ.①毛… Ⅲ.①环境规划—影响—工业产业—研究—中国　Ⅳ.①F426

中国版本图书馆 CIP 数据核字（2018）第 037805 号

出 版 人	赵剑英
责任编辑	孔继萍
责任校对	王　龙
责任印制	李寡寡

出　　版	中国社会科学出版社
社　　址	北京鼓楼西大街甲 158 号
邮　　编	100720
网　　址	http://www.csspw.cn
发 行 部	010-84083685
门 市 部	010-84029450
经　　销	新华书店及其他书店

印　　刷	北京明恒达印务有限公司
装　　订	廊坊市广阳区广增装订厂
版　　次	2018 年 6 月第 1 版
印　　次	2018 年 6 月第 1 次印刷

开　　本	710×1000　1/16
印　　张	15.75
插　　页	2
字　　数	248 千字
定　　价	69.00 元

凡购买中国社会科学出版社图书，如有质量问题请与本社营销中心联系调换
电话：010-84083683
版权所有　侵权必究

序 言

本书在总结前人研究的基础上，结合我国环境规制现状，并根据环境规制对产业绩效的影响机理，选取我国2005—2013年规模以上工业行业作为实证分析的样本，从工业行业类别、东中西三大区域、不同污染行业及不同规制工具四个视角，定量分析了环境规制对我国工业产业绩效的影响，有助于准确了解环境规制在减少环境污染的同时对经济发展和产业绩效影响的差异性，为提高环境规制质量和水平提供理论依据。

笔者能够灵活运用所学知识和相关学科的理论与方法发现问题、研究问题，并提出解决问题的对策建议。首先，本书对国内外学者的相关研究成果进行了很好地梳理，凝练出了相关科学问题，体现出作者能够较好地掌握本研究领域的理论前沿和最新研究动态；其次，本书结合相关理论基础知识，对环境规制及影响产业绩效的相关理论概念进行了全面的阐述，并从直接效应和间接效应两个视角深入分析了环境规制影响产业绩效的机理，在产业组织理论SCP分析范式的基础上加入制度因素，提出了新的S－SCP分析范式；最后，从工业行业、区域、污染程度及规制工具四个视角分别实证分析了环境规制对产业绩效的不同影响，研究视角和研究范围具有很好的创新性和开拓性。本书研究结论发现：环境规制对产业绩效的影响不但会因为行业差异、区域差异而不同，也会因为行业污染程度的差异和规制工具的不同对产业绩效有不同的影响和正负效应，本书选取企业进入、产业技术创新、全要素生产率等直接和间接因素来研究环境规制对产业绩效的影响，四个不同的研究视角既有积极的影响，也有消极的影响，不但对两者之间的关系做出了正确的解释，而且所得结论对于我国分地区、分行业制定环境规制政策具有一定的现实指导意义。

郭爱君

兰州大学经济学院院长、教授、博士生导师

2017年11月于兰州大学

目　录

第一章　前言 ………………………………………………… (1)
　第一节　问题的提出 ………………………………………… (1)
　第二节　研究意义 …………………………………………… (2)
　第三节　研究内容及研究结论 ……………………………… (3)

第二章　理论回顾 …………………………………………… (5)
　第一节　相关概念 …………………………………………… (5)
　第二节　理论基础 …………………………………………… (12)
　第三节　文献综述 …………………………………………… (24)

第三章　环境规制对产业绩效的影响机理 ………………… (35)
　第一节　基于 S－SCP 分析范式视角 ……………………… (35)
　第二节　基于博弈论视角 …………………………………… (44)

第四章　环境规制对工业产业绩效的影响
　　　　——基于中国 38 个工业行业视角 ………………… (53)
　第一节　问题的提出与模型设定 …………………………… (53)
　第二节　数据分析及平稳性检验 …………………………… (62)
　第三节　模型估计与结论 …………………………………… (95)
　第四节　结论 ………………………………………………… (130)

第五章　环境规制对工业产业绩效的影响
　　　　——基于东、中、西部区域视角 …………………… (132)

第一节 问题的提出与模型设定 …………………………… (132)
第二节 数据分析及平稳性检验 …………………………… (140)
第三节 模型估计与结论 …………………………………… (160)
第四节 结论 ………………………………………………… (169)

第六章 环境规制对工业产业绩效的影响
——基于行业污染程度视角 …………………………… (171)
第一节 问题的提出 ………………………………………… (171)
第二节 模型设定及数据分析 ……………………………… (175)
第三节 模型估计及结论 …………………………………… (177)

第七章 环境规制对工业产业绩效的影响
——基于环境规制工具视角 …………………………… (184)
第一节 问题的提出与模型设定 …………………………… (184)
第二节 模型设定 …………………………………………… (185)
第三节 数据分析及平稳性检验 …………………………… (188)
第四节 模型估计与结论 …………………………………… (191)

第八章 结语 ………………………………………………… (202)
第一节 研究结论 …………………………………………… (202)
第二节 政策建议 …………………………………………… (204)

参考文献 …………………………………………………… (206)

附录 ………………………………………………………… (208)

后记 ………………………………………………………… (246)

第一章

前　　言

第一节　问题的提出

改革开放以来，我国工业经济的快速发展，也带来了严重的环境问题，令人担忧的水污染，日益严重的土壤污染，大范围雾霾导致的空气质量不断恶化，经济发展与生态环境之间的矛盾日益突出，继续以GDP为纲还是环保优先，不仅是"绿与黑"的抉择，更关乎经济社会的可持续发展和亿万群众及子孙后代的福祉。为此，"十一五"规划纲要明确提出了建设资源节约型和环境友好型社会的战略目标，党的十七大报告也首次提出"生态文明"的概念，十八大报告提出坚持节约优先、保护优先、自然恢复为主的方针，将其纳入了我国社会主义现代化建设总体布局中。习近平总书记在最近的省部级主要领导干部学习贯彻十八届五中全会精神专题研讨会上指出，回顾近百年环保领域发生的八大公害事件，保护生态环境已刻不容缓，只有汲取惨痛的教训，重塑生态发展理念，才能以大局观、长远观、整体观来认识生态、重视生态，将生态文明建设置于突出地位、融入经济社会发展的各个方面，这些都体现了环境问题及生态文明建设在我国经济社会发展过程中的重要性。环境污染治理除了行政性的令行禁止，还需要市场化规制工具和公众监督，但污染问题的解决本质上是成本与收益的比较，只有从环境规制政策中获得的社会收益大于社会成本时，才意味着环境规制是有效的，所以无论是命令控制型的规制工具还是市场激励型或公众参与型工具，效果的衡量主要是通过其对产业绩效与带来成本之比较，环境规制对产业绩效的影响程度不仅反映了规制政策的有效性，也反映了被规制产业应对规制政策的有效性，以及规制政策带来的不利影响和程度，为产业政策的制定提供依据。

近年来，随着环境问题日益突出，我国也开始建立了较为完善的环境影响评价制度，但是对于环境规制政策的影响评价尤其是多视角下对我国工业产业绩效的影响仍是空白，我国作为发展中国家，工业产业仍然是经济发展的主导，但工业化带来的最大问题就是环境问题，如何解决严峻的环境保护与经济发展、工业污染防治与工业产业绩效提高间的权衡问题，给环境规制政策方针制定提出了严峻挑战，既要实现经济发展和工业化，又要实现污染控制的目标。因此，多视角考虑环境规制政策对我国工业产业绩效的影响方向和程度，不仅有助于提高和完善我国环境规制政策质量和水平，也为减少规制政策对产业绩效的不利影响提供理论基础。

第二节　研究意义

随着环境问题日益严重，环境规制就成为世界各国治理环境污染的重要举措，但与此同时，严格的环境规制也可能给经济发展、产业绩效和产业国际竞争力等带来影响。结合目前的研究成果来看，环境规制对产业绩效的影响主要是通过企业生产成本、企业技术创新和企业进入等来实现的，环境规制不仅使企业的生产成本发生变化，还会影响企业的技术创新，而且过于严格的环境规制可能成为企业进入行业的壁垒，降低行业的竞争程度。因此，有效的环境规制政策应该是在达到节能减排目标的同时，尽量减少对经济发展和产业绩效的不利影响，进而实现经济发展与环境保护的"双赢"。作为发展中国家，我国正面临着经济发展与环境保护、工业污染治理与产业绩效提高的多重权衡，但这方面的研究目前比较欠缺，更多的是局限于某一个产业或地区，选取有限的数据资料来证明环境规制与产业绩效之间的关系，得出的结论也是大相径庭，因此本书在前人研究的基础上，根据环境规制对产业绩效的影响机理，选取我国规模以上工业行业作为实证分析的样本，从工业行业、东中西三大区域、不同污染行业及不同规制工具四个视角，定量分析了环境规制对我国工业产业绩效的影响，准确了解环境规制在减少环境污染的同时对不同区域、不同行业、不同规制工具等方面与产业绩效关系的差异性，为提高环境规制质量和水平提供理论依据。

第三节 研究内容及研究结论

本书在产业组织理论 SCP 分析范式的基础上加入制度因素，即环境规制对市场结构和市场行为的影响，最终会产生什么样的市场绩效，提出 S－SCP 分析范式，分析了环境规制对我国工业产业绩效影响的直接效应和间接效应，并就目前关于环境规制对产业绩效影响的不同结论通过选取四个研究视角进行实证分析，环境规制对产业绩效的影响不但会因为行业差异、区域差异而不同，也会因为行业污染程度的差异和规制工具的不同有不同的影响程度、产生正负效应，而且环境规制工具在东、中、西三大区域对产业绩效的影响也不尽相同，这就为中央政府和地方政府制定因地制宜的规制政策提供了理论依据。所以环境规制对产业绩效的影响是通过企业进入、产业技术创新、全要素生产率等直接和间接因素来实现的，既有积极的影响，也有消极的影响，只有分行业分地区综合考虑各种因素才能够对两者之间的关系做出正确的解释，其结论也才具有可操作性和实用性。

本书主要运用面板数据模型和 DEA 等数据分析方法，选取 2005—2013 年规模以上工业行业数据、各省区市规模以上工业行业数据及环境数据，构建环境规制与工业产业绩效之间的线性与非线性模型，探索与论证环境规制对工业产业绩效的影响程度与方向，其结论如下：

（1）环境规制对我国规模以上工业产业绩效具有积极的促进作用。虽然环境规制是我国工业企业进入的阻碍因素，但对产业技术创新、产业总资产贡献率和全员劳动生产率都有正向影响。总体来看，环境规制对我国工业产业绩效的总体影响呈正效应。

（2）环境规制对东部地区产业绩效影响呈负效应。中部地区和西部地区环境规制无论从企业进入角度还是技术创新和全要素生产率角度都起到正向的促进作用，而且中部地区的促进作用大于西部地区。这也为中、西部地区进行环境规制尤其是保护西部地区生态环境具有重要现实意义。

(3) 环境规制有利于重度污染和中度污染行业产业绩效的提高，但对轻度污染行业产业绩效的影响不显著。在影响大小上，对重度污染行业的影响程度最大，尤其是在技术创新方面，环境规制影响最为显著，这将有利于通过环境规制强度的变化来促使重度污染行业进行技术创新，并达到治理环境污染的目的。

(4) 命令控制型工具仍然是当前影响我国工业产业绩效的主要工具，其平均贡献率大于市场激励型和公众参与型；但分区域来看，东部地区主要以市场激励型为主，并且从长期来看有利于产业绩效的提高，而中西部地区主要以命令控制型为主，对产业技术创新具有积极的促进作用，但对技术进步作用不明显。

(5) 公众参与型工具在全国及东、中、西各区域对产业绩效都具有显著影响，而且其对产业绩效的促进作用在东部地区已经开始显现，对中西部地区仍然起阻碍作用，不过从其对工业产业绩效的影响来看，随着网络通信技术的发展，公众参与型由于其越来越低的成本和较高的透明度将会是未来重要的规制工具之一。

根据以上的研究结论，为了提高我国环境规制质量和水平，实现经济发展与环境保护的"双赢"，本书从区域性、行业污染程度、工具差异性等方面提出了可行性的政策建议，并就提高我国环境规制的市场化程度提出了不同的见解，尤其是公众参与型工具，目前仍然没有受到重视，但其作用不可忽视，可以形成有效的环境污染治理"倒逼"机制，以加强公众对环境污染治理的监督，提高环境规制质量和水平。由于数据资料和时间有限，本书没有充分讨论环境规制对产业绩效影响的微观机理，尤其是从博弈论视角了解企业和政府在环境规制中的博弈策略和决策行为，也是笔者今后继续研究的方向。

第二章

理论回顾

第一节 相关概念

一 环境

环境的概念十分广泛，从一般意义上讲，环境主要是指人们周围的条件和情况，如人们常说的自然环境、周边环境、社会环境、国际环境等，但在专业学科领域或科学领域，环境主要是指以人类社会为主体的外部世界，即人类生存的外部物质世界，也就是英文中的 Environment。从环境一词的基本含义来看，主要有以下的解释：《中国大百科全书（环境科学卷）》将环境定义为："环绕着人类的空间，及其中可以直接、间接影响人类生活和发展的各种自然因素的总体"[1]，即人类环境。《现代汉语词典》把环境解释为："周围的地方、周围的情况、影响或势力，周围的自然条件和社会条件。"[2] 生态学上把环境定义为：以整个生物界为中心和主体并构成生物生存所必需的外部空间和诸如大气、土壤、水、阳光等无生命物。

本书环境一词主要指与人类生存和发展息息相关、包括生产生活环境在内的、影响人类生存和发展的各种自然因素的总体，像水、土壤、空气、矿藏、动植物、名胜古迹、风景区、生活聚居区等，主要包括生态环境和生活环境两个方面。生态环境指影响生态系统发展的各种因素，包括气候、土壤、生物、地理和人为条件，生活环境是指与人类生活密

---

[1] 《中国大百科全书（环境科学卷）》，中国大百科全书出版社2004年版，第154页。
[2] 《现代汉语词典（第六版）》，商务印书馆2012年版，第176页。

切相关的天然的和后天人工加工改造的自然因素,像空气、水、动植物等,人类的生活环境与生态环境密切相关,共同构成了人类生存与发展的环境,人是环境的中心,但人类不应该是环境的主宰,而是环境中的一员,只有人与环境构成和谐统一的整体,才能实现人类社会的可持续发展。

由于人类在生产生活中不合理、不恰当地开发环境资源,超过了自然环境的自我净化能力,造成了环境的恶化,产生了像水土流失、草原退化、资源枯竭、物种灭绝、大气污染、水污染、土壤污染等一系列环境问题,这些环境问题不但影响了自然环境的自我恢复,也影响了人类的生产与生活,如果不加以控制与改善,环境问题将成为人类可持续发展甚至是人类延续的主要障碍。

二 规制

规制是英文 Regulation 或 Regulatory Constraint 的译名,也有人译为管制或监管,意为用法律、规章、制度及政策对规制对象加以制约和控制。规制一词最早可以追溯到古罗马时期,在古罗马时代,戴克理先皇帝为好几百种商品制定最高价格,这些商品都是社会重要的物品和服务,目的是通过政府的强制权对微观经济主体进行干预以实现社会公平,因此,规制就是政府对经济的干预和控制,也称政府规制或政府干预。

对于规制的定义,国内外学者从政治、法律、经济等方面进行过许多阐述,但目前并没有一个具有普遍意义和可有效运用的定义,不同的学科、不同的文献有不同的解释和用法,从目前国内外文献对于规制的定义看,主要是从规制的主体、规制的客体、规制的依据和手段、规制的目的及规制的效果等几个方面加以界定的。规制的主体是政府机构,客体是以各类企业为主的经济主体,规制的依据和手段是各类法律、法规与政策,以上三个方面在所有文献中的界定基本是一致的,不同点就在于对规制的目的及规制效果的解释上,大多数文献认为规制的目的是为了保护社会的公共利益,但也有学者提出,除了公共利益之外,规制也不全是为了公共利益,而是为了某些利益集团而进行的规制。本书关于规制的定义主要结合目前规制分析的视角和分类来加以界定。按照规制的内容,规制被分为社会性规制和经济性规制(表2—1);从规制的对象划分,可分为宏观规制与微观规制;从规制的目的划分,可分为"公共利益范式"规制和"利益集团范式"规制。[1]

表 2—1　　　　　　　　　　政府规制的分类

规制类型	规制方式	规制手段及目标
经济性规制	不公平竞争规制	通过反垄断法、民法、商法等对垄断等不公平行为进行制约,以维护公平的市场竞争环境
	费率规制	对所规制企业的产品或服务定价进行规制,维护市场竞争环境
	信息不对称规制	通过公开信息、广告法等对市场信息的隐藏行为进行监督
社会性规制	环境规制	通过环境保护法、资源法、土地法等直接规制来防止环境污染、资源破坏,保护环境和资源有效利用
	产品质量规制	通过消费者权益法、产品质量法等对产品质量进行监督,以保证食品安全和健康
	安全生产规制	通过安全生产法监督生产安全,确保劳动者的健康和权益
	非价值性物品规制	通过毒品法、治安管理条例等法规保证社会安全与经济稳定发展

资料来源:图表由笔者根据相关资料整理。

(一) 社会性规制和经济性规制

社会性规制和经济性规制又称直接规制,是指政府机构对一些特殊公共产品和外部不经济性以及严重影响社会公益的经济活动及决策直接进行干预和规制。社会性规制是指政府通过立法等手段对产品和服务的质量以及伴随的其他活动制定一定的标准,并禁止、限定特定行为的规制,以保障消费者和劳动者的健康安全、卫生、环境条件。主要有环境规制、产品质量规制、安全生产规制、非价值性物品规制等。经济性规制是指为了解决自然垄断和信息不对称而产生的资源配置效率低下和市场公平,政府使用法律等手段对企业的进出、商品的价格、服务质量和

---

[1] 张红凤、张细松等:《环境规制理论研究》,北京大学出版社 2012 年版,第 10—13 页。

数量、财务、投资决策等经济活动进行的规制。主要包括不公平竞争规制、费率规制、信息不对称规制等。

(二) 宏观规制和微观规制

大多数学者认为规制主要是政府针对微观经济主体进行的干预或控制,但也有学者将规制当成是政府干预的同义词,因此规制就属于宏观的范畴。如在经济政策领域,凯恩斯主义认为:"规制是指经过一些反周期的预算或货币干预手段对宏观经济活动进行调节。"[①] 日本的金泽良雄认为,"规制是在市场经济条件下,为了纠正和改善市场失灵,政府通过一系列政策措施干预经济主体活动的行为",包括微观经济政策和宏观经济政策两个方面,比如以促进经济增长和保证公平分配为目的的财政税收金融政策。而大多数学者则把规制看成是政府对微观经济的干预,70年代之前主要集中在某些特殊行业的价格和进入控制上,70年代之后转移到了要素市场的干预及规制立法的重要性,并将市场模型引入政府规制当中,体现了规制与市场之间的关系。

(三) "公共利益范式"规制和"利益集团范式"规制

张红凤等人提出的"公共利益范式"规制和"利益集团范式"规制的分类方式基于社会福利最大化和维护社会公平为目的,规制的目标就是为了实现社会福利最大化的公共利益和社会财富再分配的利益集团的利益。

本书在对规制概念的界定上认为张红凤等人提出的规制概念分类更加合理,因此将从公共利益和利益集团两个视角对规制一词进行定义。

1. "公共利益范式"的规制

目前大多数文献对规制的定义实际上基于"公共利益范式",按照《新帕尔格雷夫经济学大辞典》的解释,规制是政府为控制企业的价格、销售和生产决策而采取的各种行动,政府公开宣布这些行动是要努力制止不充分重视"社会利益"的私人决策。规制的法律基础由允许政府授予或规定公司服务权力的各种法规组成。[②] 可见规制的目标是维护社会利益最大化。*Survey of Social Science-economics Series* 对规制给了更为详尽的

[①] [英] 约翰·伊特韦尔、默里·米尔盖特、彼得·纽曼:《新帕尔格雷夫经济学大辞典(中译本)》,经济科学出版社1996年版,第141页。

[②] 同上书,第137页。

解释：为了实现经济增长和经济发展，政府职能部门通过公共政策对经济行为进行管理，以克服市场失灵、影响市场力量，实现经济和社会合意的效果。规制一般存在于资本主义市场经济和以市场为导向的经济体中，对经济微观主体尤其是工商企业进行经济性规制和社会性规制，是一种社会管理的方式。在经济性规制中，政府通过特许经营权或许可证的发放与授予，允许企业、个人从事工商业，批准其投资决策等。在社会性规制中，政府主要是保护那些在政治、经济中处于劣势地位的实体——保护环境免受污染与破坏，保护消费者远离危险品，保护小集团免受商业歧视。[1] Burgess 从市场结构的角度提出经济性规制的概念，由于市场的不完全，许多行业存在阻碍进入的有效障碍，这些障碍伴随着垄断的产生带来了超额利润和无效率，为了维护市场公平竞争，垄断问题就引起了经济性规制。规制的目的就是为了增加市场物品供给，打破垄断，保证资源配置的效率更高，收入分配更加公平，消费者能够分享自然垄断的好处。与此同时，他也提出了社会性规制，他认为由于外部性会导致社会正常物品生产的不足，甚至过度生产劣质品，导致社会福利下降，为了实现社会福利的最优化，政府必须进行规制，以保证社会福利最大化。

上述学者对于规制概念的界定基本上都是从公共利益最大化的目标出发，即在市场经济条件下，政府基于经济效率或社会公平考虑，依据法律法规，以实现社会福利最大化为目标，对经济主体进行经济性规制和社会性规制。这种定义被张红凤等学者称为"公共利益范式"，是建立在规范分析的基础上，但与很多实证分析的结论"规制并非为了公共利益、规制也并非都有效率"存在很大的偏差，为了解释规范分析与实证分析的偏差，提出了"利益集团范式"规制的概念。

2. "利益集团范式"的规制

政治学中的利益集团又称为压力集团，是指"具有共同利益目标并试图对公共政策施加影响的有组织的实体"[2]。斯蒂格勒认为，规制是因

---

[1] Magill, F. N., 1991, *Survey of Social Science-economics Series*, Vol. 4, Salem Press, Inc., pp. 1973 – 1974.

[2] Berry, J. M., 1989, The Interest Group Societ, 2nd ed, Glenview, Ill; Scott, Foresman；转引自方福前《公共选择理论》，中国人民大学出版社 2000 年版，第 98 页。

应产业利益集团的要求对国家强制权的应用以实现其利益而设计和实施的，斯蒂格勒对规制的界定虽然仅限于对产业的控制，但他提出的概念将规制不再作为为了实现公共利益而进行控制的政府行为，而是看作政府与产业利益集团之间的博弈，这种定义在一定程度上丰富了规制的内涵。

以"利益集团范式"为基础，后来的学者像佩兹曼（1976）、贝克尔（1985）、埃里克（1990）、麦克肯尼（1997）等都沿用并拓展了这一分析范式，并将利益集团从产业扩展到多个，像消费者利益集团、环境保护者利益集团、纳税者集团、企业工会集团等，利益集团为了自身利益通过向规制者提供支持来俘获规制者寻求规制，而规制供给者（政府）为了实现政治利益或自身利益最大化而供给规制，通过规制最终实现财富的再分配。因此，从"利益集团范式"的角度来看，规制是一种财富再分配的手段。

虽然规制是一种政府行为，但规制存在的前提和理由是市场失灵，而在很多关于规制的定义中，都倾向于忽略市场，基于此，史普博（1999）对规制进行了重新定义。

规制是由规制机构制定并执行的直接干预市场配置资源机制或间接改变企业经营决策和消费者消费决策的一般规则或行为。规制的过程是由被规制的企业、消费者、消费者偏好、企业生产技术、规制战略组合及规则组合构成的一种动态博弈。[①]

史普博通过引入市场机制对规制进行重新定义，将政府的决策模型与市场机制模型统一起来，将规制视为规制者、企业和消费者多种利益集团相互博弈的过程。"利益集团范式"强调的是规制者与被规制者之间的互动与博弈，起到了财富再分配的作用。

因此，规制的定义应该从规制内容、目的、主体与客体、程序、手段与时机等多重因素考虑，融合两大范式，这样现代意义上的规制可以界定为：在市场经济条件下，政府通过国家的强制权依法对宏观和微观经济主体进行直接或间接的控制与管理，克服市场失灵和社会不公及微

---

① ［美］史普博：《管制与市场》，上海三联出版社、上海人民出版社1999年版，第2、45、47页。

观经济无效率，以维护市场秩序和社会公共利益，实现社会福利的最大化。

三 环境规制

环境规制的概念经历了逐步完善的过程，起初学者们认为环境规制是政府使用行政手段对环境资源的利用进行直接控制，环境规制政策包括禁令、关停污染企业、污染许可证等法律法规都是政府统一制定并执行，不但市场不起作用，企业也没有参与权和自主权。

随着市场经济的发展，市场在环境规制中的作用也越来越明显，以市场为基础的经济性手段和经济激励型手段与行政手段相结合成为环境规制政策制定与执行的出发点，环境规制的概念从主体、对象、目标、手段和性质等方面都有市场的因素。规制主体为政府机构，规制对象为微观经济主体，规制目标是将人类经济活动所造成的环境污染控制在生态系统可承受范围之内，将环境污染所带来的外部不经济性降低到最适水平，实现环境保护与经济的可持续发展。规制的手段主要有各类环境政策、环境法律法规及与环境相关的各种规章制度。就性质而言，一是直接的行政控制，即通过环境立法、实施、检查等企业的环境活动进行控制；二是间接的市场调节，即通过市场机制和经济手段促进环境污染外部性内部化；三是自我约束，即通过政府与经济主体达成的自愿性环境保护协定实现自我约束。

本书结合环境规制的内涵、手段及目标对其概念加以界定。作为社会性规制的环境规制是指由于环境污染具有负的外部性，政府通过制定保护环境的相关法律法规与规章制度，干预调节企业的经济活动，以达到环境保护与经济可持续发展的目的，并且对环境规制工具进行了划分，即分为市场激励型、命令控制型和公众参与型。

四 产业绩效

产业绩效（Industrial Performance）是产业组织学的核心问题之一。所谓产业绩效是指在一定的市场结构下，厂商行为使某一产业在成本、产量、价格、利润、质量以及技术进步等方面达到的状态，即厂商的经营是否满足了消费者的需求，增加了社会的经济福利。影响产业绩效的因素主要有产业集中度、行业进入壁垒、地域差异、系统风险、对外贸易与产业结构等。

五　环境规制与产业绩效

环境规制与产业绩效之间的关系，目前主流观点有以下两种：一是环境规制与产业绩效之间呈负相关，由于环境规制就是通过对环境资源的使用收取费用，限制过度使用，从而增加了企业的成本，导致企业生产率和利润下降，因此，从静态效应来看，环境规制必然导致产业绩效下降。二是环境规制与产业绩效之间呈正相关。环境规制会阻碍新企业的进入并且对现有企业的技术创新行为起到激励作用，从而导致市场竞争程度的降低，提高产业的盈利能力和利润率，尤其是企业为了应对由于环境规制带来的成本上升，会加快技术创新，而技术创新又会促进产业绩效的提高。因此，环境规制与产业绩效之间是各种直接因素和间接因素综合影响的结果，涉及企业规模、企业性质、企业的地域分布、行业类型、市场结构等多方面因素，只有全面考察环境规制与产业绩效之间的传导机制，通过对不同行业、不同地域、不同性质产业的选择，综合考察环境规制对企业生产成本、技术创新和企业进入等各种因素的影响分析，才能对两者的关系做出准确的解释。

第二节　理论基础

环境规制作为规制理论的一个分支，目前还处于不断完善阶段，从环境规制所涉及的理论来看，主要有规制主体的经济人假设和公共利益与私人利益产生冲突的一些基本理论工具，包括市场失灵、外部性、信息不对称、公共物品、产权理论和交易费用理论等。

一　经济人假设

经济人假设最初是由英国经济学家亚当·斯密在1776年出版的《国富论》中描述的，后来约翰·穆勒根据斯密的表述和西尼尔的个人利益最大化原理提出了经济人的假设，并由帕累托将"经济人"一词引进了经济学。"经济人"假设经历了"完全经济人""有限理性经济人"假定到"适应性理性经济人"假设的过程。

(一) 完全理性经济人假设

斯密认为,个人追求自身利益最大化是社会发展的原动力,由于"经济人"具有利己的一面,因此,他会追求自身利益最大化,并且在一只"看不见的手"的操控下最终实现资源的最优配置,实现整个社会福利最大化。但在追求自身利益最大化的过程中,又会受到人的内在道德和外在法律的限制与约束,因此,斯密的"经济人"并不是完全自私自利的,这一点在斯密更为著名的一本著作《道德情操论》中就有论述。斯密认为个人利益与社会利益其实质是一致的,只要有良好的法律法规,主观上自利的"经济人"通过追逐自身利益也能够实现客观上有利于社会的结果。由此可见,斯密的"经济人"并不是一个完全理性的自私自利的"自利人"。

斯密之后,经济学的研究对于人的假定愈加规范,"经济人"也成为经过经济分析而被严格抽象的概念,按照穆勒的观点,经济学只研究人类经济活动的某一方面,即以追求自身利益最大化为目标,作为经济活动的主体,"经济人"应该是抽象掉自利属性而具有社会属性的抽象概念。19世纪70年代边际效用学派的出现导致了经济学的一场革命,即边际革命,边际学派对于"经济人"的假设也进行了更加精确的表述,认为"经济人"应该具备完全有序的偏好、完备的信息和准确无误的计算能力,即完全理性的"经济人",这也是新古典经济学关于经济人的假定。

(二) 有限理性经济人假设

有限理性(bounded rationality)的概念最初是阿罗提出来的,他认为完全理性中关于人的偏好的完全有序性、信息的完备性和完全的计算能力等假设由于环境的复杂性和各种不确定性,在现实中是不存在的,人不可能是无所不知的。人们在对客观世界的认识过程中,运用一定的程序和方法所发现和选择的只能是满意的方案而不是最优的方案,最优方案只能是一种偶然,满意方案才是经济活动的常态。20世纪40年代西蒙就指出,新古典学派的完全理性经济人假设的条件过于理想而很难实现,人们的决策和选择并非是"最高"或"最优"的标准,而是"最满意"的标准,西蒙的有限理性和满意准则拉近了理性选择与现实经济活动的距离,更加符合现实经济活动的主体特征。

(三) 适应性理性经济人假设

完全理性经济人假设和有限理性经济人假设都是在相对静态的背景下对经济活动主体所做的假定,完全理性经济人假设消除了经济人复杂的社会性和自然属性,但距离现实较远,有限理性经济人假设更加贴近现实,但过于复杂的影响因素却给经济学研究带来很多困难,而且这两个经济人假设都没有考虑到环境变化尤其是制度环境变化对经济人行为的影响,以个人偏好为例,人们的偏好往往受到"价值观念""伦理道德""意识形态"等非正式制度的影响,同时也会受到法律法规等正式制度的约束,因此,适应制度环境所做出的行为往往是符合个人偏好的理性行为,当然对于现有制度环境的遵循也会导致决策的失误和对现有制度的修正。

本书的经济人假设主要考虑有限理性和适应性理性假定,因为经济活动主体会随着环境状况的变化,规制决策和企业决策不断调整的过程,经济主体更加接近适应性经济人假设,这也是本书对环境规制主体和客体的前提假设。

二 市场失灵理论

经济学论证的重点之一就是"看不见的手"原理以及如何实现资源的高效配置,即在一系列理想化的假定之下,完全市场经济可以导致整个经济达到一般均衡,资源配置可以实现帕累托最优状态。但是在现实中,即使是市场化程度很高的经济体,这个原理也并不一定适用,"看不见的手"的原理一般来说也不成立,通常情况下帕累托最优很难得到实现,因为这一理想状态的实现有严格的条件:市场的普遍性、收益递增性或凸环境、市场的完全性和信息的完全性。然而现实经济生活中,这些条件并不能充分满足,也就是说在很多情况下,市场机制并不能导致资源的有效配置。这种情况被称为"市场失灵"。市场失灵是政府规制和干预经济活动的逻辑起点,最早是由庇古引入经济理论的,1958年巴托发表《市场失灵的剖析》一文之后,市场失灵的概念被大家广泛接受。随后,经济学家从不同的角度对市场失灵进行了分析,如加尔布雷思(1977)在《不确定的年代》中将宏观经济不稳定、微观经济无效率和社会不公平等社会经济问题视为市场缺陷的重要表现，萨缪尔森（1985）提出"不合理的收入分配""垄断和外在性"以及"失业的不稳定性"等偏离最优状态的原因是市场失灵，到了90年代，市场失灵越来越受到西方经济学论著的关注，如植草益（1992）、查尔斯·沃尔夫（1994）、斯蒂格利茨（1998）、尼古拉·阿克塞拉（2001）、萨拉·科诺里（2003）、史普博（1999）、张维迎（2001）等。

市场失灵的最初表现主要是自然垄断、外部性和公共物品等引起的资源配置无效率或不公平，这主要是微观经济的市场失灵。[①] 随着市场经济的发展，宏观经济不稳定问题愈加显著，市场失灵的概念也由微观拓展到了宏观经济领域，因此，广义的市场失灵应该包括微观经济的无效率、社会不公和宏观经济的不稳定。市场失灵理论研究范畴的扩展为政府全面干预经济活动提供了充足的理由，这也是政府进行环境规制的理论依据。就市场失灵的微观表现来看，主要包括自然垄断、外部性和公共物品。

（一）自然垄断

由于资源稀缺性、规模经济性、范围经济性和成本的弱增性，提供物品和服务的企业联合起来成为一家公司或少数几家公司的概率很高，经济学中把这种因技术理由或经济理由而成立的垄断称为自然垄断，自然垄断的存在以及带来的社会福利的净损失是政府规制的首要原因。最早提出自然垄断概念的是穆勒（1948），他认为土地等自然资源的属性是自然垄断的主要原因。法勒（1902）认为缺乏竞争或者即使发生竞争也终将失败的产业被称为自然垄断产业，并提出自然垄断产业具有的经济特征：该产业提供的是生活必需品（服务）；该产业具有规模经济；该产业具有良好的区位条件和生产环境；该产业提供的产品难以储存；该产业的产品供给具有稳定性和可靠性。亚当斯（1887）把自然垄断看成是规模经济的表现，政府进行规制是为了维护大规模生产的优势和保护消费者免受垄断所带来的损失的一种手段。埃利（1937）分析了自然垄断

[①] 植草益在《微观规制经济学》中将狭义市场失灵归纳为：公正分配、经济的稳定性、非价值性物品、公共物品、自然垄断、外部经济、不完全竞争等。参见《微观规制经济学》，中国发展出版社1992年版，第6—15页。

形成的三个原因,认为自然垄断产业是无法竞争的,也就是说自然垄断是由于自然条件和自然因素及产业的经济特征所导致的无法竞争或不适宜竞争所形成的垄断。代表性的观点有沃特森(1988)、夏基(1982)和鲍莫尔(1977),他们分别从规模经济、范围经济和成本弱增性①三个方面对自然垄断进行了界定。

(二)外部性

目前经济学中讨论的"看不见的手"的原理,都暗含了一个假定:经济行为主体的经济活动对其他人的福利没有影响,即不存在外部性的问题,但在实际经济活动中,这个假定往往并不成立,外部性存在的情况比较多,那什么是外部性呢?

外部性问题是由马歇尔(Alfred Marshall)于1890年在其巨著《经济学原理》一书中首次提出来的,他在书中首创了"外部经济"和"内部经济"这一对概念,"外部经济"是指部门内厂商之间相互的经济活动所产生的积极影响,但并不会反映在生产成本中,马歇尔只考虑了"外部经济"的问题,但并没有考虑"外部不经济"的问题,20世纪20年代英国经济学家庇古运用边际分析方法对外部性问题进行了补充与完善,在其《福利经济学》中补充了"外部不经济"和"内部不经济"这一对概念,外部性理论基本形成。

有关外部性的定义也是多种多样,1977年诺贝尔经济学奖得主詹姆斯·E.米德(J. E. Meade)认为:"外部性是这样一种事件,即它给某一个或某些人带来好处或损害时,这个人或这些人并不是这件事发生之决策的完全赞同一方。"布坎南和斯托布雷斯(J. M. Buchanan and W. Stubblebine, 1962)从个人效用函数的角度对外部性进行了界定,他们认为,外部性来自集体行动强加于个人身上的成本,是由于个人效用函数的自变量中包含了他人的行为。因此,根据布坎南等对外部性的定义,是一个团体或厂商的行为对另一个团体或厂商的生产可能性曲线或

---

① 成本弱增性:也叫成本次可加性,这是产生自然垄断新的基础。1982年,美国著名经济学家夏基、鲍莫尔、潘泽与威利格等人认为,即使不存在规模经济或即便平均成本上升,但只要单一企业供应整个市场的成本小于多个企业分别生产的成本之和,由单个企业垄断市场的社会成本最小,该行业就仍然是自然垄断行业,也就是说只要存在成本弱增性,自然垄断就必然存在。

效用可能性曲线产生的影响，而施加这类影响的行为主体又没有获得相应的责任或报酬。根据布坎南等对外部性的界定，当出现下列情况时，我们就可以说产生了外部性：

$$F_j = F_j(X_{1j}, X_{2j}, \cdots, X_{nj}, X_{mk}), j \neq k \tag{2—1}$$

式2—1中，X_i（$i=1，2，\cdots，n，m$）是指经济活动，j和k是指不同的经济主体（厂商或个人）。

这表明，在价格结构不变的情况下，或者不包括价格结构变化所造成的影响，如果某一经济行为主体j的福利受到他自己经济活动的影响，同时也受到另外一个人k控制的经济活动的影响，那就说明存在外部性。

萨缪尔森对外部性是这样定义的："外部性是指企业或个人向市场之外的其他人所强加的成本或收益。"人们的经济行为可能在市场交易之外有助于也有可能有损于其他人的福利，也就是在经济活动中存在着不发生经济支付的经济交易。外部性的实质是私人收益与社会收益不相等，当一个经济行为所带来的私人收益大于社会收益时，存在负的外部性，反之存在正的外部性。

结合以上经济学家对外部性概念的论述与界定，外部性其实质就是社会边际收益与个人边际收益、社会边际成本与个人边际成本之间的关系问题，当社会边际收益（SMR）等于社会边际成本（SMC）时，资源配置实现了帕累托效率［图2—1（a）］。并且在竞争性的市场机制条件下，社会边际收益（SMR）等于个人边际收益（PMR），当社会边际收益（SMR）大于个人边际收益（PMR）时被称为"外部收益"，也就是"正外部性"，正外部性的大小就是社会边际收益与个人边际收益的差额（ER）［图2—1（b）］。同样，当社会边际成本（SMC）大于个人边际成本（PMC），社会边际成本与个人边际成本就是外部成本，也就是负的外部性［图2—1（c）］。

由于外部性无法通过市场机制和价格机制反映出来，导致资源配置不能实现帕累托效率，因此，就需要政府对外部性进行规制，但对于规制的必要性，在理论界有不同的看法。科斯（Coase，1960）认为产权界定不清和交易成本的存在是产生外部性的主要原因，如果产权界定清楚，交易成本不够高的话，即使存在外部性，不需要政府规制，通过人们之间讨价还价的协商就能达到帕累托效率。但在现实经济活动中，交易成

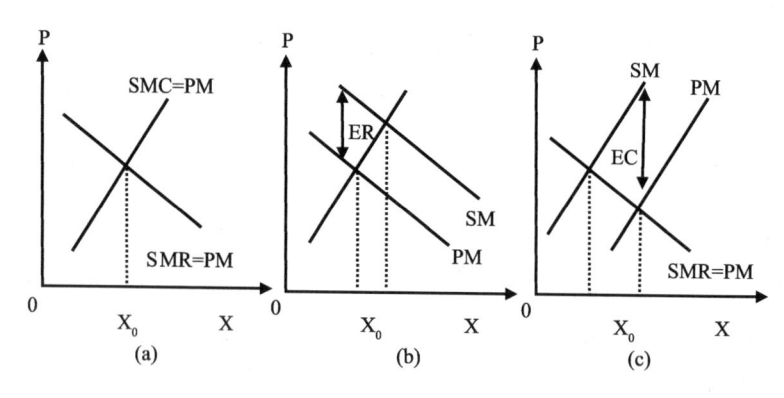

图2—1 社会边际收益和个人边际收益

本可能相当高，讨价还价的协议未必能够解决外部性的问题，如果有一个掌握专门知识的规制机构来做出这些决定也许是最经济的，具有强制权的政府规制就成为消除外部性的有效手段。

（三）公共物品

从经济社会提供的产品类型来看，主要是公共物品（public goods）和私人物品（private goods），根据科斯的观点，私人物品由于有清晰的产权，通过市场可以得到有效配置，而公共物品由于其不同于私人物品的特性，导致了外部性的产生，在市场配置资源过程中，出现了市场失灵的问题。公共物品的概念最初是由林达尔（E. R. Lindahl）提出的。1954年萨缪尔森（P. A. Samuelson）对公共物品的概念进行了严格的界定："每个人对该物品的消费不会影响其他人对这种物品消费的减少的物品。"[1] 萨缪尔森在后来的经典著作《经济学》（第十六版）中对公共物品又一次进行了界定："公共物品是指无论个人是否有购买意愿，都能使每个社会成员获益的物品。"从这两个概念可以看出，萨缪尔森所定义的公共物品主要是从该物品的正的外部性来阐述的，随后他通过分析污染物这种公共物品提出了公共"劣品"的概念，也就是给社会带来负效益的公共品，并提出了公共品的两个特征：非排他性和非竞争性。萨缪尔森对于公共品的界定应该是纯公共品的概念范畴。

---

[1] Samuelson, Paul, The Pure Theory of Public Expenditure. *Review of Economics and Statistics*, 1954 (36): 387-389.

许多经济学家在萨缪尔森界定的基础上又进行了更广泛而深入的研究，并对公共品的概念进行了扩展。

奥尔森（M. Olson）给公共品的定义是："那些没有购买这种物品的人不能够被排除在对该物品的消费之外，那就属于公共物品。"奥尔森的定义得到许多经济学家的认可。

布坎南（J. M. Buchanan）在《民主财政论》中指出，"任何团体不论什么原因通过集体组织提供的产品或服务都属于公共物品"。这个定义指出了公共物品的供给应该是团体组织而不是个人。

经济学家们对公共物品尽管给出了不同的定义，但仍然形成了被主流经济学家广泛接受的定义，结合萨缪尔森提出的公共品的两个属性，曼昆（N. Gregory Mankiw）在《经济学原理》一书中将物品分为私人物品、公共物品和公共资源三大类，指出"公共物品是在消费中既无排他性又无竞争性的物品，一个人使用并不能阻止其他人对该物品的使用，更不会减少其他人对该物品的使用"，并且根据萨缪尔森关于公共品的非排他性和非竞争性将物品划分为四个类型。

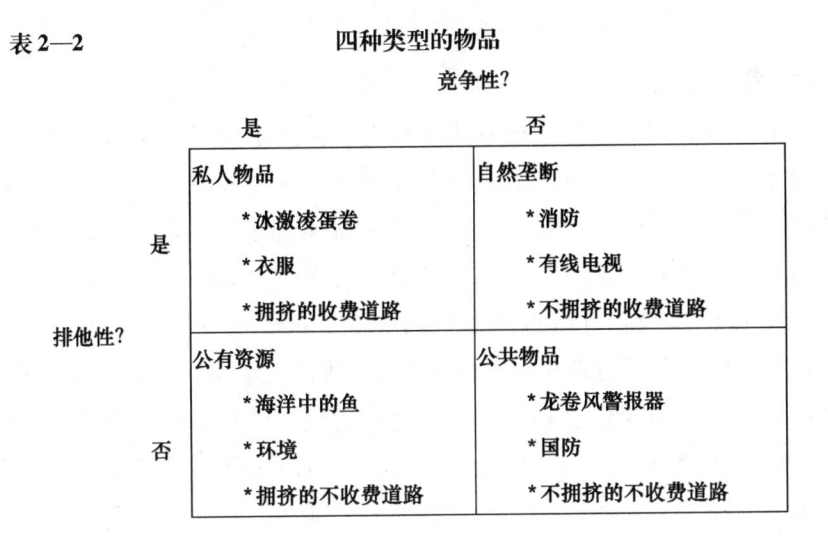

表 2—2　　　　　　　　　　四种类型的物品

	竞争性？是	竞争性？否
排他性？是	私人物品 *冰激凌蛋卷 *衣服 *拥挤的收费道路	自然垄断 *消防 *有线电视 *不拥挤的收费道路
排他性？否	公有资源 *海洋中的鱼 *环境 *拥挤的不收费道路	公共物品 *龙卷风警报器 *国防 *不拥挤的不收费道路

按照萨缪尔森对公共物品的属性界定，通过曼昆的完善（表2—2），一种物品在排他性和竞争性方面存在四种可能，像私人物品既有排他性又有竞争性，公共资源是具有非排他性但具有竞争性的物品，公共物品

是非排他性和非竞争性物品。

哈尔·R. 范里安从提供公共品的时机、公共品供给主体、供给水平和公共品多种集体决策方法等方面提出"公共品是每个人必须'消费'相同数量的物品"。

结合以上关于公共物品的概念，公共物品是指某个消费者使用该商品或劳务而其他人不必另付代价亦可同时得到享用的商品或劳务。像海上的灯塔，每一个过往的船只付费与否都可以享受到灯塔发出的光，每一个公民都可以享受到国防带来的好处。公共物品具有两个重要的特征，即"非竞争性"和"非排他性"。非竞争性是指一个人的消费并不会减少其他人对该商品或劳务的消费量。非排他性是指一个人消费该商品或劳务并不排斥其他人消费该商品或劳务。

从表2—2中可以看出，环境属于公共资源，具有公共物品的属性，每一个使用者都希望从环境中获取最大的收益而排放自己的废弃物，加上环境问题的负外部性，单靠市场机制无法实现环境保护和经济发展的"双赢"。因此，需要政府对环境这种公共资源进行有效规制，以解决环境问题。

三 产权理论

上面有关市场失灵的理论阐述中我们就提到了由于无法通过市场交易或谈判来解决外部性的问题，因此针对市场失灵提出了政府干预的规制措施。科斯（Coase, 1960）在《社会的成本问题》中通过一系列案例提出了不同的观点，他认为如果交易成本为零，在对产权界定清晰的情况下，外部性问题就可以得到很好的解决。这个观点后来被人们称为"科斯定理"[①]。科斯定理强调产权界定的重要性，产权不仅决定着外部性的存在和大小，也决定着外部性内部化的程度。可见，产权的主要功能就是引导人们将外部性内部化的一种激励。但由于像环境资源等一些商品排他性的高成本或不可能，产权结构将呈现多样化，从而导致交易成本可能很高，市场在这种情况下不能消除所有的外部性。因此，科斯定

[①] 《麦克米伦现代经济学词典》对科斯定理所下的定义为：在交易费用为零和对产权充分界定并加以实施的条件下，外部性因素不会引起资源的不当配置。

理中的交易费用、权利制约和制度安排三个子定理不仅是引起外部性从而导致市场失灵的理论依据，也是政府规制的理论依据。

四 交易成本理论

为了说明企业产生的根源和意义，科斯提出了交易费用的概念，又称交易成本。通俗来讲，交易成本就是在交易前后及交易过程中所花费的与此交易有关的成本或代价。企业的存在是因为通过企业的内部交易将部分外部交易成本内部化而降低了交易成本。根据目前有关交易成本的定义，伍山林（2001）将交易成本划分为四类：一是交易达成的契约过程所产生的费用，达尔曼（1979）和威廉姆森（1985）指出了解信息费用、讨价还价、决策、执行等显性契约成本和其他隐性契约成本；二是威廉姆森从交易发生的频率、交易的不确定性和资产专用性三个方面对交易成本进行了说明；三是詹森、麦克林和张五常等从设定参照系的角度说明了交易费用，即总成本减去物质生产的成本就是交易成本；四是诺斯（1990，1994）从制度和技术对生产过程的影响来分析交易成本，杨小凯（2003）也从生产过程角度将交易成本分为内生和外生两种。

从交易成本的定义可以看出，市场之间的交易必然存在着成本，只是大小不同，当交易成本较高时，市场的运行效率就会受到影响，以至于阻碍交易的完成，此时政府加以干预以完成交易所产生的成本可能要低于市场交易成本，以此来解决市场失灵问题。作为具有公共品性质的环境资源，其使用的交易成本相对比较高，加上产权难以界定，使得经济现实中环境资源的交易成本更高，通过政府规制来解决环境问题的负外部性就尤为重要。

五 信息不对称理论

从信息不对称角度进行系统分析最初源于乔治·阿克洛夫（George A. Akerlof，1970），他通过建立"柠檬"[①] 模型分析二手车市场的信息不对称所产生的"逆向选择"，从而导致市场失灵。经过斯蒂格勒（Geoege

---

① 柠檬市场：由于信息不对称，消费者可以认识整体产品的安全程度，但对不同厂家和不同品牌的产品却难以识别其质量，这就是所谓的柠檬市场。

J. Stigler)、维克瑞（William Vikrey）和斯彭斯（A. M. Apence）的进一步完善，信息不对称理论成为信息经济学的核心问题。曼昆指出："生活中一个人对正在发生的事情比另一个人知道得多，即这种获得相关知识的差别被称为信息不对称。"产生信息不对称的原因主要是：社会分工造成的交易主体掌握不同信息、搜索信息的高成本和信息垄断。信息不对称不仅存在于商品销售市场，同时在要素市场也大量存在，像劳务市场、金融市场、货币市场、外汇市场、拍卖市场等，由于掌握信息比较充足的人在交易过程中处于有利地位，而掌握信息不充分的人利益就会受到损失。环境规制中的信息不对称与传统市场交易中的信息不对称一样是普遍存在的，作为环境规制的被规制者，排污企业深知自己的环境行为及排污后果，而其他主体由于掌握信息不足而无法准确知道排污企业的环境行为所带来的正面或负面效应，为了消除信息不对称所带来的外部性和市场失灵，政府需要通过法律、法规、行政命令的形式对事前隐藏信息和事后隐藏行动所带来的信息不对称进行规制，降低或消除环境污染带来的负面影响，同样被规制者对规制者的政策目标、规制力度大小及决心等信息也是匮乏的，就会导致部分排污企业的机会主义心理和环境污染处理设备闲置情况的出现，影响环境规制效果。因此，政府可以通过环境规制对污染企业的相关信息（排污总量、污染处理情况等）进行强制性披露，消除和缓解政府、公众和污染企业之间的信息不对称及所带来的道德风险和逆向选择问题。

六 委托—代理理论

委托—代理理论是由罗斯（1973）最早提出的，如果代理人一方在行使某些决策权的时候是代表委托人一方的利益，则代理关系随之产生。随着生产的规模化和社会分工的进一步细化，生产过程更加复杂，专业化水平更高，权利所有者（委托人）由于知识、精力和能力等原因可能无法完全行使所有权利，而社会分工所产生的一些专门从事某一经济活动的人，他们有丰富的专业知识、经验和能力代理行使好被委托的权利。委托—代理理论是信息经济学的一个分支，在委托人和代理人利益不一致和信息不对称的条件下，通过设计一个补偿系统（契约）来驱动代理人为委托人的利益行动。该理论最初是用来分析企业之间和企业内部的委托代理关系，但委托人和代理人在经济活动中的效用函数是不一样的，委托人追求自身利益最大化，包括收益、财富、利润等最大化，代理人以工资津贴、闲暇时间等最大化为目标，委托人（所有人）总是希望代理人的决策和行动能够代表自己的利益方向，但却无法完全掌握代理人在经济活动中的实际行动和行为，只能将经济活动的决策权交给代理人。因此，没有有效的制度安排，代理人最终可能会损害委托人的利益。

环境规制中实际上涉及三层委托—代理关系，第一层是公众与政府之间的委托—代理关系；第二层是中央政府与地方政府之间的委托—代理关系；第三层是地方政府与企业之间的委托—代理关系。在环境规制中，作为委托人的公众和政府希望有一个舒适的环境，环境污染得到有效控制，但由于信息的不对称和专业知识、能力等不足，公众和中央政府只能将环境污染治理委托给地方政府和企业，但由于委托人和代理人目标的差异性和多级代理使环境规制的监督和激励机制难以形成，最终影响环境规制效果。因此，在环境规制的委托—代理关系中，环境规制的相关法律法规的制定和实施能够对代理人起到有效的监督和激励，让代理人的行为符合委托人的利益将是实现环境规制目标的关键。

七　工业生态理论

工业生态学的概念是由美国通用公司副总裁罗伯特·佛罗斯彻（Robert Frosch）和尼古拉斯·格罗皮乌斯（Nicholas E. Gallopoulous）在《科学美国人》杂志上发表的题为《可持续工业发展战略》的文章中提出的。他们认为工业系统应该向自然系统学习，建立类似于自然系统的一体化工业系统，在这个系统中，企业之间相互依存、相互联系，生产方式从过去简单的传统方式转变为一体化循环模式，减少工业对环境的影响。到20世纪90年代中期，工业生态学的概念有20多种，其中最具代表性的是《工业生态学杂志》、工业生态学国际学会及美国跨部门工作组的定义。概言之，工业生态学是研究人类工业系统与自然环境之间相互作用、相互关系的学科，追求人与自然的协调发展，寻求生态、经济、社会效益的统一，实现经济社会的可持续发展。

工业生态学的核心主旨包括四个方面：一是资源的优化管理，即在现有技术水平下，通过对资源使用过程的优化管理，降低生产过程中的资源消耗,减少废物排放;二是提高能源资源使用效率,采用先进技术,优化生产过程,提高能源资源的利用效率;三是通过技术创新减少或替代资源;四是提高能源资源的重复使用率和使用周期。从工业生态学的角度,通过环境规制加强以上四个方面的过程监管,环境规制可以使资源的使用过程更加科学,资源的使用率更加充分,也可以通过促进技术创新减少资源消耗或寻找替代资源,起到环境保护与资源节约的双重效应。

第三节 文献综述

一 国外相关研究

20世纪70年代以来,随着工业化进程的加快,环境污染成为制约人类社会可持续发展的重大问题,环境污染治理也成为各国共同关注的话题,环境规制政策作为环境污染治理的有效手段得到了极大关注,国外学者从环境规制政策制定、实施和效果评价等方面进行了大量的理论与实证研究,尤其是环境规制对经济增长、技术创新、对外贸易、产业绩效等方面,研究的视角也是多方位的,但从环境规制与产业绩效的关系角度来看,主要是围绕"波特假设"来展开的。

(一)传统观点:环境规制导致产业绩效的下降

关于环境规制与产业绩效的关系问题目前有三个观点,以"波特假设"为分界点,"波特假设"提出前,经济学者根据新古典经济学理论提出,在技术状况和需求情况不变的情况下,环境规制政策的实施将会增加企业的成本,从而使企业的利润率和生产率下降,除此之外,强制性的污染控制和污染治理也会迫使企业改变生产工艺和生产过程,达到污染控制的目的,从而降低生产率,加上企业将部分投资分散到环境污染治理和控制上,就会减少生产性投资,导致产出下降,从而给产业绩效带来不利影响。

美国的生产率在20世纪七八十年代出现了下降,70年代初是3.7%,而在1973—1985年GDP增长率下降了1.2%,除了石油价格上涨因素之外,这一时期美国实施了较为严格的环境规制政策。因此,人们提出这一时期生产率下降与环境规制政策的实施有直接的关系,也为此展开了一系列的研究与讨论。

Dension（1981）研究了美国 1972—1975 年生产率下降情况及原因，其中 16% 的下降是由于实施了环境规制政策所引起的，因此，他得出了环境规制政策导致了生产率的下降的结论。

Gollop & Robert（1983）选取了美国 56 家电力企业，考察了 1973—1979 年美国实施空气清洁法案后，电力企业的生产率变化情况，由于对二氧化硫排放的限制，电力企业不得不采用含硫量低的煤炭，从而增加了发电成本，通过计算，这六年间美国电力企业全要素生产率每年平均下降了 0.59%，环境规制政策的实施使得二氧化硫的排放量得到有效控制，但却降低了企业的经济绩效。

Rhoades（1985）提出环境规制尤其是强制性规制将迫使企业为达到污染控制的目标而进行技术创新，但由于企业生产过程和生产工艺的改进存在不确定性，在减少污染的同时可能导致生产效率的提高，也有可能增加企业的生产成本，降低生产效率。

Gray（1987）通过对美国 1958—1980 年 1450 个制造业数据进行分析，发现美国 OSHA 标准和 EPA 认证标准的实施使制造业生产率下降了 39%，平均每年下降 0.57%，严格的环境规制导致生产率的下降。Gray 与 Shadbegian 又于 2005 年考察了美国 1979—1990 年环境规制强度与钢铁、石油、造纸等产业生产率的关系，采用污染治理成本作为环境规制强度的衡量指标，并对不同行业的生产率影响进行了分析，结果表明，环境规制强度的增加还是会导致生产率的下降，而且不同行业的下降幅度存在差异。

Jergenson、Wilcoxen、Barbera & McConnell（1990）分别比较研究了美国 20 世纪 60 年代实施更加严格的环境规制政策以后生产率的变化，研究结果显示，环境规制政策实施以后，美国的 GNP 下降了 2.59%，尤其是像钢铁、石油、造纸等高污染行业，不同行业内污染治理成本的增加都不同程度地导致生产率的下降，且下降的幅度存在差异性，这段时间，美国高污染行业的生产率平均下降了 10%—30%。

Dufour、Lanoic & Party（1998）研究了加拿大 1985—1988 年 19 个制造业环境规制对生产率的影响，结果表明，环境规制政策的实施导致了生产率的下降，并给产业绩效带来负效应。

Gray & Shadbegian（2003）、Rassier & Earnhart（2010）等也通过大量的实证研究得出环境规制导致产业绩效和生产率的下降的结论。

Filbeck & Gorman（2004）分析美国24个电力企业的结果显示，环境规制政策的实施导致了产业绩效的下降，而 Triebswetter & Hitchens（2005）通过研究德国的制造业也得出了同样的结论。

Nivedita Dutta & K. Narayanan（2011）研究了孟买2004—2006年的50个化工企业，通过建立产出距离函数进行面板数据的回归分析，结果表明，环境规制增加了这些化工企业的成本，导致利润下降，产业竞争力降低。

这一时期主要是从新古典经济学静态观点出发，通过大量的实证研究证明了环境规制政策的实施将会导致产业绩效的下降，这些研究主要集中于环境规制对产业绩效的短期效应，时间集中在20世纪60年代到80年代，这一时期美国环境治理的确得到加强，但研究仅仅是环境规制政策实施的消极影响，并没有从动态的视角分析环境规制实施以后对产业内技术创新的促进作用和由此带来的市场结构的变化所产生的积极影响。

（二）修正观点：环境规制提高产业绩效

20世纪90年代初，波特通过对3M等公司的研究发现，推行污染防治方案不仅为公司节省了4.8亿美元，并且减少了50万吨的肥料和污染，节省了6.5亿美元的能源使用费，因此，波特等人认为适当的环境规制政策有利于激励企业进行技术创新，进而提高产业绩效与国家竞争力，这一观点也被称为"波特假设"。波特等人也认为，从静态观点来看，部分行业或产业的确存在环境规制导致产业绩效和竞争力下降的可能，但从动态观点看，企业的决策会根据内外部环境的变化而不断调整，适当的环境规制政策不但能够激励企业进行技术创新，弥补环境规制带来的成本，甚至超过环境规制成本降低生产成本，提高产业绩效和产业竞争力，实现环境治理与产业绩效提高的"双赢"。"波特假设"通过大量的案例分析揭示了环境规制政策不仅不会对企业造成经济上的负担，还会通过激励企业进行技术创新降低成本，进而提升产业绩效和竞争力。

Murty & Kumar（2003）通过 DEA 模型分析了印度制糖业企业绩效与环境规制之间的关系，结果显示环境规制促进了印度制糖业 DEA 效率的提高，"波特假设"得到验证。

Salama（2005）通过研究英国几家大的污染较为严重的企业发现，环境规制与企业绩效之间存在较强的正向关系。

Richard Ciocci & Michael Pecht（2006）研究比较了美国、日本和欧盟电力企业在面对环境规制时的生产率变化情况，结果显示，环境规制不但提高了能源的使用效率，也促进了产业绩效的提高。

Chintrakarn（2008）利用随机边拓模型，研究了环境规制对美国制造业技术效率的影响，结果表明，环境规制政策的实施促进了美国制造业的技术效率，产业绩效得到提升。

Ramakrishnan Ramanathan（2010）通过分析英国工业部门环境规制与技术创新和产业绩效之间的关系，结果显示，环境规制政策能够引致技术创新，从而促进产业绩效的提升。

Murthy & Kumar（2011）通过对印度92个污水处理企业的研究发现，严格的环境规制政策迫使和激励企业进行技术创新，污水治理和节水结果显著，企业的产业绩效也得到了较大提升。

"波特假设"的提出不仅引起了人们对环境规制与产业绩效等关系研究的极大兴趣，也引起了学者们的广泛质疑和争议。由于"波特假设"以大量的案例分析来证实该假设，缺乏明确的理论建构，所以学术界围绕其前提假设的普适性、核心思想及内容展开了激烈论证与争论。

Indrani Roy Chowdhury（2011）通过建立两部门的寡头垄断模型，将"波特假设"分为强约束和弱约束进行分析，发现严格的环境规制将会促进技术创新，进而提高产业绩效和产业竞争力。

（1）对"波特假设"核心思想的质疑。"波特假设"认为环境规制带来的成本上升可以通过技术创新来弥补，甚至降低企业生产成本，增加利润，提高产业绩效和竞争力，但 Palmer 等（1995）、Jaffe 等（1995）、Simpson & Bradford（1996）认为企业的最终目的是追求利润最大化，如果可以通过技术创新来弥补由于服从环境规制带来的成本上升，甚至获利，企业就会主动进行技术创新和污染治理并获得利润，也无须通过政府的规制措施就能够将环境污染的成本内部化，提高社会福利，但实际上，环境规制政策的实施的确增加了企业的私人成本，降低其生产率，技术创新只是迫于盈利和竞争的压力不得已而为之。

(2) 对技术创新动因的争议。创新活动本身就存在不确定性，企业在进行创新活动时不仅要考虑收益的问题，还必须考虑成本投入，因此企业进行技术创新的动力来自对利润最大化的考虑。因此，Simpson 和 Bradford (1996) 提出企业为什么不直接进行技术创新获取利润，而是要通过耗费成本的环境规制来激励和刺激降低企业生产成本？在此争论的一个焦点就是，技术创新多少是由于环境规制所刺激的，多少是由于企业为了提高利润增强竞争力所主动进行的，对此必须搞清楚的一个问题就是环境规制对于技术创新的贡献到底有多少？

(3) 对"波特假设"适用性的质疑。"波特假设"是通过大量的案例研究来证实其假设的，从众多企业中发现环境规制政策的实施能够提高生产率并不难，但案例研究不一定具有一般性，并不能得出一个一般性的结论或推测，环境规制政策实施导致效率下降的案例并不少，所以 Palmer (1995) 认为，"波特假设"在某些情况下可能成立，但在一般情况下是否成立则需要更为系统的研究。

鉴于对"波特假设"的质疑，经济学家们认为该假设更多的只是推测和逸事，缺乏系统性的分析，因此，如果我们希望自己的分析更加有效，就必须在前提假设和实证方法上进行探索，环境规制与产业绩效之间的关系问题目前还尚未形成一个清晰的结论，虽然人们对"波特假设"提出了这样或那样的质疑，但是正如只有较少的证据支持"波特假设"一样，反对环境规制会刺激创新提高生产率的假设仍旧很少，甚至比支持的证据更少，更多的是介于两种观点之间。

(三) 综合观点：环境规制对产业绩效的影响不确定

20 世纪 90 年代中期以后，学者们研究环境规制对产业绩效的影响的视角更加多元化、系统化和全面化，认为由于产业特点、行业特征、规制工具、市场结构、政策执行等众多因素的影响，环境规制对产业绩效的影响有可能是正向的，也有可能是负向的，持有环境规制对产业绩效的影响具有不确定性观点的学者主要基于以下几个方面的分析。

首先，环境规制对产业绩效的影响取决于成本与收益的大小。一方面环境规制是企业的额外支出，增加企业成本负担；另一方面环境规制也会激励和刺激企业进行技术创新而获益，最终的影响是不确定的。其次，环境规制对产业绩效的影响因产业特点和市场结构的差异而不同，

Jenkins（1998）认为企业承担的环境治理成本会因为行业和产业的污染程度不同而存在差异性，最终对产业绩效的影响也不尽相同，再加上市场结构对于成本转嫁能力的差异性，企业处在市场集中度高的市场结构中更容易将环境规制的成本转嫁给消费者，而处在竞争性强的市场结构中的企业转嫁能力相对较弱。最后，环境规制对产业绩效的影响还会因为规制政策强度、规制形式、规制工具等不同而存在差异。Square（2005）提出，环境规制政策与规制工具都有各自不同的特点与功能，面对相同的规制政策与工具，不同企业的成本负担和技术创新的激励作用存在差异，而且同一类型的企业在不同时期、不同地域面对同一规制政策与规制工具，对产业绩效的影响也可能存在较大的差异。

Conrad & Wastl（1995）从污染程度视角，选取了德国 1975—1991 年 10 个重度污染行业数据，分析了环境规制对重度污染行业全要素生产率的影响，研究结果显示，环境规制政策的实施导致一部分产业全要素生产率下降，但对有些产业的影响不大。

Boyd & McClelland（1999）通过美国 1988—1992 年造纸业的数据建立了环境规制与产业绩效的面板数据模型，模型结果显示，污染降低与产出增加和潜在产出损失的情况同时存在。

Lanoie、Party & Lajeunesse（2001）经过对加拿大魁北克地区的制造业长时间的研究发现，环境规制对产业绩效的影响存在时间上的差异性，即期或短期内影响为负，但长期（4 年后）影响为正。

Alpay、Buccola & Kerkvliet（2002）通过比较研究 1971—1994 年美国和墨西哥食品加工业产业绩效受环境规制的影响及差异性发现，环境规制对墨西哥食品加工业的利润率影响为负，但对美国食品加工业的利润率影响不显著，对墨西哥生产率的影响为正，但对美国的生产率影响为负。可见，环境规制对产业绩效的影响也存在不确定性。

Ward Thomas（2009）分析了美国南加利福尼亚海岸 1982—2006 年实行空气质量管理法案（AQMD）以来该地区电镀行业所受到的影响，并对比分析了芝加哥和底特律环境规制与经济增长之间关系的变化，结果显示，从长期来看，环境规制与经济增长之间的关系是不确定的或者是没有起到决定性的影响，但现有的证据表明两者之间存在潜在的"双赢"关系，而要证明这种关系就需要多学科的论证方法。从以上观点可以看出,环境规制与产业绩效之间关系的不确定性与研究方法也有关系。

Juan-Pablo（2010）研究了不同市场结构,提出环境规制对企业技术创新影响程度不同进而产生不同的产业绩效。他指出,排放标准、排污税、拍卖许可证在替代品市场、互补品市场和完全竞争市场对于企业技术创新有不同的创新激励,所带来的产业绩效也是不同的。在完全竞争市场,许可证并没有影响企业进行技术创新的动机,在互补品市场,排污税和拍卖许可证最具创新激励,而在替代品市场,排放标准、排污税和拍卖许可证最具创新激励。

以上关于环境规制与产业绩效的研究可以分为三个阶段或类型,一是环境规制导致产业绩效下降的传统观点;二是环境规制提高产业绩效的修正观点;三是环境规制与产业绩效之间关系不确定的综合观点。对于这些观点的证实或证伪目前都围绕着"波特假设"展开,因此,"波特假设"之争不仅是理论上的争论,人们为了证明或者证伪该假设也进行了大量的实证分析,一是环境规制对产业绩效的间接影响,即环境规制对产业技术创新的影响进而对产业绩效的影响;另一个是环境规制对产业绩效的直接影响（见图2—2）。

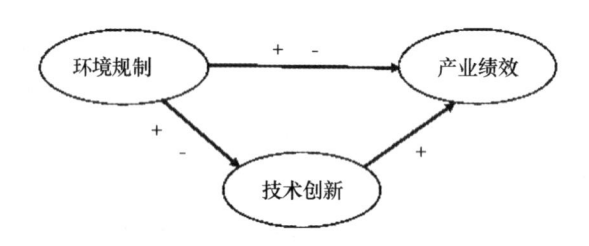

图2—2 环境规制与产业绩效的关系

两个视角其实是一个问题,即环境规制是否能够通过促进产业技术创新提高产业绩效与产业竞争力。无论是证实还是证伪,都需要对"波特假设"的假设条件与研究范围加以拓展,以期得出环境规制政策与产业绩效之间更为一般化的结论。

二 国内相关研究

国内对于环境规制与产业绩效之间关系的研究起步较晚,20世纪90

年代之前主要是研究经济发展所带来的环境问题，由于当时的经济发展水平较低，环境问题还没有被提到重要的地位，1994年鲁篱在《环境税——规制公害的新举措》一文中提出环境税作为环境保护的新举措具有重要的现实意义，为此，国内对于环境问题的研究日益增多。强永昌（2001）首次提出环境规制对国际贸易竞争力的影响，有关环境规制的相关研究就此展开。国内对这个问题的研究主要集中在环境规制与经济增长、环境规制与产业竞争力、环境规制与企业技术创新、环境规制与企业生产效率等关系的研究上，既有环境规制对宏观经济的影响研究，也有对企业技术创新的分析，且侧重于实证分析与经验分析，但从研究的思路来看，还是围绕"波特假设"的验证来展开的。因此，有关国内的相关研究也从环境规制与产业绩效的三个关系视角进行综述。

（一）传统观点：环境规制导致产业绩效下降

许庆瑞（1995）分析了环境规制政策对江浙50余家企业环境技术创新的影响，结果显示，由于企业对环境技术创新的投入较少，环境规制并没有起到推动企业技术创新的作用，反而降低了部分企业的技术创新能力，不利于企业产业绩效的提高。

李春米和魏玮（2014）运用DEA的方法分析了2000—2008年我国西北五省区环境规制与工业全要素生产率之间的关系，结果显示，环境规制与西北地区工业全要素生产率呈反向关系。

王小宁和周晓唯（2014）基于环境规制工具视角，利用1999—2012年我国西部地区11个省区市的数据，研究了不同环境规制对于技术创新和产业绩效的影响，研究结果显示，隐形环境规制对技术创新和产业绩效有抑制作用。

李学迁和吴雨霖（2015）研究了2003—2013年我国制造业环境规制与产业技术创新的关系，结果发现，过去十年，环境规制并没有促进我国制造业产业技术创新能力的提高。

覃伟芳和廖瑞斌（2015）分析了环境规制对我国工业行业产业效率和产业集聚的影响，结果显示，环境规制有利于产业集聚，但对产业效率影响不明显。

（二）修正观点：环境规制引致技术创新，提高产业绩效

刘志彪和黄德春（2006）基于"波特假设"，通过Robert模型分析了

环境规制与企业技术创新之间的关系，结果表明，环境规制对企业技术创新具有一定的激励与刺激作用，企业技术创新所获得的收益将会抵消部分或全部由于环境规制所产生的成本，以达到环境保护与产业绩效提高的双赢目标。

赵红（2008）通过面板数据模型，实证分析了我国1996—2004年30个省区市大中型工业企业环境规制对企业技术创新的影响。结果显示，从中长期来看，环境规制政策有利于企业技术创新，并提高企业的产业绩效。

李强和聂锐（2009）运用1999—2007年我国省际面板数据，研究了环境规制对技术创新的影响，结果显示，样本期内环境规制对我国省域层面的技术创新存在显著的正向作用。

白雪洁和宋莹（2009）从环境规制强度的视角分析了我国火电行业环境规制与技术创新之间的关系，结果虽然存在区域差异，但可以提高中国火电行业的整体效益水平，基本支持"波特假设"。

马海良等（2012）以产业组织理论的SCP分析框架研究了1995—2008年长三角地区环境规制对技术创新和产业绩效的影响，结果表明，环境规制对技术创新的激励效应带来的收益超过了成本增加的负效应，最终导致产业绩效的提高，且在即期对产业绩效的促进作用最明显，环境规制对产业绩效和技术创新的促进作用存在同步性。

冯榆霞（2013）运用DEA-Tobit两步法研究了1992—2008年我国区域环境规制与全要素生产率之间的关系，结果显示，环境规制对于全要素生产率有一定的积极作用，支持"波特假设"，但存在区域差异性。

李阳等（2014）基于价值链视角，研究了2004—2011年我国37个工业行业环境规制对技术创新的影响，研究发现，环境规制对技术创新能力具有显著的长期促进效应，但也存在较强的行业异质性。

陈强和余伟（2015）利用我国37个工业行业2003—2010年的面板数据，分析了环境规制对行业R&D的影响，结果表明环境规制对样本期内我国工业行业技术创新具有显著的促进作用，得出了"波特假设"在我国总体成立的结论。

（三）综合观点：环境规制对产业绩效的影响不确定

Jin Tao Xu（2003）考察了环境规制政策对福建省和云南省1982—1994年34个造纸企业的环境污染控制和生产率的影响情况，结果发现，环境规制政策的实施在很大程度上有效控制了企业污染的排放量，并且促进了技术先进的大企业的生产率，但对于技术相对落后的小企业而言，环境规制政策降低了生产率。可见，环境规制政策绩效与企业规模和技术水平具有一定的关系。

张友国（2004）从行业的视角，通过一般均衡模型分析了排污收费政策对我国制造业、采矿业等40个行业产出的影响。结果发现，短期内，排污收费政策将导致行业成本上升，从而使产出下降，但从长期来看，排污费政策对行业的产出影响则是不确定的。

徐晋涛和季永杰（2006）使用中科院农业政策研究中心调查的1999—2003年126家造纸企业的数据，利用前沿随机生产函数的分析方法，分析了环境规制政策对不同规模的造纸企业技术效率的影响。研究结果表明，环境规制强度对企业技术效率的影响会由于企业规模的不同而不同，环境规制强度与大企业的技术效率呈正向关系，却降低了小企业的技术效率。

李玲和陶锋（2012）将我国28个制造业部门分为重度污染、中度污染和轻度污染三类，分析了环境规制对不同污染程度制造业产业绩效的影响，结果表明，重度污染行业的环境规制促进全要素生产率的提高，而中度和轻度污染的制造业环境规制与全要素生产率呈"倒U"形的关系。

李平和慕绣如（2013）运用2000—2010年我国29个地区的面板数据，检验了"波特假设"是否存在及存在的条件，结果显示，环境规制对企业技术创新存在门槛效应，即在最优环境规制区间内"波特假设"存在，环境规制强度过高或过低都不利于企业技术创新，而最优的环境规制强度将会引发企业技术创新，从而更有利于企业利润最大化目标的实现。因此，环境规制强度的差异性将导致产业绩效的不确定。

王杰和刘斌（2014）利用1998—2011年中国工业企业的数据建立了环境规制强度与企业全要素生产率的计量模型，研究结论显示，环境规制与企业全要素生产率之间呈"倒U"形关系，不同的环境规制强度对企业全要素生产率的影响是不同的，并且对不同污染程度的企业的影响也存在差异性。因此，环境规制对产业绩效的影响由于规制强度、企业污染程度及行业特点而具有不确定性。

张江雪、蔡宁和杨陈（2015）通过构建"工业绿色增长指数"，运用

SBM-DDF 模型对我国 2007—2011 年不同地区不同类型的环境规制对工业绿色增长指数的影响进行面板数据分析，结果显示，市场型环境规制对该指数存在较强的促进作用，公众参与型环境规制的作用并不明显，并且存在区域差异。

三 现有文献评述

环境规制与产业绩效的关系问题，主要是围绕"波特假设"是否成立来展开论证的，从研究的结果来看，既有支持"波特假设"的案例与观点，也有与此相悖的大量案例存在，总体上支持"波特假设"的案例较多，在一定的假设条件下，环境规制会通过激励技术创新而促进产业绩效的提高，是产业获取竞争优势的源泉，但在有些假设条件下，由于环境规制增加了企业成本负担而降低产业绩效，甚至有些情况下，环境规制带来的成本效应和技术创新效应的不确定导致其对产业绩效的影响也存在不确定性，也就是说截至目前关于环境规制对产业绩效的影响所进行的一系列实证分析并没有得到一个确定性的结论。由此可见，环境规制与产业绩效之间的关系是一个相对复杂的影响过程，"波特假设"的成立与否，环境规制是否能够促进产业绩效的提高应该是一个多因素的结果，而不是简单的线性影响关系，不仅与环境规制的强度有关，也与产业类型、行业特征、市场结构、产业所处区域、行业污染程度等有关，只有从不同产业、不同区域、不同规制工具等多角度综合分析环境规制对产业绩效影响的直接与间接效应，才能够正确判断环境规制对产业绩效的影响，制定既有利于环境污染治理又有利于产业绩效提高的环境规制政策。基于本思路，本书在目前研究的基础上，对环境规制与产业绩效的影响机理进行分析，实证部分不再笼统地分析环境规制与产业绩效的线性关系，而是改变传统的研究视角，结合环境规制在产业绩效方面可能形成的差异性进行分类测度，采取多视角多层次的研究思路，从行业类型、产业所属区域、市场结构、环境规制工具等方面进行实证分析，得出环境规制对我国工业产业绩效的影响情况，以期找出"波特假设"中所提到的政府设计恰当的环境规制能够刺激企业创新，提高企业效率与竞争力的环境规制强度，为差异化的环境规制政策的制定提供理论依据，实现环境效益与经济效益的"双赢"。

第 三 章

环境规制对产业绩效的影响机理

环境规制对产业绩效的影响机理是指环境规制政策的实施对企业生产成本、技术创新、生产率、利润率及企业进入等在内的产业绩效的作用过程，环境规制不仅使企业的生产成本发生变化，还会影响企业的技术创新行为和企业进入行业的壁垒大小。根据产业组织理论的 SCP 分析范式，市场结构变化会引起市场行为变化，从而引起产业绩效的变化。因此，在 SCP 分析范式的基础上加入制度因素，即环境规制这项政策措施对市场结构和市场行为的影响，最终会产生什么样的市场绩效，就目前环境规制与产业绩效之间存在的不确定性关系，除了由于环境规制产生的成本与技术创新带来的收益在行业、区域、市场结构存在差异以外，还有就是环境规制政策实施过程中，参与者之间不同的博弈策略所产生的规制效果是不同的，从而会影响环境规制政策的实施成本，导致企业规制成本变化，带来不同的产业绩效。接下来将以 SCP 分析范式和博弈论视角分别从直接和间接两个方面，分析环境规制对产业绩效的影响，为后面的实证分析提供理论依据。

第一节 基于 S – SCP 分析范式视角

SCP 分析范式最早是由哈佛学派的贝恩（J. S. Bain）提出，贝恩在继承前人研究成果的基础上，从新古典学派的价格理论出发，通过实证研究，将产业划分为不同的市场，并且按照结构、行为和绩效三个方面进行分析，构建了具有系统逻辑体系的市场结构（Structure）—市场行为（Conduct）—市场绩效（Performance）产业组织行为分析框架，即 SCP

分析范式。按照经典的 SCP 分析范式，市场结构是指产业内部厂商之间及厂商与消费者之间的组织特征或关系形式，其核心就是竞争与垄断的关系，市场结构一般分为完全竞争、垄断竞争、寡头垄断和垄断四个类型，影响市场结构的主要因素有：产品差别化、市场集中度和进入壁垒。市场行为是指企业为了实现其目标根据市场环境的不断变化而采取的调整战略和策略的行为，这些行为包括市场协调行为、组织调整行为、定价行为、非价格行为等。市场绩效是指在特定市场结构和市场行为下的市场运行效果，即出于某种市场结构中的市场主体通过一定的市场行为使某一个产业在产量、价格、利润、质量及技术进步等方面达到的最终经济成果。市场结构、市场行为和市场绩效之间原来被理解为简单的单向因果关系，市场结构决定市场行为，市场行为最终决定市场绩效的实现，但随着产业间和产业内分工的细化，这三者之间的关系也不再是单向的因果关系，而是相互影响、相互促进（见图3—1）。

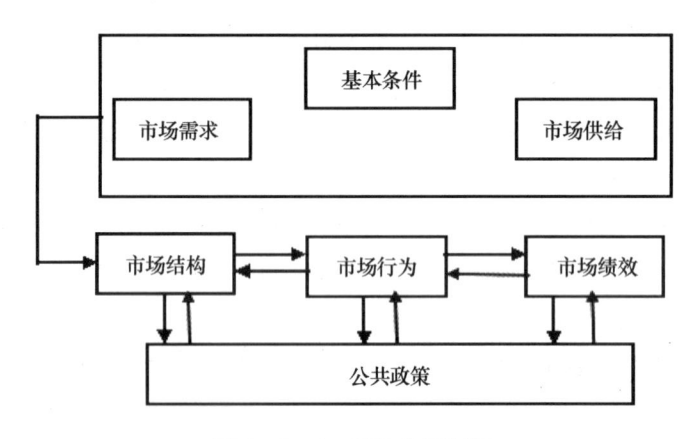

图3—1　S-SCP 分析框架

环境规制作为一项公共政策或制度设计，会影响市场结构，企业针对环境规制政策也会采取不同的市场行为来避免成本上升等带来的损失，结构和行为交互影响绩效，反过来市场绩效通过反馈又影响市场行为进而影响市场结构，这三者的交互影响过程都会对环境规制的公共政策产生影响（见图3—1），使政策为了与产业绩效相适应而进行不断的调整。

本书在结构—行为—绩效（SCP）分析范式基础上，加入制度因素，构建制度（政策）—结构—行为—绩效（S-SCP）分析范式，分析环境规制政策影响产业绩效的传导机制。从图3—1可以看出，制度、结构、行为和绩效之间是双向的因果关系，结构和行为交互影响着绩效，绩效反过来也会影响结构和行为，而结构、行为和绩效对政策的制定和制度设计也会产生影响。当政府制定了环境规制政策时，一方面，会直接引起企业生产成本增加，导致产业绩效下降；另一方面，环境规制政策还会通过企业进入、资源配置、技术创新等间接影响产业绩效（见图3—2）。

图3—2　环境规制影响产业绩效的传导机制

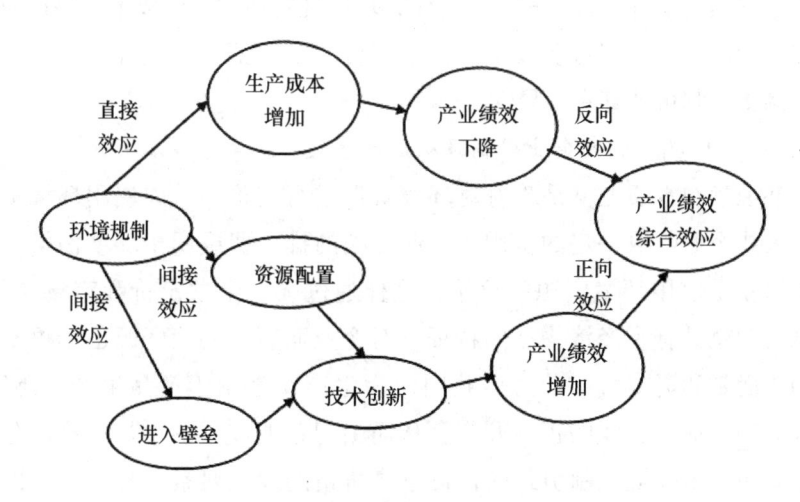

结合图3—2环境规制影响产业绩效的传导机制，本书将从环境规制与产业绩效的直接与间接效应两个方面，分析环境规制对生产成本、资源配置、企业进入壁垒的不同影响，企业针对不同的产业绩效采取不同的市场行为，从而产生不同的产业绩效，在正反两个效应作用机制下，环境规制最终带来产业绩效的变化情况。综合效应的测度不仅与区域有关，也与行业污染程度、环境规制工具等有关。因此，在本章传导机制分析的基础上，后面章节将分别就环境规制影响工业产业绩效的不同视角展开分析，以期得出环境规制的综合效应，为环境规制政策制定和制度设计提供参考和理论依据。

一 环境规制影响产业绩效的直接效应

环境规制影响产业绩效的直接效应主要是通过对成本的影响而产生的,根据环境规制政策,企业需要缴纳排污费或进行污染防治,这就增加了企业的额外投入,导致生产成本上升,在市场供需和企业技术水平不变的情况下,必然导致利润率和产出的下降。此外,由于企业将一部分本来作为生产性的投资用于污染防治,从而减少了生产性投资,也会导致产出和利润的下降。因此,环境规制政策通过影响生产成本最终导致产业绩效的下降(图3—2)。当然,环境规制通过生产成本影响产业绩效在不同区域、不同行业或不同污染程度的情况下存在差异性,甚至不同规制工具都可能存在差异性。

(一) 环境规制的企业规制服从成本导致企业生产成本上升

环境规制本质上就是政府对环境资源进行定价,并向使用环境资源的个人或企业收取一定的费用,企业缴纳的排污费或用于环境污染治理的支出就是使用环境资源的价格,这样通过政府干预定价和市场交易,环境资源就具有了经济物品的特征。对企业而言,环境资源也不再是外生的,而是和资本、劳动力等共同作为生产要素用于产品生产。所以,环境规制增加了企业的正常开支,从而引起企业成本的增加。这部分成本主要包括由环境规制引致的低污染高价格的投入要素来替代原来的高污染低成本要素,购买环境污染治理设施的投入和为了减少污染以达到规制标准而进行的生产过程和生产工艺的调整投入,以上由于服从环境规制而增加的额外成本称为规制服从成本,精确计算规制服从成本在生产总成本中的占比较为困难,一般用使用购买污染治理设备的支出和运行费用来衡量。2013年,我国用于环境污染治理的投资总额为9037.2亿元,占当年GDP的0.79%,包括污染治理设施直接投资和污染治理设施运行费用两部分。其中污染治理设施直接投资总额为4479.5亿元,比2012年增加19%,占污染治理投资总额的48.6%,污染治理设施运行费用总计2665.3亿元,比2012年增加1.7%,其中工业废气治理设施运行费用1497.8亿元,占污染治理设施总运行费用的56.2%,工业企业废水治理设施和污水处理厂运行费用1022.2亿元,其中工业废水治理设施运行费用占 61.5%,① 逐年增加的环境污染治理费用最终会成为企业的成本,越来越高的环境标准,导致在技术条件不变的情况下,企业的成本会增加,引起产业绩效的下降。

(二)成本上升将导致生产率和利润率的下降

标准生产函数 $Q=f(K,L)$ 中,Q 是产出,K 为资本,L 为劳动力,在标准生产函数中并没有包括环境投入要素,环境规制政策的实施,要求企业将一部分投资用于环境污染治理,环境资源也就成为生产函数中的一种生产要素,因此,考虑环境规制下的生产函数就变为 $Q=f(E,K,L)$,其中 E 为环境资源的成本,也就是服从环境规制成本。生产率是投入与产出的比值,企业用于污染治理的投入并没有用于生产,而是额外增加的成本。因此,在产出和技术水平不变的情况下,生产成本的增加必然导致生产率的下降。

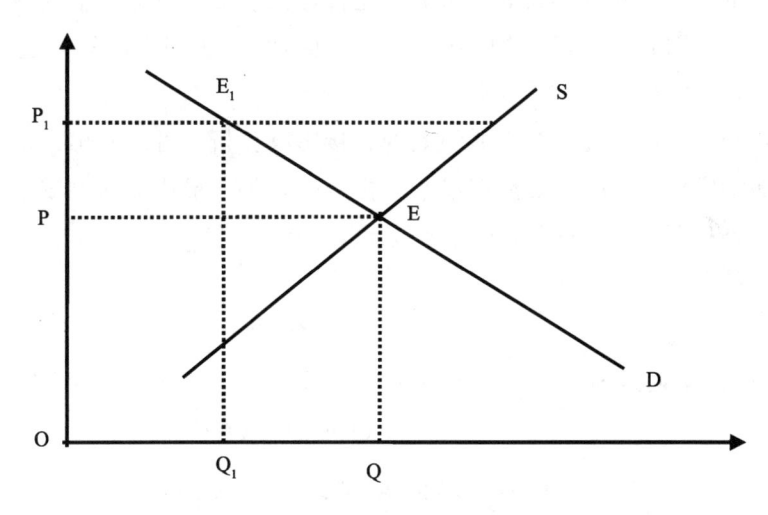

图 3—3 环境规制的成本效应

此外,环境规制带来的生产成本最终会转移到产品价格上,导致产品价格上升(图 3—3),在供需条件不变的情况下,成本增加,价格由 P 上升到 P_1,企业的利润由原来的 OPEQ 减少为 $OP_1E_1Q_1$,环境规制使企业的利润和利润率下降。

---

① 数据来源于 2014 年《中国环境年鉴》。

(三) 环境规制对企业投资的挤出效应，导致产出和利润率下降

环境规制就是要求企业的生产过程或产品必须达到环境保护标准，为了达到环境规制标准，企业就需要增加与环境保护和污染治理有关的投资，包括购买污染治理设备、改进生产工艺、改造生产过程、维持和维修污染治理设备正常运行等。这样一来，在资源有限和投入一定的情况下，企业就需要将一部分本来用于生产的资本、劳动力等投入要素用于污染治理或防治，企业的生产性投资被挤占，企业产出下降，在市场供需和价格不变的情况下，产出下降必然导致企业利润及利润率降低。

(四) 服从环境规制成本的差异性

环境规制带来的成本差异主要体现在不同的市场结构上，市场集中度较高的行业，企业可以将环境规制带来的成本部分或全部通过提高产品价格转嫁给消费者，企业的利润和利润率并不会下降或下降较少。而在竞争的市场结构下，成本的增加不能转嫁到消费者身上，企业的利润将会下降，因此，市场结构不同，环境规制对企业利润的影响也是不同的。

综合以上环境规制对产业绩效的直接影响分析，可以看出，环境规制政策的实施带来的污染治理成本（投资）增加，最终会通过成本增加或生产性投资减少导致企业产业绩效下降（图3—4）。

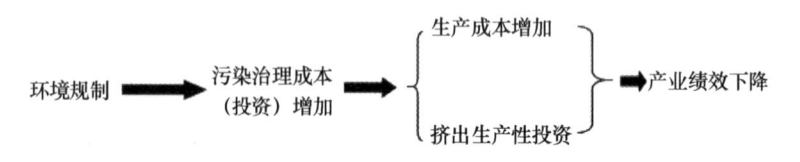

图3—4　环境规制影响产业绩效的直接效应

二　环境规制影响产业绩效的间接效应

根据 S-SCP 分析范式（图3—1），环境规制政策的实施将会通过激励企业技术创新或企业进入壁垒来促进产业绩效的提高，从而产生环境规制的正向效应，与环境规制的负效应结合起来，就形成了环境规制与产业绩效之间存在不确定性的综合效应。

(一) 企业进入壁垒的传导效应

根据 S-SCP 分析范式，制度设计或政策实施会引起产业内企业进入状况的变化，从而引起市场结构的变化，而市场结构的变化会导致产业内竞争程度的变化，由竞争程度最终引起产业绩效的变化。市场结构主要用市场集中度、产品差别化和企业进入状况来表示，企业进入状况通常用进入壁垒来表示，是潜在进入企业与在位企业相竞争所遇到的不利因素，主要包括规模经济、沉没成本、产品差别化、必要资本量、成本优势和政策法规等，而进入壁垒是产业利润率的决定因素之一，产业的进入壁垒越高，潜在的企业进入难度就越大，竞争程度就越低，产业的利润率就越高。环境规制政策的实施可能会增加潜在企业进入产业的必要资本量，这主要是由于环境规制政策要求企业安装污染治理设备或者拥有达到环境标准的技术，这样就要求潜在进入企业有更高的必要资本量和进入起点，成为潜在企业进入的壁垒，阻碍了新企业的进入，产业内企业数量减少导致市场结构发生变化，产业的竞争程度降低，整体产业的盈利能力将得到提升，从而对产业绩效产生一定的正向效应。

(二) 技术创新的传导效应

熊彼特在其 1912 年出版的《经济发展理论》中提出，创新是一系列生产要素和生产条件的新组合，主要包括生产的新产品，新的生产方法、工艺流程，开辟新的市场、新的原材料供应源、新的生产组织形式等，而生产新的产品、引进新的生产方法和工艺流程就属于技术创新，企业进行技术创新的目的就是为了获得"潜在超额利润"。

作为技术创新的一种，环境技术创新是为了减少生产过程中的环境污染而进行的产品创新和过程创新，产品创新就是通过生产和使用对环境危害较小的新产品，以达到减少环境污染的目的；过程创新是在生产过程中通过安装污染治理设备、改进生产工艺流程等以降低生产所产生的污染物，通过环境技术创新，一方面能够降低污染排放和治理成本，另一方面通过技术创新和生产工艺的改进，企业的生产效率和利润将得到提高，实现环境改善和产业绩效提高的双赢。虽然环境规制对技术创新具有积极的激励作用，但同时也会因为环境规制对技术创新投入的挤出效应而阻碍产业绩效的提高，因此环境规制对技术创新的最终影响取决于两种效应的比较。

1. 环境规制对技术创新的激励作用

环境规制要求企业为环境资源使用付费，导致生产成本增加，在市场供求和产品价格不变的情况下，企业利润下降，竞争力减弱，为了在市场竞争中不被淘汰，企业只有通过技术创新来降低生产成本，保持利润不变甚至增加。因此，环境规制企业的技术创新具有一定的激励作用。

环境规制对技术创新的激励作用分为两类，一是生产性的技术创新，即在生产过程中为了达到环境标准减少环境污染而开发的新产品、新工艺；二是环境技术创新，即为了达到环境规制的标准，在生产过程中使用新的环境污染治理技术，这两者之间可能存在一个权衡的问题，因为用于生产性的技术创新投资可能被环境技术创新投入所挤占，但有时两者可能是相互促进的，环境技术创新在降低污染排放的同时，可能会提高产品质量和生产效率。总之，环境规制引致的技术创新不但能够降低环境污染治理成本，还能够提高生产效率和利润率，促进产业绩效的提高，这也是许多专家学者所提倡的通过环境规制来促进技术创新的原因所在。

2. 环境规制对技术创新的阻碍作用

环境规制政策的实施对大多数企业来说更多的是被动性的，为了达到环境规制的标准，企业需要进行环境污染治理的投资，而这部分投资本来是可以用到企业的生产性投资和技术创新中去的，因此，环境规制带来的对 R&D 的挤占效应，减少了企业用于技术创新的投资，产生了环境规制对技术创新的阻碍作用，一般来说，这种挤占效应更多地出现在小企业，大企业相对而言影响不大。此外，环境规制还增加了企业的转换成本，随着环境规制从宏观末端治理向微观预防治理转变，企业生产的各个环节都会受到环境规制的约束，必将导致各生产环节技术创新和工艺改进难度增加，并与现有的技术水平耦合度降低，导致企业的转换难度和成本增加，技术创新的投入增大，成效减弱，而且随着环境规制强度的增大，绿色技术开发与应用将是产业发展的主导方向，但绿色技术具有高风险、高成本、低回报的特点，增加了企业创新的成本和风险，不利于企业进行技术创新。

环境规制对技术创新既有积极的激励作用，也有消极的阻碍作用，但最终取决于两种效应的比较，就现有的研究来看，包括波特、Jaffe 和

Palmer（1997）、Vries（2004）、Arimura（2006）等在内的众多学者进行的大量的实证分析表明，环境规制通过促进产业技术创新不但可以降低环境污染和环境治理成本，还能够提高产业绩效。

三 环境规制影响产业绩效的综合效应

环境规制本质上就是将环境资源不再作为一种免费的投入要素，企业对环境资源的使用需要支付一定的成本，以限制对环境的过度使用，降低环境污染和损害，实现经济社会的可持续发展。但在减少环境污染的同时，环境规制也可能对产业绩效产生不利影响，因此，如何通过环境规制来实现减少环境污染与提高产业绩效的双重效应，将是人类与自然环境和谐共处的关键所在。

从静态来看，环境规制必然导致企业的生产要素价格和成本上升，加上环境污染治理投资和环境技术创新对生产性投资和生产性技术创新的挤出效应，最终引起产业绩效和生产率的下降。

但从动态效应来看，环境规制不仅直接影响企业的生产成本，导致产业绩效的下降，也会对企业的进入状况和技术创新行为产生间接影响。就企业进入状况而言，环境规制提高了企业进入某一行业的必要资本量，加上对潜在进入企业更高的环境进入标准，就会成为企业进入的壁垒，阻碍新企业的进入，市场的竞争程度就会降低，导致产业的利润率和产业绩效提高。就技术创新而言，环境规制导致企业的生产成本上升和要素价格变化将会激励企业进行技术创新以降低成本，再加上环境技术创新还可以提高产品质量和生产效率，促进产业绩效的提高。

因此，环境规制对产业绩效的影响是各种直接与间接传导机制、积极与消极作用的综合结果。只有全面考察环境规制对产业绩效影响的作用机理与传导机制，才能够做出环境规制对产业绩效影响的最准确的解释。

此外，由于环境规制政策因不同行业、不同区域和不同规制工具将会有很大的差异，从而对产业绩效也会产生不同的作用，尤其在实践中，环境规制政策的制定与实施受到很多因素的影响，因此有必要将环境规制政策的选择和实施效果置于不同的行业、地区、污染程度和规制工具之中，以此来寻找环境规制对工业产业绩效的影响。

第二节 基于博弈论视角

基于以上 S-SCP 范式分析来看，环境规制政策的实施会通过直接和间接两种效应来影响产业绩效，对此环境规制与产业绩效之间存在以下三种关系：一是环境规制降低产业绩效；二是环境规制提高了产业绩效；三是环境规制与产业绩效之间的关系不确定。但目前这种关系仅仅是数量上的，环境规制与产业绩效之间本质上是市场主体经济利益相互博弈的结果，因此，在环境规制政策设计与实施过程中就必须考虑局中人的博弈策略选择问题，以便在环境规制政策设计过程中考虑到影响局中人策略选择的因素。

环境规制效率的高低除了制定严格而又全面的环境规制工具和法律法规，还需要搞清楚环境规制政策实施过程中，各利益方的应对策略，因为博弈策略的选择决定了规制效果，不同的规制效果不但影响社会福利，对企业的技术创新的刺激作用也是不同的，从而产生不同的产业绩效。

对于环境规制与产业绩效关系的实证研究，都是建立在一系列假设基础之上，规制活动的参与者是理性的经济人，信息是对称的，委托—代理关系中不存在逆向选择与道德风险等，但在实际经济活动中，以上的假设大多数是不满足的，参与者更多的是非理性的经济人，信息是不对称的，委托—代理中往往存在逆向选择与道德风险，这就使环境规制的效果大大降低，加上不同行业、不同市场结构、不同区域、不同的环境规制工具，参与人都会有不同的策略选择，从而产生不同的规制效果，最终对产业的利润、产量、市场集中度、社会经济福利等的影响是不同的。

一 环境规制必要性的博弈分析

假设市场上有两家生产同样商品的企业 1 和企业 2，产量分别为 q_1、q_2，市场总产量为 $Q = q_1 + q_2$，市场出清价格为：$p = a - Q$，是总产量的函数，两个企业的成本为：$C_1 = cq_1$，$C_2 = cq_2$，且无固定成本，如果进行环境规制，则成本变为：$C_1 = c_e q_1$，$C_2 = c_e q_2$ （$c_e > c$），q_1、q_2 由各自企业决定，面对环境规制两企业的策略组合有以下四种：（乱排乱放，乱排乱放），（环保减排，环保减排），（乱排乱放，环保减排），（环保减排，乱排乱放），企业均以收益最大化为目标。以（乱排乱放，乱排乱放）策略为例，可得出实现收益最大化的产量为：$q_1^* = q_2^* = \frac{1}{3}(a-c)$，将其带入 π_1、π_2，得出两个企业在不进行环境保护的情况下的收益为 $\pi_1 \pi_2 \frac{1}{9}(a-c)^2$。当采取环境规制措施时，两个企业的收益就会发生变化，假设政府严格规定企业的排污量，并实行排污收费制度。如果企业排污超标，则需上缴排污费 M，这样，企业的收益矩阵就发生变化，具体见表 3—1。

表 3—1　　　　　　　　环境规制制度下两企业的收益矩阵

		企业 2	
		环保减排	乱排乱放
企业 1	环保减排	$\{\frac{1}{9}(a-c_e)^2, \frac{1}{9}(a-c_e)^2\}$	$\frac{(a+c-2c_e)^2}{9}, \frac{(a+c_e-2c_e)^2}{9}$
	乱排乱放	$\frac{(a+c_e-2c)^2}{9}, \frac{(a+c-2c_e)^2}{9}$	$\{\frac{1}{9}(a-c_e)^2 - M, \frac{1}{9}(a-c)^2 - M\}$

利用完全信息的静态博弈分析方法，发现在政府不采取任何环境规制前提下（即不存在 M），仅仅依靠市场机制得到的纳什均衡解为（乱排乱放，乱排乱放）（见表 3—1），企业的收益也达到最大 $\frac{1}{9}(a-c)^2$，企业也不会采取任何环境保护措施而进行生产，也就是说市场机制阻止企业排污是失灵的，这也是政府进行环境规制的理论依据和必要性所在。当实施环境规制以后，如果排污费满足 $M > \frac{4}{9}(a-c)(a_e-c)$ 时，该博弈的唯一纳什均衡解为（环保减排，环保减排）。由此可见，政府进行环境规制不但有利于环境保护，也会通过提高生产成本刺激企业技术创新，提高产业绩效。

二 环境规制中不同行为主体之间的非合作博弈分析

从博弈论的角度来看,规制者(政府)与被规制者(企业)在博弈过程中是相互依赖的局中人,由于规制者采用不同的规制工具,被规制者采用不同的策略,规制效果是存在差异的,规制效果的差异性就会对企业的利润产生不同的影响,从而使得产业绩效存在差异。环境规制中,双方其实是非合作博弈,以某些高污染的劳动密集型产业为例,如果为了保护环境,规制者予以严格的监管,企业的成本就会上升很多,迫于成本压力,可能导致企业倒闭,这时,政府不但面临监管成本支出,还面临因企业倒闭带来的失业问题,基于此种形式,政府可能会减少或降低监管水平,但这有可能带来环境污染无法挽回的后果,这样,规制者与被规制者之间就会进行激烈的博弈。

以监管者(参与人1)和排污企业(参与人2)构成监管博弈模型,模型假设:①参与人1对参与人2的监管成本为 C,参与人1和参与人2各有两种策略。参与人1:监管与不监管;参与人2:排污达标与排污超标。②参与人2在排污达标时的收益为 π_e,缴纳的排污费为 T_e,排污超标时的收益为 π,排污费为 T,参与人1对参与人2由于排污超标的罚款为 F($\pi_e < \pi$ 符合实际情况)。③所有变量均大于0,监管者与排污企业同时选择博弈策略,依据假设建立的博弈模型收益矩阵如表3—2所示。

表3—2　　　监管机构与排污企业博弈收益矩阵

		排污企业	
		排污达标	排污超标
监管者	监管(p)	$T_e - C, \pi_e - T_e$	$T + F - C, \pi - F - T$
	不监管($1-p$)	T_e, π_e	T, π

在该模型中,当 $C < T + F < T_e$ 时,表3—2的收益组合具有唯一的纳什均衡解(监管,排污超标)。对参与人2来说,当排污达标所缴纳的排污费大于排污超标所缴纳的排污费和罚款总和 $T + F$ 时,企业就会无视环境污染和破坏而选择排污超标来实现自身利益最大化,环境规制在给企业带来成本上升的同时并没有刺激企业为减少环境破坏而进行技术创新,

可能最终会使企业绩效下降。现在考察 $C<T+F<T_e$ 以外的情况，这种情况下，上述博弈模型只存在混合策略的纳什均衡，但不存在纯策略纳什均衡，假设监管机构监管的概率为 p，不监管的概率为 $1-p$；企业采取排污达标的策略概率为 q，超标的策略概率为 $1-q$，根据表3—2的收益矩阵求该模型混合策略纳什均衡解，则参与人1政府的期望收益为：

$$U_1 = pq(T_e - C) + p(1-q)(T + F - C) \qquad (3—1)$$

政府期望收益最大化的条件是

$$\frac{\partial U_1}{\partial p} = T + F - C - q(T + F - T_e) = 0, 得 q = \frac{T+F-C}{T+F-T_e} \qquad (3—2)$$

参与人2（企业）的期望收益为：

$$U_2 = pq(\pi_e - T_e) + p(1-q)(\pi - F - T) + (1-p)q\pi_e + (1-p)(1-q)\pi \qquad (3—3)$$

排污企业期望收益最大化的条件是

$$\frac{\partial U_2}{\partial p} = p(T + F + T_e), 得 p = \frac{\pi - \pi_e}{T+F+T_e} \qquad (3—4)$$

因此，从式3—2和式3—4可以得出，该模型的混合策略纳什均衡是

$$p^* = \frac{\pi - \pi_e}{T+F+T_e}, q^* = \frac{T+F-C}{T+F-T_e} = 1 - \frac{C-T_e}{T+F-T_e} \qquad (3—5)$$

即监管机构对排污企业的监管概率是 $\frac{\pi-\pi_e}{T+F+T_e}$，污染企业选择排污达标的概率是 $1-\frac{C-T_e}{T+F-T_e}$。

从以上环境规制的必要性到参与者之间非合作博弈过程来看，环境规制的效果主要取决于排污费 M 的高低、企业排污达标与超标的收益大小、排污企业排污超标的罚款大小及政府的监管成本等因素。（1）如果政府规定的排污费满足 $M>\frac{4}{9}(a-c)(c_e-c)$，企业权衡利弊之后会自觉环保减排，说明政府应该提高对高污染企业的收费标准，以刺激企业治理环境污染；如果政府制定的排污费过低，企业为增加利润会加重污染。因此在这种情况下，企业制定的排污费越高越有利于环境保护，但也带来产业绩效降低的问题，由于排污费过高会导致企业成本上升，利润减

少，产业绩效下降。(2) 在环境规制过程中，理想的结果是（不监管，排污达标）的策略组合，收益见表3—2，为了达到这个理想结果，就必须使得 $\pi - \pi_e$、$C - T_e$ 都趋于0，也就是说在排污达标和超标的情况下企业的利润波动不能太大，这就需要政府除了对排污超标进行惩罚之外还要进行政策性鼓励以缩小达标与超标的利润差距。另一方面，虽然通过政府的政策鼓励等缩小了高污染企业达标与超标之间的利润差距，但为了防治企业出现排污超标的情况，政府应该对排污超标制定较高的惩罚力度，只有当排污罚款 F 足够大时，以至于当企业出现排污超标接受巨大罚款而影响到利润时，就会自觉减少环境污染。但这种高补贴和高惩罚措施一方面会增加高污染企业排污成本，挤压生产性投资，另一方面高补贴并不利于企业的环境技术创新，因此，也不利于产业绩效的提高。(3) 根据 $q^* = 1 - \dfrac{C - T_e}{T + F - T_e}$，$q^*$ 越趋近于1，说明企业排污越接近达标，这就意味着政府的监管成本必须尽量降低，以至于与企业排污达标时的排污费相等，因此，政府的环境规制政策实施与监管成本都会影响企业的策略选择，进而影响企业利润和产业绩效。

三 信息不对称条件下环境规制行为主体之间的动态博弈分析

在环境规制过程中，政府和企业存在信息不对称，企业对于自身的排污情况、治污成本和自身技术水平更加了解，处于信息的优势方，而政府处于信息的劣势方，对企业的污染情况等信息知之甚少，导致逆向选择[①]和道德风险[②]，政府不论采取税费制还是许可证交易制的规制政策，环境规制效果都会降低，造成整个社会福利的净损失，导致产业绩效下降。

接着以上的假定，假设规制者对污染企业的监管概率依然是 p，不监管的概率是 $1-p$，企业的排污策略取决于监管机构的监管力度，监管力度大，企业就会减少污染排放，监管力度小，企业就会增加污染排放。

---

① 逆向选择：逆向选择是指由于信息不对称，代理人与委托人在签订合约前故意隐瞒真实信息，造成市场配置资源的扭曲，甚至损害委托人利益。

② 道德风险：道德风险是指由于信息不对称，代理人与委托人在签订合约后，代理人采取隐瞒行为，做出损害委托人利益和破坏市场均衡的行为。

假设企业排污的利润为 π（$\pi>0$），不排污只能获得正常利润（假设正常利润为0）。根据"经济人"假定，即使排污企业被查处，企业也会想办法采取行贿等手段以减少损失，根据公共选择学派的理论，规制者会利用手中的权力寻租，可能接受企业贿赂，产生"规制俘获"从而与污染企业合谋或串谋以谋取各自利益。假设行贿金额是企业所获利润的 θ 倍，只要 $0<\theta<1$，企业就有向规制者行贿的动机，进而合谋继续进行排污以获得超额利润，同时，规制者由于担心环境污染事故而受到惩罚，也可能会选择拒绝受贿，以 r 代表规制者接受贿赂的概率，$1-r$ 是拒绝贿赂的概率，在规制者拒绝受贿的情况下，污染企业将需要向监管者缴纳处罚金 F，规制者因监管不力受到的惩罚为 B，规制者由于受贿而受到惩罚的概率为 v，没受到惩罚的概率为 $1-v$（$0<v<1$）。在此假设下，规制者与企业之间的动态博弈与收益情况见图3—5。

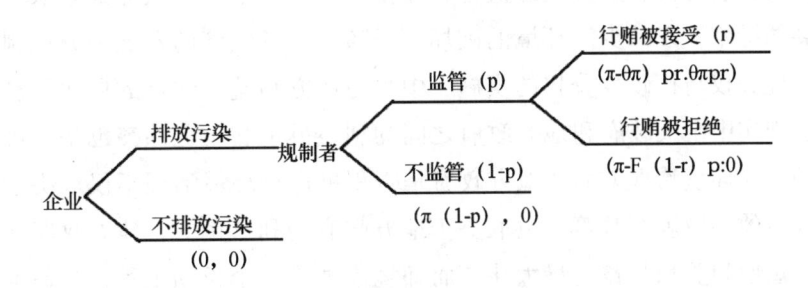

图3—5 规制者与污染企业的动态博弈

图3—5的动态博弈模型中，收益组合的第一项是污染企业的收益，第二项为规制者的收益，经过多期的动态博弈之后，企业和规制者的收益如下：

从图3—5可以得出污染企业的期望收益为：

$$R_f = (\pi - \theta\pi)pr + (\pi - F)(1-r)p + \pi(1-p) \quad (3—6)$$

规制者的期望收益为：

$$R_r = (1-v)\theta\pi pr - Bv \quad (3—7)$$

从以上的动态博弈过程来看，企业不排放污染的收益为0，环境得到很好的保护，社会福利也会实现最大化，但现实中只要企业排放污染的期望收益 $R_f>0$，企业就会选择排污的策略。而对于规制者来说，也有两种选择,即监管和不监管,如果规制者不监管而接受污染企业贿赂,并且受贿的惩罚概率 v 很小,导致规制者的收益 R_r 大于0,规制者就会选择受贿策略,整个动态博弈的结果就是企业和规制者合谋对环境进行破坏,不但损害公共利益,导致社会福利下降,也会使企业本来将作为环境技术创新的投入用于向规制者行贿,阻碍了企业的技术创新和产业绩效的提高。

四 环境规制失灵的"智猪博弈"分析

以上动态博弈分析了规制者与污染企业可能会合谋对环境进行破坏,产生这种结果的原因之一就是环境规制活动的参与者之一——规制者主要是由地方政府来承担监督职责,而环境规制政策的制定却来自中央政府,这样在地方政府与中央政府之间就形成了环境规制的委托—代理关系,地方政府代理中央政府监督企业排污对环境带来的破坏并采取一定的惩罚措施,以减少对环境的破坏。但随着市场经济的发展和分税制等经济性分权与行政性分权的实施,中央与地方利益一体化的局面不复存在。现实中中央政府和地方政府之间的利益诉求和角色冲突也是不可避免的,在环境治理方面,地方政府是否积极进行环境治理不仅取决于中央政府的环境规制政策,更取决于地方政府的利益偏好,地方政府往往考虑短期利益和收益的最大化,而环境治理是一个长期工程,收益也是长期性的且难以衡量,环境治理投资的收益远不如产业投资的收益明显,再加上环境治理的正外部性和财政收入的约束条件,地方政府消极治理是普遍现象,中央政府与地方政府在环境规制中的策略选择及约束条件就构成了"智猪博弈"模型(表3—3)。

表3—3　中央政府与地方政府环境规制的"智猪博弈"收益矩阵

		地方政府	
		治理污染	放任污染
监管者	治理污染	(5, 1)	(4, 4)
	放任污染	(9, -1)	(0, 0)

注:环境规制收益矩阵根据假设与"智猪博弈"经典模型假设类同。

从表3—3可以看出,中央政府与地方政府在环境规制方面的策略选择是不一致的,中央政府环境规制从长远来看是符合公共利益的,作为环境的最终监护人,保护环境是一个有远见政府不能逃避的责任,因此,中央政府的选择是治理污染,这时作为地方政府有治理污染与放任污染两种选择,两种选择带来的收益是(5,1)和(4,4),地方政府在不考虑社会长远利益与公共利益的背景下,他的优势策略选择就是放任污染以获取最高收益,因此(治理污染,放任污染)策略组合成为中央政府与地方政府进行环境规制的优势策略组合,这时地方政府实现了收益最大化,中央政府的收益没有达到最大,社会公共利益受到损失,社会总福利下降。因此,在环境规制过程中,中央政府与地方政府的博弈策略选择甚至要比规制者与企业之间的博弈策略选择更加重要,只有解决了中央与地方在环境规制过程中的利益冲突,才会激励地方政府对污染企业进行环境规制,地方频繁出现的环境污染事件也许就是这个原因,这样的策略选择不但达不到中央政府环境规制的预期目标,还会阻碍企业进行环境技术创新,影响产业绩效的提高。

从博弈论的视角来看,环境规制与产业绩效之间也存在三种可能关系:一是环境规制与产业绩效呈正向关系,也就是政府实施环境规制将会促进产业绩效的提高,因为市场在改善环境、减少企业排污方面存在失灵,企业会将排污超标作为其优势策略,为了防止环境被破坏,政府的环境规制就尤为必要,环境规制一方面迫使企业减少排污量,另一方面也激励企业为了获得超额利润进行环境技术创新,提高产业绩效。二是由于环境规制活动过程中存在的信息不对称和委托—代理问题,可能会影响环境规制效果,从而不利于产业绩效的提高,企业为了规避环境规制的约束,会通过贿赂规制者从而减少对其排污行为的惩罚,一旦规制者的受贿成本过低就会和排污企业合谋破坏环境,这时的环境规制并没有起到激励企业进行减排或环境技术创新的作用,相反由于企业将一部分生产性投入用于向规制者行贿而挤压了生产性投资,导致企业的生产绩效下降,加上环境污染程度加深最终导致产业绩效是下降的。三是由于在环境规制的博弈过程中,由于信息不对称、参与人的有限理性、参与主体利益不统一等因素,导致环境规制对产业绩效的影响结果是不确定的。但如果不解决环境规制过程的信息不对称问题和中央政府与地方政府的委托—代理问题，从长远来看，环境规制是阻碍产业绩效提高的，只有尽可能减少规制者对市场信息的依赖，协调好中央政府与地方政府在环境规制中的利益关系，更多采取市场激励型的环境规制手段，才能起到促进产业绩效提升和环境保护的双赢效果。

第四章

环境规制对工业产业绩效的影响
——基于中国38个工业行业视角

从环境规制与产业绩效的传导机制可以看出，环境规制对产业绩效的影响是通过企业生产成本、企业进入壁垒、企业利润率和企业技术创新等来实现的。因此，本章通过研究环境规制对我国38个工业行业在企业进入、技术创新、利润率等方面的影响，得出我国环境规制在不同行业中的差异性，为我国制定有效的环境规制政策提供理论依据。

第一节 问题的提出与模型设定

在实证分析环境规制对我国工业产业绩效的影响之前，首先对环境规制与工业产业绩效之间的关系进行实证检验，一是研究近10年来中国环境规制的效果及存在的问题；二是检验目前关于环境规制与工业产业绩效的关系问题，以便于后面进行差异化比较。本章选取中国2005—2013年38个工业行业的面板数据，从环境规制与企业进入、技术创新及产业绩效三个方面建立相应的面板数据模型。

面板数据模型（Panel Data Models）是现代计量经济学发展的重要领域，现代经济发展的关系越来越复杂，经济变量之间不仅在时间上相关，空间上相互影响，而且在时间与空间共同作用下会有不同的作用与影响，面板数据模型就是将时间序列数据与截面数据结合起来，利用相同样本和变量的多期数据进行回归，以考察不同样本的异质性，它能更好地发现和识别单纯依靠时间序列和截面数据所不能发现的影响因素，能够更好地检验和分析更复杂的经济行为，是目前计量经济学应用比较广泛而且理论价值与应用价值较高的实证模型之一。与单纯的时间序列数据和截面数据相比，面板数据模型具有以下几个优点：一是面板数据模型可以较好地控制观测个体之间的异质性；二是面板数据包含的信息要远远大于单个时间序列数据或截面数据，并有效避免了单独的时间序列数据或截面数据解释变量之间存在的多重共线性带来的影响；三是面板数据模型相当于增大了样本容量，使模型的自由度增大，可以得到精度更高的参数估计量；四是面板数据模型融合了观测个体间差异和个体内在动态信息，所建模型更为复杂和接近经济现实。因此，从20世纪50年代起面板数据模型开始广泛应用于计量经济学、社会学等领域。

根据面板数据模型的参数性质，将其分为固定效应模型和随机效应模型。当横截面的个体异质性①与解释变量是相关的，也就是说个体异质性是回归参数变动的原因时，模型就采用固定效应模型，反之，就采用随机效应模型。对于是采用固定效应模型还是随机效应模型，Wooldridge认为主要是考察个体异质性与解释变量之间的相关性，而易丹辉认为如果我们研究的目的是以样本自身信息和效应为条件来进行推论，并不进行更加广泛的总体推论，也就是说样本接近所研究的总体而无须再加以推论，就宜采用固定效应模型，如果予以样本对总体进行推论，则宜采用随机效应模型。但到底采用哪种模型还需要对实际问题和面板数据作进一步的检验，目前检验的方法主要有似然比（likelihood ratio，LR）检验和豪斯曼（Hausman）检验，这两种检验方法都是以个体异质性与解释变量之间的相关关系为理论依据，得出最佳的面板数据模型。因此，在本书中，涉及的面板数据模型采用哪种效应模型将以上述两种方法的检验结果为依据。

模型的设定需要满足计量经济学经典假设，由于本章样本数据时间长度较短，横截面较多，属于"宽而短"的数据类型，主要考虑横截面存在异方差性的问题，根据模型数据特点，对部分数据取对数，以避免

---

① 个体异质性：在面板数据模型中，随机扰动项μ_{it}被称为合成误差（composite error），可以写成$\alpha_i + \varepsilon_i$，其中α_i成为个体异质性或不可观测的异质性，ε_i是随时间和个体变化的特异性误差（idiosyncratic error）。

存在单位根的问题，消除数据的非平稳性带来的"伪回归"问题，并在模型估计方法的选择上根据截面数据存在异方差性的特点采用消除异方差性的方法，最终得到最佳线性不偏的参数估计值。

一 模型1：环境规制与企业进入

第三章已经简单陈述了环境规制与企业进入之间的关系问题，由于环境规制增加了企业进入的必要资本量而成为潜在企业进入的壁垒，甚至严格的环境规制会由于成本升高迫使企业退出行业，导致行业内竞争程度下降，利润上升，但影响企业进入的因素除了环境规制之外还有其他的因素，因此模型1将环境规制作为影响企业进入的原因之一来进行考察，企业进入包括阻碍和引致企业进入两个方面，根据目前的研究来看，环境规制可能作为一种进入壁垒，成为阻碍企业进入的因素之一，因此，被解释变量就是新进企业数量，环境规制为解释变量，除了环境规制，还存在影响企业进入的其他因素，根据产业组织理论，较大的产业规模和必要资本量会成为企业进入的壁垒，而较高的需求和利润率会吸引企业进入。因此，产业规模、销售量、利润、必要资本量等都是影响企业进入的重要因素而作为解释变量，构建环境规制与企业进入之间的面板数据模型，为了提高数据的稳定性以便于比较，除了销售增长率和利润率，其他变量均采用对数形式，基本模型为：

$$LN(NU_{it}) = \beta_{0it} + \beta_{1it}LN(ER_{it}) + \beta_{2it}LN(SI_{it}) + \beta_{3it}LN(CA_{it}) + \beta_{4it}SA_{it} + \beta_{5it}PR_{it} + \varepsilon_{it} \quad (4—1)$$

由于部分学者的研究结果表明，环境规制强度与企业进入之间可能存在非线性"倒U"形关系，因此本章也建立了模型1的非线性模型，如下：

$$LN(NU_{it}) = \beta_{0it} + \beta_{1it}LN(ER_{it}) + \beta_{2it}LN^2(ER_{it}) + \beta_{3it}LN(SI_{it}) + \beta_{4it}LN(CA_{it}) + \beta_{5it}SA_{it} + \beta_{6it}PR_{it} + \varepsilon_{it} \quad (4—2)$$

在模型4—1和模型4—2中，下标 t 表示时间，i 表示个体，NU 表示企业数量，ER 表示环境规制强度，SI 表示产业规模，CA 表示资本必要量，SA 表示销售增长率，PR 表示产业利润率，ε 为随机干扰项。

以上模型中各变量的含义如下：

(1) 企业进入数量 (Number)：目前在国家统计年鉴中并没有专门

统计新增企业数量，统计年鉴只有每个产业当年的企业数量，根据每年的企业数量可以得到每年新进企业数量，基于此，本章就以当年各行业中规模以上工业企业数量作为企业进入数量的替代指标。

（2）环境规制强度（Environmental Regulation Intensity）：有关环境规制强度的衡量指标有很多，主要是从环境治理的支出与成本、环境管理、污染排放等多角度、多因素进行衡量的。像 Jaffe 等从污染治理支出与成本的角度提出的污染治理设备运行成本与投资、污染治理项目完成投资等指标，Telle 和 Larsson 等以规制机构的监督次数衡量环境规制的强度，Sancho、Tadeo martinez 等用规制下的排污量作为衡量指标，还有像 Gray、Brunnermeier 和赵细康等结合以上指标综合使用，但都是从环境规制的成本与支出来进行衡量的。

可以看出，环境规制强度的指标主要用环境污染治理的成本和支出来衡量，因为，当企业面临比较严格的环境规制时，企业花在环境污染治理上的支出和成本就会增加，因此，使用环境治理成本与支出作为衡量环境规制强度的指标是比较合理的。

借鉴已有的研究成果，本书以污染治理设备运行成本作为环境规制强度的指标，而没有采用污染治理设备投资，是因为污染治理运行成本不但包括已经存在的污染治理投资及折旧，也包括污染治理投资的逐期分摊部分，因此是全部的污染治理成本。由于相同的污染治理成本在不同规模的企业中影响是不同的，规模大的产业成本负担能力相对比较大，而规模较小的产业成本负担能力较弱，因此，衡量环境规制强度必须考虑产业规模的差异，为了消除产业规模的影响，本书以千元工业产值的污染治理成本作为环境规制强度的衡量指标，计算公式为：

环境规制强度(千元/元) = (污染治理成本÷工业总产值)×1000

（3）产业规模（Size）：产业规模本书用工业总产值来衡量，产业规模越大表明企业的数量可能越多，因此，产业规模与被解释变量可能存在正向关系，即产业规模系数可能为正。

（4）必要资本量（Capital）：以当年的资产总额除以企业数量作为必要资本量。计算公式为：

必要资本量 = 产业资产总额÷产业内企业数量

必要资本量是企业进入的最基本要求，也是企业进入的最重要的进入壁垒,必要资本量的要求越大,企业的进入壁垒就越高,进入数量就越少,所以,预计必要资本量的系数为负。

(5) 销售增长率(Sale):销售增长率就是用当年的销售额与上一年销售额的差额除以当年的销售额,计算公式为:

销售增长率(%) = (当年的销售额 − 上年销售额) ÷ 上年销售额 × 100%

销售收入的增加主要是由于需求增加引起的,需求的增加会引起新企业的进入,所以,销售增长率的系数预计为正。

(6) 利润率(Profit):用产业的总利润与销售收入的比值作为销售利润率,计算公式为:

销售利润率(%) = 销售利润 ÷ 销售收入 × 100%

一般认为,如果企业进入有利可图,那么就会有更多的新企业进入。因此,利润率的提高会刺激企业进入,但也有一部分学者研究发现,利润率与企业进入没有明显的关系。

二 模型2:环境规制与技术创新

环境规制是影响产业技术创新的因素之一,因此,在模型2中,技术创新是被解释变量,环境规制强度为解释变量。环境规制强度的衡量指标还是沿用模型1的指标,技术创新的衡量指标较多,一是R&D支出,经费投入是技术创新的基础,R&D支出反映了企业在生产工艺、产品开发等技术创新方面的投入,能够反映一定的技术创新水平,但也存在有些投入可能没有产生预期的技术创新成果,还有一些研发投入与成果之间存在较长的时滞,短期内很难有明显的创新效果,因此只用R&D支出来衡量技术创新存在一定的弊端。二是专利申请数量,专利申请数量的优点在于数据精确,并且消除了技术创新与环境规制之间的滞后期,专利不仅是产品创新的体现,也是生产过程和工艺的创新,能够较好地反映产业技术创新水平,但由于在我国企业对于专利的重视程度不够,很多企业的技术创新并没有以专利的形式加以申请,尤其是小企业和小专利,因此,用专利数来衡量技术创新也是不全面的。三是新产品销售收入占总销售收入比重,产品是衡量企业生产经营结果的直接指标,新产品是否被市场接受,也就意味着技术创新是否市场化,因此被市场接受了的新产品是技术创新最直接的衡量指标,但新产品销售收入衡量难以区分。

结合目前衡量技术创新的相关指标，R&D 支出和专利申请数量被大多数学者所认可和使用，此外，影响技术创新的因素很多，像产业规模大小，产业集中度等。因此，模型 2 中被解释变量为 R&D（RD）和专利申请数（PA），解释变量（控制变量）为环境规制强度（ER）、产业规模（SI）、产业集中度（HF），为了提高数据的平稳性和便于比较，模型采用对数形式：

模型 2.1：

$$LN(PA_{it}) = \beta_0 + \beta_{1it}LN(ER_{it}) + \beta_{2it}LN(SI_{it}) + \beta_{3it}HF_{it} + \varepsilon_{it} \quad (4-3)$$

模型 2.2：

$$LN(RD_{it}) = \beta_0 + \beta_{1it}LN(ER_{it}) + \beta_{2it}LN(SI_{it}) + \beta_{3it}HF_{it} + \varepsilon_{it} \quad (4-4)$$

根据文献综述中关于部分学者研究得出的环境规制与产业技术创新可能存在"倒 U"形关系及"波特假说"，建立模型 2 的非线性模型如下：

$$LN(PA_{it}) = \beta_0 + \beta_{1it}LN(ER_{it}) + \beta_{2it}LN^2(ER_{it}) + \beta_{3it}LN(SI_{it}) + \beta_{4it}HF_{it} + \varepsilon_{it} \quad (4-5)$$

$$LN(RD_{it}) = \beta_0 + \beta_{1it}LN(ER_{it}) + \beta_{2it}LN^2(ER_{it}) + \beta_{3it}LN(SI_{it}) + \beta_{4it}HF_{it} + \varepsilon_{it} \quad (4-6)$$

上述模型 4—3 至模型 4—6 中各变量含义如下：

（1）专利申请数量（PA）：是指企业或个人将技术发明、产品设计和技术应用等成果向专利管理机构提出申请并被受理的申请项数。专利申请数作为技术创新的成果，在一定程度上反映了个人或企业的技术创新能力和水平。但采用专利数量衡量技术创新水平也存在一定的局限性，一是很多企业尤其是中小企业由于缺乏专利意识或为了保密等原因而不申请专利；其次专利申请数量只是从数量上反映了技术创新的水平，但实际的技术创新质量无法得到准确衡量，由于从专利申请到专利授权并投入使用之间存在时间差，因此采用申请数量而不是专利授权数量更为合理。为了准确衡量环境规制对技术创新的影响，结合专利申请数量和 *R&D* 支出指标各自特点与不足，本章采用专利申请数和 *R&D* 支出共同衡量技术创新。

(2) 研究与开发经费支出（R&D）：资金投入是技术创新的基础，R&D 活动是指在科技领域所开展的知识积累与应用的系统性和创造性活动，包括基础研究、应用研究和实验三类活动，这些技术创新水平的迅速提高必须有强大的资金投入做保障，R&D 支出就是用于开展科技创新活动的一系列直接与间接经费。因此，R&D 支出是衡量技术创新水平的重要指标之一。

(3) 环境规制强度（ER）：环境规制强度的衡量指标同模型1，仍然用每千元工业产值的污染治理成本作为环境规制强度的衡量指标。

(4) 产业规模（SI）：产业规模也同模型1，采用工业总产值来衡量。

(5) 产业集中度（HF）：产业集中度是用某一行业中少数企业的产量、销量或资产总额等占该行业总额的百分比来表示的。本书主要参考赵红（2007）产业集中度的计算方法与数据，采用行业中市场份额前10位企业计算的赫芬达尔指数作为产业集中度的衡量指标。计算公式为：

$$HF = \sum (share_{jit})^2 \qquad (4—7)$$

式4—5中，$share_{jit}$ 表示在 t 年度的行业 j 中，前 i 位（$i = top1 - top10$）企业的市场份额。目前关于规模以上工业企业的产业集中度由于没有具体的企业规模统计，前10位企业及销售额无法得到，根据《中国工业统计年鉴》中关于企业经济指标的调查，国有大型工业企业占到规模以上工业行业的15%左右，因此，以国有大型工业企业前10位企业销售额（主营业务收入）与规模以上工业行业销售额（主营业务收入）比值为产业集中度的衡量。

根据产业组织理论，市场结构是技术创新的重要影响因素之一，而市场集中度是衡量市场结构的重要指标，熊彼特等人认为，市场集中度越高越有利于产业技术创新，即产业集中度与技术创新之间存在正向关系，大企业比小企业更具有创新性；但也有反对者认为，市场集中度越高面临的市场竞争压力越小，企业就越缺乏创新动力，而产业中较多的企业为了获得较高的利润和提高竞争力，就会增加 R&D 支出，较多企业的技术创新投入将会产生更多的技术创新成果，也有部分学者研究发现，较高或较低的市场集中度都不利于技术创新，因此，更多的研究表明产业集中度与技术创新之间呈非线性的"倒 U"形关系,也就是说完全竞争与垄断都不利于产业技术创新,而寡头垄断的技术创新是最活跃的。

三 模型3:环境规制与产业绩效

结合本书第三部分关于环境规制与产业绩效关系的文献来看,环境规制通过影响企业生产成本、企业利润、企业进入和技术创新等来影响产业绩效,并且在区域、行业、规制工具等方面存在差异性,在模型3中,主要考察环境规制对我国38个工业行业产业绩效的影响,用总资产贡献率和全员劳动生产率作为衡量产业绩效的被解释变量,环境规制为解释变量,由于产业规模和产业集中度对总资产贡献率和全员劳动生产率的影响也被作为解释变量,和模型1、模型2一样,模型3也采用对数形式,模型如下:

模型3.1:

$$LN(AS_{it}) = \beta_{0it} + \beta_{1it}LN(ER_{it}) + \beta_{2it}LN(SI_{it}) + \beta_{3it}HF_{it} + \varepsilon_{it} \tag{4—8}$$

模型3.2:

$$LN(LA_{it}) = \beta_{0it} + \beta_{1it}LN(ER_{it}) + \beta_{2it}LN(SI_{it}) + \beta_{3it}HF_{it} + \varepsilon_{it} \tag{4—9}$$

同理建立环境规制与产业绩效的非线性模型如下:

$$\begin{aligned}LN(AS_{it}) &= \beta_{0it} + \beta_{1it}LN(ER_{it}) + \beta_{2it}LN^2(ER_{it}) \\ &+ \beta_{3it}LN(SI_{it}) + \beta_{4it}HF_{it} + \varepsilon_{it}\end{aligned} \tag{4—10}$$

$$\begin{aligned}LN(LA_{it}) &= \beta_{0it} + \beta_{1it}LN(ER_{it}) + \beta_{2it}LN^2(ER_{it}) \\ &+ \beta_{3it}LN(SI_{it}) + \beta_{4it}HF_{it} + \varepsilon_{it}\end{aligned} \tag{4—11}$$

模型4—8至模型4—11中各变量具体含义如下:

(1)总资产贡献率(AS):总资产贡献率反映了企业的获利能力,是企业经营业绩、盈利能力和管理水平的重要衡量指标,其计算公式为:

AS(%)=(利润总额+税金总额+利息支出)÷平均资产总额×100%

(2)全员劳动生产率(LA):是指工业企业职工在单位时间内(一

年)创造的最终成果,是企业生产效率和劳动投入经济效益的综合反映,其计算公式为:

LA(元/人·年) = 工业增加值÷全部从业人员平均人数

由于从 2008 年开始统计年鉴没有再对分行业工业企业的工业增加值做统计,因此 2005—2013 年统计年鉴中只有 2005—2007 年的规模以上分行业工业增加值的数据,为了数据的可比性和统一性,本书尝试用两种方法对 2008—2013 年的规模以上分行业工业增加值进行推算,一是按照工业增加值的计算公式:工业总产值(现价、新规定)- 工业中间投入 + 本期应交增值税,但由于从 2008 年开始工业中间投入的制造费用也没有再做数据统计,因此无法准确计算相应的工业增加值;二是利用工业企业主营业务成本与工业中间投入的会计关系,利用 2007 年的增加值数据核算出了两者之间的换算系数,即工业中间投入与主营业务之间的换算系数(见附表4—3),以此来计算 2008—2013 年的规模以上分行业工业增加值。

(3) 环境规制强度 (ER):同模型1。

(4) 产业规模 (SI):指标同模型1,产业规模是否影响产业的利润率和生产率,目前学术界有不同的观点,刘小玄(2003)认为,产业规模对我国产业利润率存在正向影响,但张军(2005)通过固定效应模型研究发现,在企业所有制类型确定的情况下,产业规模因素对我国制造业利润率的影响并不显著。但根据规模经济效应理论,产业规模与产业利润率之间应该是存在一定关系的,因为,规模报酬不变更多是一种偶然的,而规模报酬递增或递减应该是产业发展的常态。

(5) 产业集中度 (HF):同模型2。

关于产业集中度与产业绩效的关系问题,目前也有两种观点,一是产业集中度与产业绩效之间存在正相关关系,还有一种观点认为中国产业集中度与产业利润率之间不存在确定性的相关关系,但总体来看,大量实证分析表明产业集中度与产业绩效之间是存在相关关系的,并且是正相关关系。

第二节　数据分析及平稳性检验

一　工业产业环境规制现状

(一) 我国环境污染与环境规制政策实施情况

人类对环境资源的利用和污染物的排放自有人类生产生活以来就已经开始，而人们开始关注环境问题却是近几百年的事情，准确地说是自工业革命之后，工业革命大大提高劳动生产率，经济发展速度大大提高。但与此同时，工业时代对环境的影响甚至破坏也在加速，以至于影响到了环境自身的自我调节阀值，环境的承载能力受到严重损害，以至于人类不得不进行有效的环境保护，才能实现人类社会的可持续发展。因此，环境问题是全人类面临的共同问题，环境保护也是全人类共同的责任，更是各国政府执政的责任和义务。

中国自改革开放以来，随着市场经济制度的建立与完善，经济增长速度和增长幅度都达到了空前水平，但与此同时环境问题愈加突出，环境污染、气候变化和生态破坏已经成为我国经济发展过程中的三座环境大山。尤其是我国目前处于工业化初期阶段，三次产业结构中主要以工业为主，工业生产带来的环境问题要远远大于第一、第三产业，工业污染也是环境污染的最主要污染源。2013年中国硫氧化物、氮氧化物、二氧化碳排放量仍居世界第一位，化学需氧量排放量也居世界前列，而这其中大部分都是工业污染。

表4—1　1998—2013年中国工业主要污染物排放量及占全国排放量比例

类别	污染排放量及占比	统计年份							
		1998	1999	2000	2001	2002	2003	2004	2005
废水及主要污染物	废水排放量（亿吨）	200.50	197.30	194.30	202.60	207.2	212.4	221.10	243.1
	排放占比（%）	50.80	49.20	46.80	46.80	47.10	46.20	45.80	46.30
	化学需氧量排放量（万吨）	800.60	691.70	704.50	607.50	584.0	511.90	509.70	554.8
	排放占比（%）	53.50	49.80	48.80	43.30	42.70	38.40	38.10	39.20
	氨氮排放量（万吨）	—	—	—	41.30	42.1	40.40	42.20	52.50
	排放占比（%）	—	—	—	33.00	32.70	31.20	31.70	35.00

续表

类别	污染排放量及占比	统计年份							
		1998	1999	2000	2001	2002	2003	2004	2005
废气及主要污染物	二氧化硫排放量（万吨）	1594.4	1460.1	1612.5	1566.6	1562	1791.4	1891.4	2168.4
	排放占比（%）	76.20	78.60	80.10	80.40	81.10	83.00	83.90	85.10
	烟尘排放量（万吨）	1178.5	953.4	953.3	851.9	804.2	846.2	886.5	948.9
	排放占比（%）	81.00	82.30	81.80	79.600	79.40	80.70	81.00	80.20
	工业粉尘排放量（万吨）	1321.2	1175.30	1092	990.60	941	1021.0	904.80	911.2
工业固体废物	固体废物产生量（亿吨）	8.00	7.84	8.16	8.87	9.45	10.04	12.00	13.44
	固体废物排放量（万吨）	7048.0	3880.0	3186.0	2894.0	2635	1941.0	1762.0	1658

类别	污染排放量及占比	统计年份							
		2006	2007	2008	2009	2010	2011	2012	2013
废水及主要污染物	废水排放量（亿吨）	240.2	246.6	241.7	234.5	237.5	230.9	221.6	209.8
	排放占比（%）	44.74	44.29	42.28	39.77	38.47	35.03	32.36	30.17
	化学需氧量排放量（万吨）	541.5	511.1	457.6	439.7	434.8	354.8	338.5	319.5
	排放占比（%）	37.91	36.99	34.65	34.42	35.12	14.19	13.97	13.58
	氨氮排放量（万吨）	42.5	34.1	29.7	27.3	27.3	28.1	26.4	24.58
	排放占比（%）	30.08	25.76	23.39	22.27	22.69	10.79	10.41	10
废气及主要污染物	二氧化硫排放量（万吨）	2234.8	2140	1991.3	1865.9	18644	2017.2	1911.7	1836
	排放占比（%）	86.33	86.71	85.79	84.26	85.32	90.95	90.28	89.79
	烟尘排放量（万吨）	864.5	771	670.7	604.1	603.2	715.58	669.04	711.5
	排放占比（%）	79.4	78.16	74.39	71.3	72.75	86.09	83.39	85.64
	工业粉尘排放量（万吨）	808.4	698.7	584.9	523.6	448.7	385.32	360.05	383.1
工业固体废物	固体废物产生量（亿吨）	15.15	17.6	19	20.4	24.1	32.28	32.9	32.77
	固体废物排放量（万吨）	1302.1	1196.5	781.8	710.5	498.2	433	144	129

注：以上数据根据中国环境统计公报整理所得（1998—2013）。氨氮排放量从2001年开始统计。

从表4—1可以看出，1998—2013年，我国大部分工业污染排放量经历了不断增大再到逐渐降低的过程，从2006年前后开始除了固体废物产生量之外，其他排污量都开始下降，说明环境保护的力度在不断增强，效果也在逐步显现，固体废物排放量一直呈现上升趋势。这主要是由于随着经济的发展，对资源的使用不断增加，产生量也就不断增加，但与此同时，固体废物排放量却逐年下降，说明工业固体废物的综合处理和再利用能力不断提高。

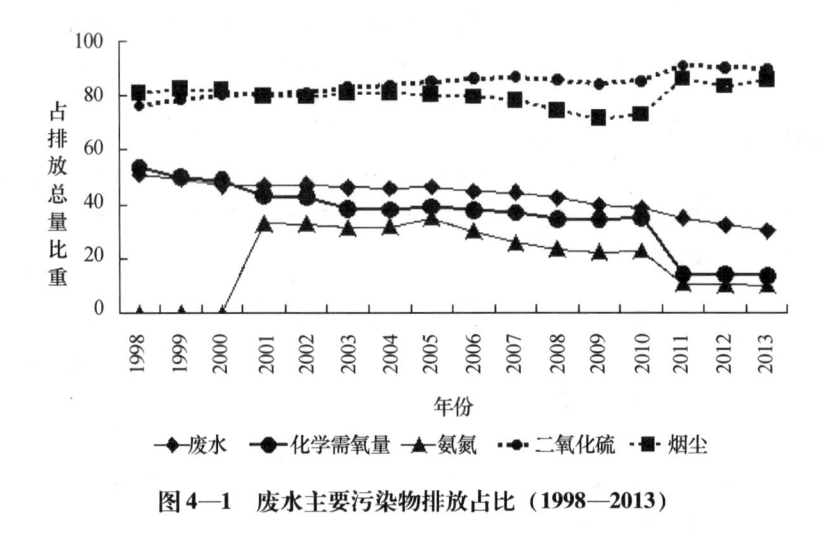

图4—1 废水主要污染物排放占比（1998—2013）

从工业污染排放量的变化来看（见图4—1），各种排放量占总排放量的比重也在下降，相比而言，工业废水排放量的占比要低于工业废气排放量占比，因为废水排放量中，社会生活用水所产生的排放量较大，减少废水排放量的弹性相对较小，主要是如何提高生活用水的再循环利用，提高水资源的利用效率。但总体来看，工业污染仍然是目前我国环境污染的主要来源，因此，工业污染防治也是当下很长时间我国环境治理工作的重点，除了不断改进工业工艺水平，提高废弃物的再循环能力，还需要在实践中不断深化"预防为主、防治结合""污染者负担"和"强化环境管理"的环境保护法律法规体系建设，以及制定与以上环境法律法规相配套的环境规制制度和规制工具。

我国环境规制以改革开放为起点，经历了改革前的相对匮乏阶段、改革初期的逐步加强阶段、改革中期的快速发展阶段以及近期的日渐成熟和完善阶段。中国环境规制既有命令与控制型的政策工具，也有市场激励型和信息披露型规制工具。截至 2015 年 7 月 13 日我国颁布执行的环境保护方面的法律法规主要包括公害防治、产业灾害防治和环境保护 3 个大类 14 个小类 32 部法律、48 个行政法规和 91 个部门规章[①]，涵盖大气污染防治、水污染防治、噪声污染防治、固体废物、水土保持、海洋保护、森林草原保护、野生动物保护、水产资源保护、矿产资源和土地资源保护的全方位规制政策体系。

我国环境规制总体上实行中央统一规制下的地方政府负责制，规制工具以命令控制型为主，市场激励型和信息披露型为辅助，存在地方经济发展与中央环境保护的抉择。

1. 总体统一规制下的地方政府负责制

我国环境规制政策制定与实施采用的是三级管理模式，国务院和县级以上政府机构组成的环境经济综合管理机关、各级人民政府的环境保护行政管理部门组成的环境保护监督管理机关和具体相关的环境保护职能部门组成的环境保护部门监督管理机关，这种统一规制下的地方政府负责制保证了环境规制政策法规的实施与监督，但也存在地方政府发展经济和环境保护的两难取舍，尤其是在以 GDP 论成败的政绩考核制度下，短期内环境保护的动力远远低于对环境的保护，各级政府之间、部门之间及企业之间如何协调，实现中央环境保护的政策目标是目前亟须解决的问题。

2. 命令控制型手段为主，市场激励型和信息披露型为辅

在实践中，随着环境问题愈加严重，中国的环境规制手段也在不断完善，目前形成了以"八项制度"[②]为核心的命令控制型手段为主、市场激励型和信息披露型为辅助的环境管理体系，其中命令控制型手段主要以法律法规和行政规章来制定和执行环境保护的各种标准，目前主要包

---

① 数据来自中华人民共和国环境保护部数据中心，http://datacenter.mep.gov.cn/main/template-view.action? templateId_ = ff8080812e8b3901012e8ec6ee7e001b&dataSource = TRS。

② 八项制度是指"环境影响评价""排污收费""环境保护目标责任""三同时""城市环境综合整治定量考核""限期治理""集中控制"和"排污申请登记与许可"八项制度。

括环境影响评价制度、限期治理、"三同时"① 制度、集中污染控制、城市环境综合整治定量考核和排污许可证制度等。

通过制定相关的环境标准来约束相关排污企业，并通过有效的监督机制来实现环境保护的目标，取得了一定的效果，但随着经济的发展，尤其是改革开放以后，一切以经济发展为中心，尤其是地方政府在发展经济与环境保护方面存在不可兼得的两难境地，命令控制型规制工具的不足逐渐显现，对于中央政府的统一规制，地方政府执行不到位，上有政策下有对策，尤其是落后地区，往往环境比较脆弱，如果不发展经济，环境保护的投入就更无法保证，很多地方政府为了发展经济就采取先污染后治理的发展模式，把更多的人力、财力、物力放在了发展经济上。这也反映了命令控制型规制手段的缺陷性。因此，1978年根据"污染者付费"提出了排污收费制度，并在1979年颁布的《中华人民共和国环境保护法（试行）》中予以正式规定。随后于1993年国家环保总局又开始探索大气排污权交易政策的实施，排污权交易作为市场激励型的环境规制制度被确定下来。排污权交易制度不但节省环境治理费用，有效控制污染，而且环境保护的质量和效果也远大于命令控制型手段，与国际环境规制手段相比，我国在信息披露型手段方面相对缓慢，目前主要是以环境标签和环境认证为主，自1994年实施无铅汽油标签以来，目前总共有55种环境标签，这对于公开排污企业和相关产品信息起到了重要的作用，也有助于全社会对其排污情况进行监督，在环境认证方面主要是ISO14000标准，专业实现了国际接轨，但在信息公开计划或项目和自愿协议等信息披露型的规制手段方面比较欠缺，加上目前以命令控制型为主的规制手段，以及地方政府"重经济、轻环保""重速度、轻质量"的错误发展理念和不利于环境保护的政绩考核制度，导致在环境规制政策实施过程中，职能交叉、权责不清、地方保护主义等问题突出，环境保护和可持续发展仍面临巨大压力。

（二）我国环境污染治理与环境规制实施效果

通过各项环境规制政策的实施，我国的环境问题得到了一定的缓解，

---

① "三同时"制度是指1973年国务院批准的《关于改善和保护环境的若干规定（试行）》中明确指出，所有单位在新、改、扩、建项目投资时，有关的环保设施与主体工程必须同时设计、同时施工、同时使用，并于1979年并入《环境保护法》。

与此同时，工业环境污染治理投资也在不断增加。2013 年，我国环境污染治理投资总额为 9037.2 亿元，占到国内生产总值（GDP）的 1.59%，比 2012 年增加 9.5%。其中，老工业污染源治理投资 849.7 亿元，占总投资的 9.4%，与 2005 年相比提高了 185.44%，"三同时"项目 2964.5 亿元，占 32.8%，与 2005 年相比，提高了 463.13%，工业污染治理设施数量和费用也在快速增加，2013 年废水治理设施运行费用 1022.2 亿元，废气治理设施运行费用 1497.8 亿元，与 2010 年相比，工业废水治理设施和污水处理厂运行费用分别增加 15.3% 和 52.0%（表 4—2）。

表 4—2　　　　2005—2013 年我国工业污染治理投资　　　　单位：亿元

类别	2005	2006	2007	2008	2009	2010	2011	2012	2013
污染源治理投资	458.2	485.7	552.7	542.6	442.62	397	444.4	500.5	849.7
"三同时"环保投资	640.1	767.2	1367.4	2146.7	1570.7	2033	2112.4	2690.4	2964.5
废水治理投资	133.71	151.12	196.07	194.6	149.46	130.11	157.75	140.3	124.9
废气治理投资	212.96	233.27	275.26	265.7	232.46	188.85	211.68	257.7	640.9
固体废物治理投资	27.42	18.26	18.25	19.69	218.54	14.27	31.39	24.7	14.0

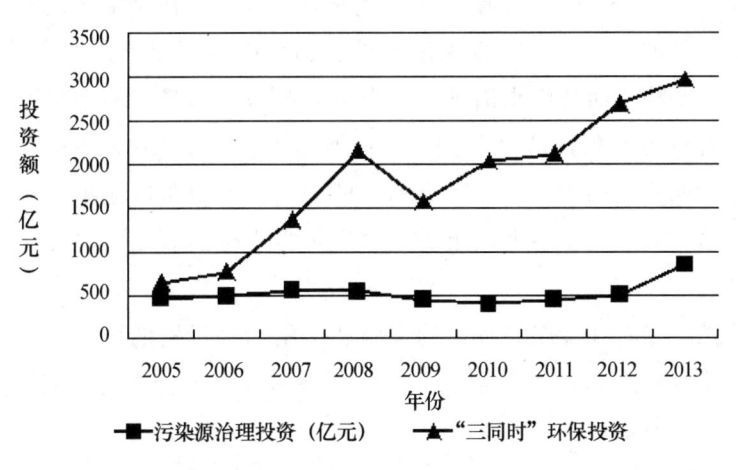

图 4—2　2005—2013 年工业污染源治理投资和"三同时"投资情况

从图4—2可以看出，工业污染源治理投资和"三同时"环保投资都在逐年上升，一方面说明我国对环境保护的重视程度在加强，投入在不断增加，另一方面也表明环境污染尤其是工业污染及污染治理设施运行成本在不断上升，环境污染治理的任务和压力仍然不小。从2009年开始，工业污染源治理投资总额和"三同时"投资额增长速度开始放缓，这一方面表明环境治理取得初步成效，另一方面也表明环境规制政策对环境污染治理起到了一定的效果。

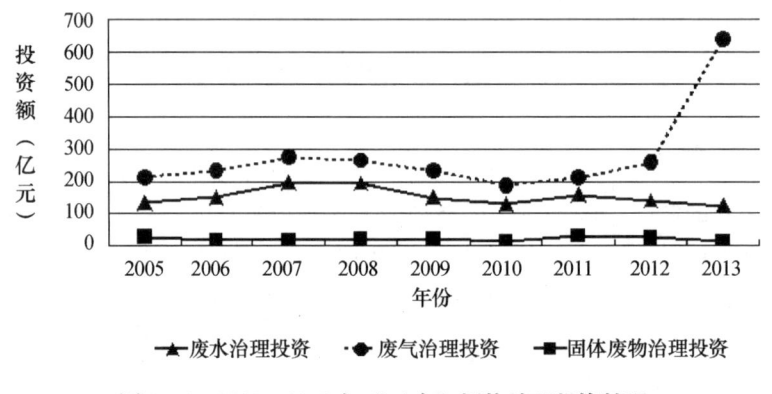

图4—3　2005—2013年"三废"污染治理投资情况

从图4—3来看，"三废"治理仍然是目前环境污染治理的重点，也是环境污染的主要方面，废水治理投资和固废治理投资逐年变化不大，基本保持平稳，而且废水治理投资有下降趋势，但废气治理投资近几年呈现上升趋势，尤其是2013年达到640.9亿元，是2012年的2.49倍，这不但说明我国加大了大气污染治理的力度，也说明近几年空气污染越来越严重，从近几年各大城市的空气质量报告也能看出，空气污染治理迫在眉睫。

当然，随着环境规制政策的实施和污染治理投资的增加，环境问题也在逐步得到改善，尤其是单位产值的各种工业污染排放量不断下降，排污达标率不断提高。

表4—3　　　　2005—2013年我国工业主要污染物排放强度①　　　单位：吨/万元

类别	年份								
	2005	2006	2007	2008	2009	2010	2011	2012	2013
废水	28.2152	23.6372	20.7765	18.0482	17.0439	15.0954	13.6162	12.8203	11.8269
化学需氧量	0.007607	0.006562	0.005156	0.004170	0.003696	0.003028	0.005164	0.004538	0.004001
氨氮排放量	0.000806	0.000649	0.000494	0.000401	0.000355	0.000294	0.000538	0.000475	0.000418
二氧化硫	0.013714	0.011894	0.009209	0.007328	0.006407	0.005344	0.004581	0.003965	0.003476
烟尘	0.005104	0.003972	0.002877	0.002117	0.001749	0.001475	0.001478	0.001253	0.001210
粉尘	0.004902	0.003714	0.002607	0.001847	0.001515	0.001097	0.000796	0.000674	0.000652
固体废物	0.008919	0.005982	0.004465	0.002468	0.002056	0.001218	0.000894	0.000270	0.000219

资料来源：根据2005—2013年《中国环境统计年鉴》整理。

从表4—3可以看出，2005—2013年我国工业主要污染物排放强度（单位GDP污染物排放量）逐年下降，与2005年相比，工业废水排放强度下降了58.08%，化学需氧量排放强度下降了47.41%，氨氮排放强度下降了48.15%，二氧化硫排放强度下降了74.65%，工业烟尘下降了76.30%，工业粉尘下降了86.71%，固体废物下降了97.54%。

表4—4　　　　2005—2013年我国工业主要污染物排放达标情况　　　　（%）

类别	年份								
	2005	2006	2007	2008	2009	2010	2011	2012	2013
废水排放达标率	91.20	92.10	91.70	92.40	94.20	95.30	96.10	96.70	97.10
二氧化硫排放达标率	76.00	81.60	84.60	87.90	90.40	91.50	92.30	93.60	94.70
固体废物综合利用率	56.10	59.60	62.10	64.30	67.00	66.70	59.90	61.00	62.20

资料来源：根据2005—2013年《中国环境统计年鉴》整理。

从总量上看，工业"三废"排放量逐年增加，但从排放的达标率来看（表4—4），工业废水排放达标率、二氧化硫排放达标率和固体废物综合利用率都呈逐年上升趋势，这说明环境规制政策收到了较好的成效。

在工业污染排放中，不同产业的差异也很大，按产业统计，2013年

---

① 污染物排放强度（吨/万元）：污染物排放强度等于污染物排放量（吨）除以国内生产总值（万元）。

41 个工业行业中，废水排放量居前 4 位的分别是造纸和纸制品业、化学原料及化学制品制造业、纺织业、煤炭开采和洗选业，占工业企业废水排放总量的 47.5%；化学需氧量排放量居前 4 位的依次是造纸和纸制品业、农副食品加工业、化学原料及化学制品制造业、纺织业，占工业企业调查排放总量的 55.4%，较 2012 年下降 1.7 个百分点；氨氮排放量居前 4 位的分别是化学原料及化学制品制造业、农副食品加工业、纺织业、造纸和纸制品业，占工业企业调查排放总量的 58.4%，较 2012 年下降 0.9 个百分点；二氧化硫排放量居前 3 位的分别是电力、热力生产和供应业以及黑色金属冶炼及压延加工业、非金属矿物制品业，占工业企业调查排放总量的 68.2%；氮氧化物排放量居前 3 位的是电力、热力生产和供应业以及非金属矿物制品业、黑色金属冶炼及压延加工业，占工业企业调查排放总量的 86.6%；烟（粉）尘排放量居前 3 位的分别是电力、热力生产和供应业、非金属矿物制品业、黑色金属冶炼及压延加工业，占工业企业调查排放总量的 70.7%；工业固体废物产生量居前 6 位的行业依次为：黑色金属矿采选业，电力、热力生产和供应业，黑色金属冶炼和压延加工业，有色金属矿采选业，煤炭开采和洗选业，化学原料和化学制品制造业，这 6 个行业占工业企业调查排放总量的 88.8%。

表4—5　　　　2013年主要工业污染物排放量居前列的行业

污染物	产业名称
废水	造纸和纸制品业、化学原料及化学制品制造业、纺织业、煤炭开采和洗选业
化学需氧量	造纸和纸制品业、农副食品加工业、化学原料及化学制品制造业、纺织业
氨氮	化学原料及化学制品制造业、农副食品加工业、纺织业、造纸和纸制品业
二氧化硫	电力、热力生产和供应业，黑色金属冶炼及压延加工业，非金属矿物制品业
烟（粉）尘	电力、热力生产和供应业，非金属矿物制品业，黑色金属冶炼及压延加工业
固体废物	黑色金属矿采选业，电力、热力生产和供应业，黑色金属冶炼和压延加工业，有色金属矿采选业，煤炭开采和洗选业，化学原料和化学制品制造业

资料来源：根据2013年《中国环境统计年报》有关数据整理。

表4—6 对2005—2013年工业行业重要污染物的化学需氧量和二氧化硫排放量的污染贡献率及排放强度变化情况进行了分析。

表4—6 2005—2013年重点工业行业主要污染物贡献率[①]及排放强度变化趋势

污染物	重点行业	贡献率（%）及排放强度（吨/万元）	统计年份								
			2005	2006	2007	2008	2009	2010	2011	2012	2013
化学需氧量	造纸业和纸制品业	污染贡献率	32.40	33.60	34.70	32.80	28.90	26.00	23.00	20.50	18.70
		排放强度	0.069	0.054	0.04	0.025	0.025	0.024	0.022	0.02	0.02
	农副食品加工业	污染贡献率	13.70	12.80	12.80	14.90	13.90	13.60	17.20	16.80	16.50
		排放强度	0.019	0.014	0.008	0.008	0.006	0.005	0.005	0.004	0.004
	化学原料及制品业	污染贡献率	11.50	11.70	10.30	10.60	11.30	12.20	10.20	10.70	11.30
		排放强度	0.006	0.005	0.003	0.003	0.003	0.003	0.002	0.002	0.002
	纺织业	污染贡献率	6.10	6.80	7.60	8.00	8.30	8.20	9.10	9.10	8.90
		排放强度	0.006	0.005	0.006	0.003	0.003	0.003	0.003	0.003	0.002
	合计	污染贡献率	63.70	64.90	65.40	66.30	62.30	60.00	59.50	57.10	55.40
		排放强度	0.1	0.078	0.057	0.039	0.037	0.035	0.032	0.029	0.028
二氧化硫	电力、热力业	污染贡献率	58.90	59.00	58.20	57.80	55.10	52.80	47.50	44.89	42.67
		排放强度	0.218	0.165	0.105	0.087	0.074	0.071	0.07	0.068	0.065
	黑色金属冶炼业	污染贡献率	7.20	7.30	8.20	8.80	10.00	10.40	13.30	13.55	13.92
		排放强度	0.043	0.038	0.03	0.02	0.021	0.02	0.021	0.019	0.018
	非金属矿物制品业	污染贡献率	9.00	9.10	9.30	9.20	9.50	9.20	10.60	11.25	11.61
		排放强度	0.01	0.008	0.007	0.005	0.006	0.005	0.005	0.004	0.004
	合计	污染贡献率	75.10	75.40	75.70	75.80	74.60	73.00	71.40	69.70	68.20
		排放强度	0.271	0.211	0.142	0.112	0.101	0.096	0.096	0.091	0.087

资料来源：根据2005—2013年《中国环境统计年报》有关数据整理。

从化学需氧量来看，贡献率最大的造纸业也在逐渐改善，排放强度不断减小，贡献率呈下降趋势，表明造纸业的环境规制政策取得了较好的成效；化工业和纺织业的贡献率变化不大甚至呈现上升趋势，但各行业的污染排放强度都呈下降趋势。从二氧化硫排放量来看，电力、热力业的污染贡献率逐年下降，而黑色金属冶炼业和非金属矿物制品业的污染贡献率却呈上升趋势，3个行业的总污染贡献率逐年下降，而各行业的

[①] 污染贡献率：该行业某种污染物排放量占统计行业此污染物排放量的比例。

污染排放强度呈下降趋势。

二 样本产业的选择

中国环境统计年鉴的发布时间较晚,环境统计公报于1985年开始发布,直到1991年才开始发布分行业的废水、废气、固体废弃物排放情况及处理情况数据,但还没有有关污染治理投资与设施运行成本等数据,1996年才开始公布以上数据。尤其是行业数据和各省份环境相关具体数据从2003年才开始陆续发布,因此为了便于比较和数据的可得性,再加上本书的横截面较多,根据面板数据类型特征,本书选择2005—2013年共9年的样本数据。

关于国民经济行业分类标准,改革开放以来,我国经历了三次国民经济行业分类标准的修订工作,1984年我国第一部国民经济行业分类国家标准颁布,之后分别于1994年、2002年和2011年共进行了三次修订和完善。本书采用的2005—2013年的相关行业数据,就存在两个不同的行业分类标准,为了数据的连续性,本书将2005—2011年的行业分类标准和2012—2013年的分类标准进行了比较合并,2005—2011年的工业行业分类为39个,2011年修订之后为41个,主要变化有以下四个方面:一是2011年之前塑料和橡胶制品业是分开核算的,2011年以后合并为塑料和橡胶制品业;二是2011年修订之后加入了开采辅助活动业,而2011年之前是没有的;三是2011年之前的交通运输设备制造业在2011年修订之后变为汽车制造业和铁路、船舶、航空航天和其他运输设备业两大类;四是2011年修订之后增加了金属制品、机械和设备修理业。根据2011年修订情况,本书对行业变动做了以下修改,以便于数据比较。一是舍去了2011年修订所增加的开采辅助活动业和金属制品、机械和设备修理业;二是将2011年修订之后而分开的塑料和橡胶制品业进行合并核算;三是将2011年之后分开核算的汽车制造业和铁路、船舶、航空航天和其他运输设备业两大类合为2011年之前的交通运输设备制造业,这样一来,本书所涉及的工业行业门类共38个(表4—7)。

表 4—7　　规模以上工业产业代码、分类及对应关系

产业代码 门类	产业代码 大类	产业序号	2011年统计年鉴产业分类
B 采矿业	06	1	煤炭开采和洗选业
	07	2	石油和天然气开采业
	08	3	黑色金属矿采选业
	09	4	有色金属矿采选业
	10	5	非金属矿采选业
	12	6	其他采矿业
C 制造业	13	7	农副食品加工业
	14	8	食品制造业
	15	9	酒、饮料和精制茶制造业
	16	10	烟草制品业
	17	11	纺织业
	18	12	纺织服装、服饰业
	19	13	皮革、毛皮、羽毛及其制品和制鞋业
	20	14	木材加工和木、竹、藤、棕、草制品业
	21	15	家具制造业
	22	16	造纸和纸制品业
	23	17	印刷和记录媒介复制业
	24	18	文教、工美、体育和娱乐用品制造业
	25	19	石油加工、炼焦和核燃料加工业
	26	20	化学原料和化学制品制造业
	27	21	医药制造业
	28	22	化学纤维制造业
	29	23	橡胶和塑料制品业①
	30	24	非金属矿物制品业
	31	25	黑色金属冶炼和压延加工业
	32	26	有色金属冶炼和压延加工业
	33	27	金属制品业

① 2011年（包含）之前的塑料和橡胶制品业是分开核算，2011年以后是一起核算，因此在本书中进行了合并。

续表

产业代码		产业序号	2011年统计年鉴产业分类
门类	大类		
C 制造业	34	28	通用设备制造业
	35	29	专用设备制造业
	36–37	30	交通运输设备制造业①
	38	31	电气机械和器材制造业
	39	32	计算机、通信和其他电子设备制造业
	40	33	仪器仪表制造业
	41	34	其他制造业
	42	35	废弃资源综合利用业
D 电力、热力、燃气及水生产和供应业	44	36	电力、热力生产和供应业
	45	37	燃气生产和供应业
	46	38	水的生产和供应业

资料来源：根据2006—2014年《中国统计年鉴》和《中国环境统计年鉴》整理。

三 模型1数据来源及分析

本章选取了标准产业分类中38个两位数的工业行业作为研究对象，根据2005—2013年《中国统计年鉴》《中国环境年鉴》和《中国科技统计年鉴》中的相关数据，来计算和整理出模型1、模型2、模型3的基础数据。

（一）环境规制

根据2011年我国工业产业划分标准和数据的可得性，本书选取了38个规模以上工业行业，并对其环境规制分行业进行核算。以千元工业产值的污染治理成本作为环境规制强度的衡量指标，由于在2001年之后我国工业产值都是以现值公布，因此本书中的规模以上工业总产值、增加值等数据都是采用统计年鉴中的现值，基于38个工业行业环境规制计算结果如表4—8所示。

---

① 交通运输设备制造业从2012年开始分为汽车制造业和铁路、船舶、航空航天和其他运输设备制造业，为了便于计算比较，将2012年和2013年的这两类制造业数据合并为交通运输设备制造业。

表4—8　　　　规模以上工业行业环境规制强度（2005—2013）

序号	2005	2006	2007	2008	2009	2010	2011	2012	2013
1	1.7066	2.2338	1.2622	1.2129	1.0447	0.8770	1.1757	0.6675	0.6888
2	2.3388	2.4858	2.5571	2.2837	2.2963	1.8908	1.8911	2.1270	2.7197
3	3.2387	9.9522	4.4887	3.1069	2.1023	1.5335	2.1295	1.8414	1.9946
4	5.6659	4.8679	3.8388	3.8387	4.6949	3.2532	8.5203	2.5593	2.4376
5	2.1940	1.1541	1.3092	1.4345	1.6841	0.7661	0.5022	0.7993	0.7363
6	5.609	21.424	10.614	10.988	4.250	3.777	2.569	3.0880	6.4236
7	0.9069	1.1218	0.8204	0.6245	0.8358	0.6429	0.5850	0.4645	0.4580
8	2.2481	1.9364	1.6646	1.4803	1.4608	1.9288	1.5217	0.2665	0.2850
9	2.3612	2.4902	5.1911	1.9910	1.5836	1.4930	2.0236	0.9533	0.9577
10	0.3187	0.3692	0.3092	0.2813	0.3461	0.2937	0.3320	0.1491	0.1501
11	2.2240	4.1516	2.1396	2.2847	2.5049	2.9125	1.9995	6.8682	6.7903
12	0.5264	0.6436	0.5740	0.5181	2.7067	0.2025	1.7259	0.1397	0.0984
13	1.0822	1.8835	1.0807	1.0865	0.9035	0.7981	0.7307	0.3783	0.3388
14	0.6147	0.8188	0.4144	0.7069	0.3896	0.2859	0.4502	0.3061	0.2998
15	0.5985	0.2068	0.2204	0.1646	0.4201	0.1638	0.0997	0.0423	0.0430
16	9.2444	7.7148	8.3773	7.1186	7.4938	7.7193	7.2545	13.568	12.978
17	0.2591	0.2223	0.2293	0.1606	0.1854	1.3938	0.2059	0.0662	0.0835
18	0.2158	0.0873	0.1137	0.0977	0.1252	0.0998	0.2567	0.1839	0.1687
19	2.8533	3.4421	3.5319	2.8434	3.5167	3.0014	3.3090	9.3440	9.7750
20	3.8534	3.9218	3.7079	3.0512	3.2157	2.5076	2.7746	4.1752	4.2680
21	1.8856	2.5658	2.2634	1.9388	2.3315	1.5231	1.3124	0.5700	0.3362
22	2.5799	4.1495	3.1957	2.9142	3.1139	2.7734	1.9017	0.6599	0.6944
23	0.3589	0.3190	0.3282	0.3587	0.3247	0.3149	0.3541	1.2248	1.2852
24	4.7594	5.6676	3.9254	7.9409	2.9105	3.5395	3.3566	5.5563	5.1090
25	4.8879	5.7141	5.2100	4.7522	2.4799	5.9344	6.4636	9.6686	9.7190
26	3.8633	4.4295	3.3474	3.0436	3.4866	2.7741	2.3587	1.3649	1.4590
27	1.4541	2.8376	2.0294	1.2099	1.0258	0.8882	1.5362	0.7111	0.8600
28	0.2173	0.2091	0.2228	0.2609	0.2391	0.1996	0.5035	0.1557	0.1613
29	0.4467	0.2429	0.2387	0.1929	0.2081	0.1562	0.1397	0.0807	0.0965
30	0.3314	0.4036	0.3326	0.2572	0.2906	0.3277	0.2591	0.2658	0.2909
31	0.5137	0.1244	0.1457	0.1155	0.1109	0.1164	0.3582	0.1508	0.1686

续表

序号	2005	2006	2007	2008	2009	2010	2011	2012	2013
32	0.3080	0.2989	0.5583	0.4101	0.4122	0.5604	0.4795	0.8200	0.4823
33	0.9180	0.8713	0.8843	0.5550	0.5795	0.2833	0.1256	0.1568	0.1030
34	0.2234	0.2062	0.1790	0.2663	0.2528	0.1651	0.2390	1.1867	1.8539
35	0.1984	0.2264	0.2989	0.2766	0.3340	0.3375	6.5432	0.4267	0.5205
36	4.0104	7.3626	8.0062	10.151	11.746	11.263	17.891	14.557	14.086
37	1.7483	1.1433	1.0014	1.1040	0.5185	0.4964	0.2829	0.3950	0.3208
38	9.9825	2.8129	1.8252	4.5572	5.1292	4.7847	1.0634	0.0006	0.0036

资料来源：根据2006—2014年《中国统计年鉴》《中国环境年鉴》整理计算。

根据环境规制强度2005—2013年的平均值，将38个行业环境规制强度分为三组，并且与赵细康、赵红等学者计算的结果进行比较（表4—9）。

表4—9　本书环境规制计算结果与其他学者计算结果比较

规制强度	本书计算结果（2005—2013）	赵红计算结果（1996—2004）	赵细康计算结果（1991—1999）
高	电力、热力生产和供应业	电力、热力生产和供应业	电力、热力生产和供应业
	造纸和纸制品业	造纸和纸制品业	造纸和纸制品业
	其他采矿业	黑色金属冶炼和压延加工业	黑色金属冶炼和压延加工业
	黑色金属冶炼和压延加工业	非金属矿物制品业	非金属矿物制品业
	非金属矿物制品业		采掘业
	石油加工、炼焦和核燃料加工业	化学原料和化学制品制造业	化学原料和化学制品制造业
	有色金属矿采选业		
	纺织业	有色金属冶炼和压延加工业	

续表

规制强度	本书计算结果 （2005—2013）	赵红计算结果 （1996—2004）	赵细康计算结果 （1991—1999）
高	化学原料和化学制品制造业		
	黑色金属矿采选业		
	水的生产和供应业		
	有色金属冶炼和压延加工业		
	化学纤维制造业		
	石油和天然气开采业		
	酒、饮料和精制茶制造业		
中	医药制造业		医药制造业
	食品制造业	食品制造业	化学纤维制造业
	金属制品业	金属制品业	食品制造业
	煤炭开采和洗选业	采掘业	
	非金属矿采选业	石油加工、炼焦和核燃料加工业	石油加工、炼焦和核燃料加工业
	废弃资源综合利用业		
	皮革、毛皮、羽毛及其制品和制鞋业	纺织服装、服饰业	纺织业
	纺织服装、服饰业		
	燃气生产和供应业		
	农副食品加工业		
	橡胶和塑料制品业		
	其他制造业		
低	仪器仪表制造业		
	计算机、通信和其他电子设备制造业	皮革、毛皮、羽毛及其制品和制鞋业	皮革、毛皮、羽毛及其制品和制鞋业
	木材加工和木、竹、藤、棕、草制品业	印刷和记录媒介复制业	印刷和记录媒介复制业
	印刷和记录媒介复制业		

续表

规制强度	本书计算结果 （2005—2013）	赵红计算结果 （1996—2004）	赵细康计算结果 （1991—1999）
低	交通运输设备制造业	医药制造业	金属制品业
	烟草制品业	塑料制品业	塑料制品业
	通用设备制造业	橡胶制品业	橡胶制品业
	家具制造业	电气机械和器材制造业	电气机械和器材制造业
	电气机械和器材制造业		
	专用设备制造业		
	文教、工美、体育和娱乐用品制造业		

资料来源：根据有关文献整理。

从1991—2013年我国规模以上工业行业的环境规制三阶段平均值来看（表4—9），高规制行业从1991—2004年变化不大，主要是电力、热力生产供应业以及造纸和纸制品业、金属冶炼及化工制品业等，2005—2013年除了以上行业之外，石油加工、炼焦和核燃料加工业以及金属采矿、化学纤维等行业也进入高规制行列，一方面是1991—2004年的两位学者所选取的行业只有18种，一部分行业的环境规制情况没有计算，另一方面也反映出我国工业行业尤其是石油、冶炼、开采、金属加工等行业环境规制强度不断增强，尤其是近年来随着环境事件频发，环境规制强度逐年上升。中规制强度和低规制强度的行业除了因为样本选取差异之外，行业变化不是很大（表4—9）。但从规制强度来看，大部分行业呈现逐年上升的趋势（图4—4至图4—6）。

从图4—4来看，高规制行业大部分环境规制强度都呈现逐年上升的趋势，尤其是电力、热力生产与供应业，造纸和纸制品业，黑色金属冶炼业，石油加工等。这些行业的共同特点就是对环境影响比较大，也是最重要的环境污染源，国家在环境治理过程中不断加大这些高污染行业的规制强度。

从图4—5来看，中规制行业环境规制强度相对高规制行业逐年上升幅度较小，并且有缩小的趋势，但幅度同样较小，规制强度趋于平稳。

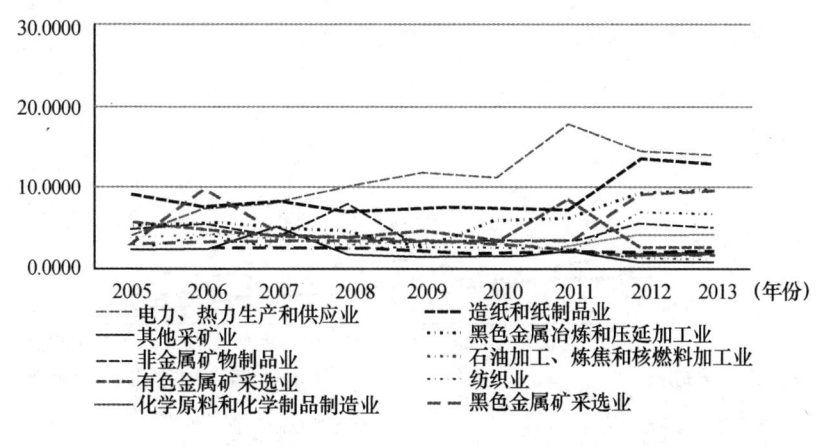

图 4—4　2005—2013 年高规制行业环境规制变化趋势

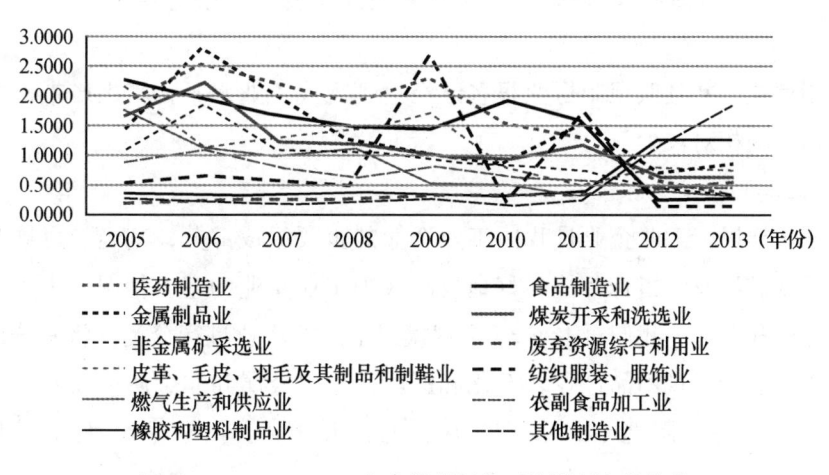

图 4—5　2005—2013 年中规制行业环境规制变化趋势

一方面是因为中规制行业相对高规制行业对环境的影响较小,行业生产所带来的环境问题较小;另一方面相比高规制行业,中规制行业在总的工业产值中占比小于高规制行业,所产生的环境问题相对较小,环境规制程度也较低。

低规制行业的规制强度与中规制行业相类似,相对比较平稳,一方面是因为低规制行业主要是以成品加工制造为主,相比高规制行业所带来的环境问题较少,生产所产生的废弃物较少;另一方面,在科学技术方面,低规制行业的科技水平尤其是在污染治理方面的技术水平高于高

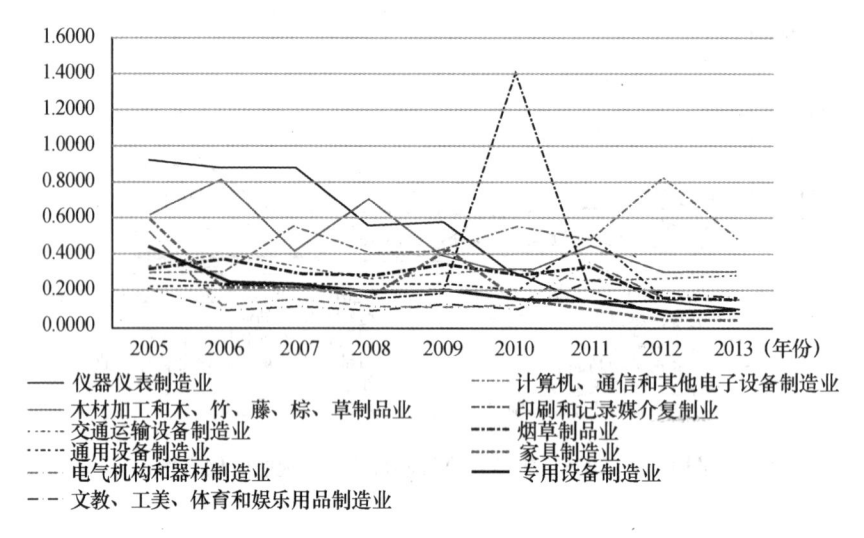

图4—6　2005—2013年低规制行业环境规制变化趋势

规制行业，并且低规制行业很多已经达到现代工业水平，其生产带来的环境问题相对较少。

（二）企业进入

规模以上工业企业是我国工业企业的重要组成部分，其经济发展和环境规制涉及的指标都能较好地反映我国工业企业的基本情况，为了便于分析和对比，我们对本书38个规模以上工业产业进行分类，将其分成开采业、轻工日用品产业、石化和医药产业、金属和非金属冶压及加工制品业、装备制造业以及燃、热、电、水、生产供应业六大类（见表4—10）。

表4—10　　　　　　　　38个规模以上工业行业分类

产业序号	产业分类	行业（亿元）
1	开采业	煤炭开采和洗选业
2		石油和天然气开采业
3		黑色金属矿采选业
4		有色金属矿采选业
5		非金属矿采选业
6		其他采矿业

续表

产业序号	产业分类	行业（亿元）
7	轻工日用品产业	农副食品加工业
8		食品制造业
9		酒、饮料和精制茶制造业
10		烟草制品业
11		纺织业
12		纺织服装、服饰业
13		皮革、毛皮、羽毛及其制品和制鞋业
14		木材加工和木、竹、藤、棕、草制品业
15		家具制造业
16		造纸和纸制品业
17		印刷和记录媒介复制业
18		文教、工美、体育和娱乐用品制造业
19	石化和医药产业	石油加工、炼焦和核燃料加工业
20		化学原料和化学制品制造业
21		医药制造业
22		化学纤维制造业
23		橡胶和塑料制品业
24	金属和非金属冶压及加工制品业	非金属矿物制品业
25		黑色金属冶炼和压延加工业
26		有色金属冶炼和压延加工业
27		金属制品业
28	制造业	通用设备制造业
29		专用设备制造业
30		交通运输设备制造业
31		电气机械和器材制造业
32		计算机、通信和其他电子设备制造业
33		仪器仪表制造业
34		其他制造业
35	燃、热、电、水生产供应及废弃资源综合利用业	废弃资源综合利用业
36		电力、热力生产和供应业
37		燃气生产和供应业
38		水的生产和供应业

根据表4—10对我国38个工业行业的分类，分析2005—2013年我国规模以上工业企业进入状况，企业数量变化趋势见图4—7。

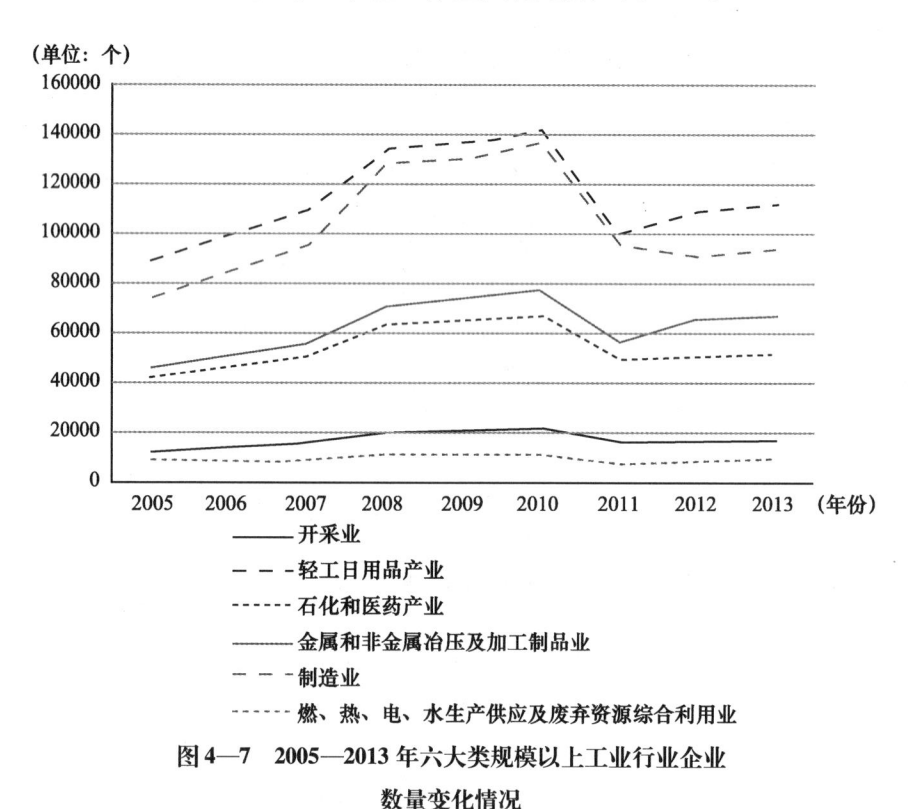

(单位：个)

图4—7 2005—2013年六大类规模以上工业行业企业数量变化情况

由于统计年鉴中没有行业每年新进入企业数量数据，本书采用每年行业企业数量作为企业进入的衡量指标。从图4—7来看，2005—2013年开采业和燃、热、电、水生产供应及废弃资源综合利用业企业数量变化不大，并且从2011年开始有下降趋势，这主要是由于我国在产业转型升级过程中，开采业等高投入、高消耗、高污染行业是转型升级的重点，企业数量下降也是转型升级的结果，而废弃资源综合利用业的企业数量逐年上升，2005—2013年年平均增长16.24%，从2005年的438家增加至2013年的1274家，这说明我国在环境污染治理和废弃物综合利用方面的产业规模逐年增强，将有利于环境污染治理。

（三）产业规模

用工业总产值表示的产业规模与企业进入之间可能存在正向关系，

产业规模越大，企业数量可能越多，从 2005—2013 年我国规模以上六大类工业行业总产值变化来看（图4—8），产业规模逐年增大，尤其是制造业产业规模增速较快，且总产值占比最大，这与图 4—7 企业数量变化趋势相一致，并且在 2011 年开始呈下降趋势，这与我国制造业整体增速放缓相一致；开采业的产业规模增速相对缓慢，产业规模在六大行业中也较低，这与我国产业政策和产业转型升级的方向相一致，其他三大类行业产业规模呈逐年上升的趋势，轻工日用品产业增速要高于其他产业。

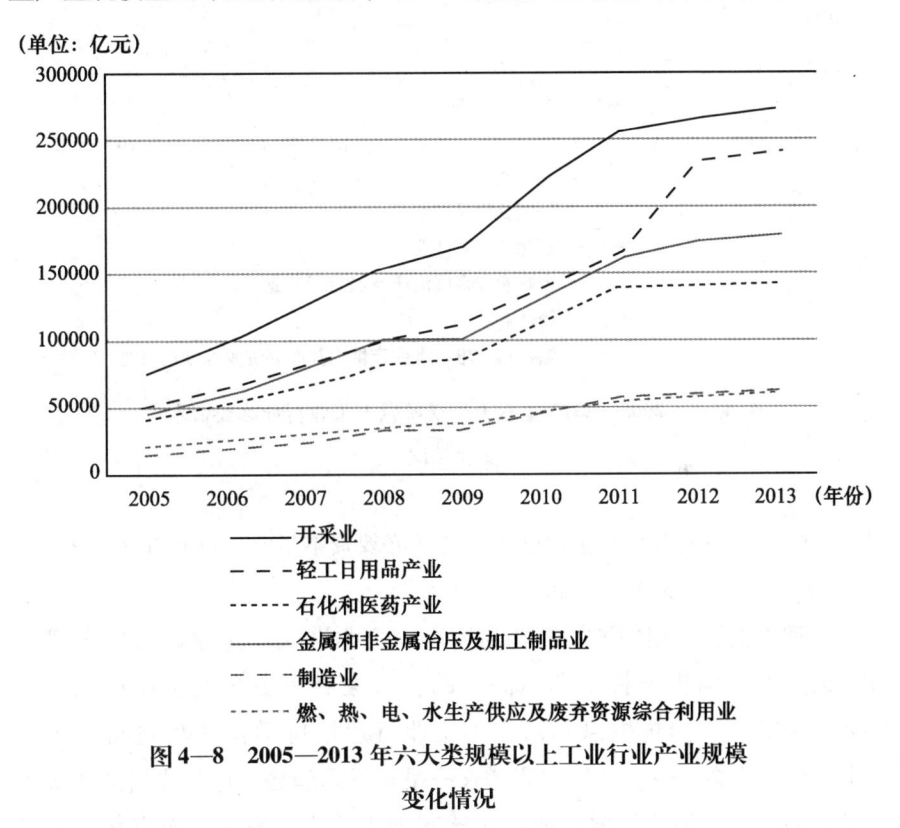

图4—8　2005—2013 年六大类规模以上工业行业产业规模变化情况

（四）必要资本量

以六大行业来看，必要资本量是企业进入的壁垒之一，必要资本量越大，企业的进入壁垒就越大（图4—9）。

从必要资本量来看，从 2008 年开始，开采业的必要资本量逐年上升，这说明开采业的企业进入壁垒不断增强，一方面是由于开采业企业兼并的结果，另一方面也是通过提高必要资本量限制高投入、高污染行业的企业

(单位：万元)

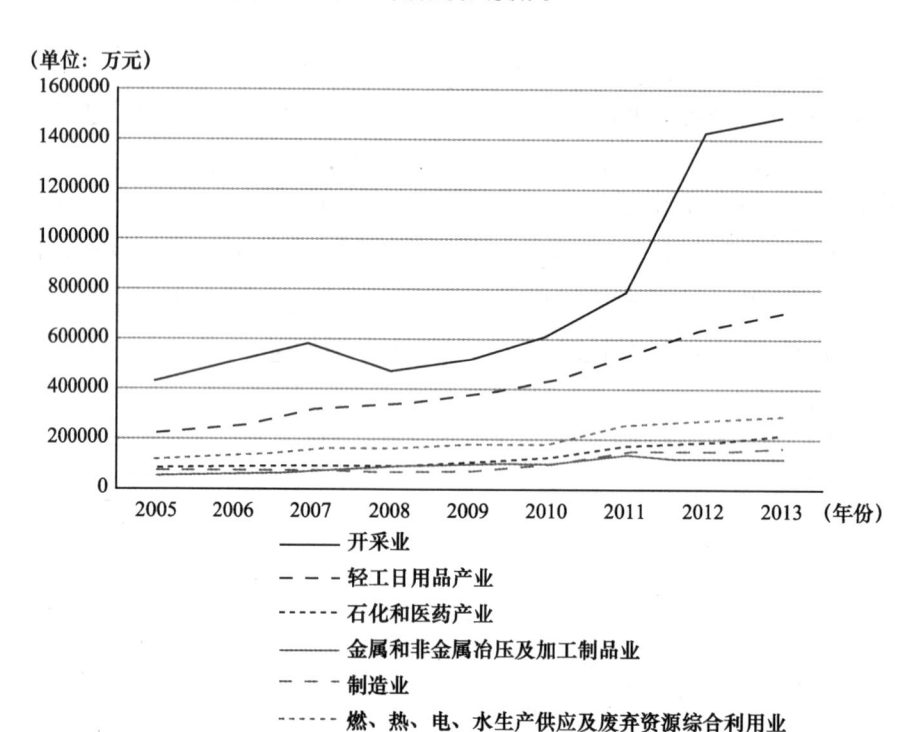

图4—9　2005—2013年六大类规模以上工业行业必要资本量变化情况

进入，因此，环境规制与企业进入壁垒（必要资本量）之间存在正向关系。

（五）销售增长率与利润率

从理论上讲，销售增长率和利润率与企业进入（企业数量）之间存在正向关系，销售增长率和利润率的上升会吸引更多的企业进入，从2005—2013年我国规模以上六大类工业行业销售增长率和利润率来看（附表4—5和附表4—6），销售增长率呈现下降趋势，这与我国经济增速放缓相一致，开采业的增长速度相比其他工业产业较低，像煤炭、金属等开采业增长率明显下降，甚至出现负增长。从利润率来看，石油天然气开采业、金属非金属开采业、烟草业及酒、饮料和精制茶制造业从2005—2013年保持在10%左右，而制造业的利润率相对较低，这不仅影响我国制造业的长期发展，而且较高的利润率将会吸引更多的企业进入高污染行业。因此，在制定环境规制政策的同时，应该从改善制造业生存环境和行业利润的视角促进其发展，使其成为经济发展的重心。

四 模型2数据来源及分析

模型2中除了涉及模型1中的变量之外，还有用于衡量技术创新水平的R&D支出和专利申请数，衡量产业集中度的集中度指数，从R&D的支出水平和专利申请数来看，38个工业行业从2005—2013年都呈上升趋势。从产业集中度来看，燃、热、电、水生产供应及废弃资源综合利用业和开采业具有较高的产业集中度，这与衡量企业进入难易度的必要资本量也是相符合的，产业集中度越高，必要资本量就越大，企业进入壁垒就越高。但产业集中度与技术创新之间的关系问题却存在争议，有学者认为高产业集中度有利于技术创新，因为大企业比小企业在技术创新方面更具优势，也有学者指出，大企业因为缺乏竞争压力导致技术创新动力不足，因此通过模型2对以上观点加以论证。

五 模型3数据来源及分析

环境规制与工业产业绩效的关系问题，模型3选取了环境规制强度、产业规模和产业集中度作为影响工业产业绩效的解释变量，用总资产贡献率和全员劳动生产率作为衡量产业绩效的被解释变量，关于环境规制强度、产业规模和产业集中度在本书中已进行了分析，仍然以本书中关于38个工业行业六大类的划分，从总资产贡献率来看（附表4—10），2005—2013年开采业的总资产贡献率最高，平均达到25.33%，其次是轻工日用品行业17.6%，金属和非金属制品业13.47%，制造业13.33%，石化和医药产业12.48%，燃、热、电、水生产供应及废弃资源综合利用业最低，只有9.38%，虽然开采业是高投入、高消耗、高污染行业，但由于较高的盈利能力，将会吸引更多的企业进入。因此，一方面在加大环境规制强度的同时，还需要通过技术创新来减少对环境的污染。全员劳动生产率是企业生产效率和劳动投入经济效益的综合衡量指标，从附表4—11来看，我国2005—2013年规模以上工业企业全员劳动生产率的差异并不大，以2013年为例，38个规模以上工业行业中，烟草业的全员劳动生产率最高，其次就是石油化工、金属采选加工和石化制造业，由于这些行业可能带来较严重的环境污染问题，所以在经济效益和环境规制之间就存在如何平衡的问题，这也是模型3实证分析的目的之一，通过实证分析，探寻总资产贡献率、全员劳动生产率与环境规制之间的关系，为制定切实可行的环境规制政策提供理论依据。

六　面板数据单位根检验与协整检验

（一）模型1序列平稳性与协整检验

与单序列相似，要建立包含时间序列的面板数据模型，首先要确保变量之间存在长期的稳定关系，即协整关系，而协整关系存在的必要条件是序列的单整阶数相同，因此对模型1的各序列进行单位根检验，结果见表4—11。

1. 模型1面板数据的单位根检验

表4—11　　　　　模型1各变量平稳性检验结果

原序列	一次差分	检验方法	Statistic	Prob	单整阶数
$LNNU_{it}$	$DLNNU_{it}$	LLC	-10.4898*	0.0000	I(1)
		IPS	-3.59951*	0.0002	
		F-ADF	130.92*	0.0001	
		F-PP	141.549*	0.0000	
$LNER_{it}$	$DLNER_{it}$	LLC	-18.1291*	0.0000	I(1)
		IPS	-10.6544*	0.0000	
		F-ADF	271.952*	0.0000	
		F-PP	335.177*	0.0000	
$LNSI_{it}$	$DLNSI_{it}$	LLC	-10.8947*	0.0000	I(1)
		IPS	-3.49354*	0.0002	
		F-ADF	137.756*	0.0000	
		F-PP	150.914*	0.0000	
$LNCA_{it}$	$DLNCA_{it}$	LLC	-11.9079*	0.0000	I(1)
		IPS	-3.5483*	0.0002	
		F-ADF	129.798*	0.0001	
		F-PP	154.933*	0.0000	
SA_{it}	DSA_{it}	LLC	-13.161*	0.0000	I(1)
		IPS	-5.77115*	0.0000	
		F-ADF	184.987*	0.0000	
		F-PP	406.668*	0.0000	

续表

原序列	一次差分	检验方法	Statistic	Prob	单整阶数
PA_{it}	DPA_{it}	LLC	-10.3049*	0.0000	I (1)
		IPS	-2.32064**	0.0102	
		F-ADF	107.957*	0.0094	
		F-PP	125.192*	0.0003	

注：*、**分别表示在1%和5%显著性水平下拒绝原假设。

从表4—11可以看出，模型1各变量都为一阶单整序列，满足协整检验的必要条件，协整检验结果见表4—12。

2. 协整检验

表4—12　　　　　　　模型1的Pedroni检验结果

Pedroni Residual Cointegration Test　　Series：LNNU? LNER? LNSI? LNCA? SA? PR?
Sample：2005 2013　　Included observations：9　　Cross-sections included：38
Null Hypothesis：No cointegration　　Trend assumption：No deterministic trend
Automatic lag length selection based on SIC with a max lag of 0
Newey-West automatic bandwidth selection and Bartlett kernel

Alternative hypothesis：common AR coefs. (within-dimension)

Statistic Name	Statistic	Prob.	W-Statistic	Prob.
Panel v-Statistic	-1.770992	0.9617	-3.751247	0.9999
Panel rho-Statistic	6.518341	1.0000	6.519414	1.0000
Panel PP-Statistic	-8.806875	0.0000	-11.93681	0.0000
Panel ADF-Statistic	-4.578107	0.0000	-5.602189	0.0000

Alternative hypothesis：individual AR coefs. (between-dimension)

	Statistic	Prob.		
Group rho-Statistic	9.305732	1.0000		
Group PP-Statistic	-17.04922	0.0000		
Group ADF-Statistic	-7.078253	0.0000		

根据表4—12 Pedroni检验结果，表中上半部分为同质性备择的检验结果，从其伴随概率不难看出，在5%的显著性水平下，Panel v-Statistic

和 Panel rho-Statistic 不能拒绝没有协整的零假设，而 Panel PP-Statistic 和 Panel ADF-Statistic 将拒绝零假设，认为所有截面有共同的 AR 系数。表 4—12 下半部分是异质性备择的检验结果，根据统计量的伴随概率可知，在 5% 的显著性水平下，Group rho-Statistic 不能拒绝原假设，即认为不存在协整关系，而 Group PP-Statistic 和 Group ADF-Statistic 均很显著，表明变量之间存在异质性协整关系。为了更进一步确定模型 1 变量之间是否存在协整关系，对其进行 Kao 检验，Kao 检验与 Pedroni 检验思路类似，只是在第一阶段进行回归时，Kao 检验确定了模型中必须且只允许包含个体固定效应，并且模型中外生变量的系数是齐性的，即不同截面外生变量的系数相同，检验结果见表 4—13。

表 4—13　　　　　　　　模型 1 的 Kao 检验结果

	t-Statistic	Prob.
ADF	−5.731042	0.0000
Residual variance	0.017620	
HAC variance	0.016336	

由表 4—13 的检验结果可知，在 5% 的显著性水平下，ADF 统计量检验显著，即模型 1 各序列之间存在协整关系。

（二）模型 2 序列平稳性与协整检验

1. 模型 2 面板数据的单位根检验

同模型 1 类似，对模型 2 的面板数据进行单位根检验，结果见表 4—14。

表 4—14　　　　　　　　模型 2 各变量平稳性检验结果

原序列	一次差分	检验方法	Statistic	Prob	单整阶数
$LNPA_{it}$	$DLNPA_{it}$	LLC	−24.6533	0.0000	I (1)
		IPS	−9.59044	0.0000	
		F-ADF	248.005	0.0000	
		F-PP	357.194	0.0000	

续表

原序列	一次差分	检验方法	Statistic	Prob	单整阶数
LNER$_{it}$	DLNER$_{it}$	LLC	-18.1291	0.0000	I (1)
		IPS	-10.6544	0.0000	
		F-ADF	271.952	0.0000	
		F-PP	335.177	0.0000	
LNSI$_{it}$	DLNSI$_{it}$	LLC	-10.8947	0.0000	I (1)
		IPS	-3.49354	0.0002	
		F-ADF	137.756	0.0000	
		F-PP	150.914	0.0000	
LNRD$_{it}$	DLNRD$_{it}$	LLC	-56.0571	0.0000	I (1)
		IPS	-8.60782	0.0000	
		F-ADF	166.868	0.0000	
		F-PP	223.036	0.0000	
HF$_{it}$	DHF$_{it}$	LLC	-8.70357	0.0000	I (1)
		IPS	-0.21707	0.4141	
		F-ADF	112.258	0.0043	
		F-PP	161.364	0.0000	

从表4—14可以看出，模型2各变量都为一阶单整序列，因此，满足协整检验的必要条件，检验结果见表4—15。

2. 协整检验

表4—15　　　　　模型2.1的Pedroni检验结果

Pedroni Residual Cointegration Test　　Series: LNPA? LNER? LNSI? HF?
Sample: 2005 2013　　Included observations: 9　　Cross-sections included: 38
Null Hypothesis: No cointegration　　Trend assumption: No deterministic trend
Automatic lag length selection based on SIC with a max lag of 0
Newey-Westt automatic bandwidth selection and Bartlett kernel
Alternative hypothesis: common AR coefs. (within-dimension)

Statistic Name	Statistic	Prob.	W-Statistic	Prob.
Panel v-Statistic	-2.598878	0.9953	-3.467647	0.9997

续表

Statistic Name	Statistic	Prob.	W-Statistic	Prob.
Panel rho-Statistic	2.748972	0.9970	3.121275	0.9991
Panel PP-Statistic	-11.59077	0.0000	-13.97290	0.0000
Panel ADF-Statistic	-8.602326	0.0000	-8.286533	0.0000

Alternative hypothesis: individual AR coefs. (between-dimension)

	Statistic	Prob.		
Group rho-Statistic	5.791413	1.0000		
Group PP-Statistic	-20.87098	0.0000		
Group ADF-Statistic	-10.35500	0.0000		

根据表4—15 Pedroni 检验结果，同理分析，在5%的显著性水平下，Panel v-Statistic 和 Panel rho-Statistic 不能拒绝没有协整的零假设，而 Panel PP-Statistic 和 Panel ADF-Statistic 将拒绝零假设，认为所有截面有共同的 AR 系数。根据表4—15下半部分的检验结果和统计量的伴随概率可知，在5%的显著性水平下，Group rho-Statistic 不能拒绝原假设，即认为不存在协整关系，而 Group PP-Statistic 和 Group ADF-Statistic 均很显著，表明检验变量之间存在异质性协整关系。为了更进一步确定模型2.1变量之间是否存在协整关系，对其进行协整关系的 Kao 检验，检验结果见表4—16。

表4—16　　　　　　　模型2.1的 Kao 检验结果

	t-Statistic	Prob.
ADF	-2.207731	0.0136
Residual variance	0.309382	
HAC variance		0.275932

由表4—16的检验结果可知，ADF 统计量检验显著（5%的显著性水平下），即 Kao 检验认为模型2.1序列之间存在协整关系。

同理检验模型2.2的协整关系，结果见表4—17。

表 4—17　　　　　　　　模型 2.2 的 Pedroni 检验结果

Pedroni Residual Cointegration Test　　Series：LNRD? LNER? LNSI? HF?
Sample：2005 2013　　Included observations：9　　Cross-sections included：38
Null Hypothesis：No cointegration　　Trend assumption：No deterministic trend
Automatic lag length selection based on SIC with a max lag of 0
Newey-Westt automatic bandwidth selection and Bartlett kernel

Alternative hypothesis：common AR coefs.（within-dimension）

Statistic Name	Statistic	Prob.	W-Statistic	Prob.
Panel v-Statistic	0.073307	0.4708	-4.320070	1.0000
Panel rho-Statistic	3.076588	0.9990	4.498482	1.0000
Panel PP-Statistic	-14.40127	0.0000	-7.984444	0.0000
Panel ADF-Statistic	-8.385434	0.0000	-4.062143	0.0000

Alternative hypothesis：individual AR coefs.（between-dimension）

	Statistic	Prob.
Group rho-Statistic	7.385533	1.0000
Group PP-Statistic	-10.44598	0.0000
Group ADF-Statistic	-3.596551	0.0002

根据表 4—17 Pedroni 检验结果，同理分析，在 5% 的显著性水平下，Panel v-Statistic 和 Panel rho-Statistic 不能拒绝没有协整的零假设，而 Panel PP-Statistic 和 Panel ADF-Statistic 将拒绝零假设，认为所有截面有共同的 AR 系数。根据表 4—17 下半部分的检验结果和统计量的伴随概率可知，在 5% 的显著性水平下，Group rho-Statistic 不能拒绝原假设，即认为不存在协整关系，而 Group PP-Statistic 和 Group ADF-Statistic 均很显著，表明检验变量之间存在异质性协整关系。为了更进一步确定模型 2.2 变量之间是否存在协整关系，对其进行协整关系的 Kao 检验，检验结果见表 4—18。

表 4—18　　　　　　　　模型 2.2 的 Kao 检验结果

	t-Statistic	Prob.
ADF	-5.999748	0.0000
Residual variance	1.208944	
HAC variance		0.265901

由表4—18的检验结果可知,ADF统计量检验显著(5%的显著性水平下),即Kao检验认为模型2.2序列之间存在协整关系。

(三) 模型3序列平稳性与协整检验

1. 模型3面板数据的单位根检验

与模型1、模型2类似,对模型3的面板序列进行单位根检验,结果见表4—19。

表4—19　　　　　　　模型3各变量平稳性检验结果

原序列	一次差分	检验方法	Statistic	Prob	单整阶数
$LNAS_{it}$	$DLNAS_{it}$	LLC	-16.1813	0.0000	I(1)
		IPS	-6.10915	0.0000	
		F-ADF	172.158	0.0000	
		F-PP	130.804	0.0001	
$LNER_{it}$	$DLNER_{it}$	LLC	-18.1291	0.0000	I(1)
		IPS	-10.6544	0.0000	
		F-ADF	271.952	0.0000	
		F-PP	335.177	0.0000	
$LNSI_{it}$	$DLNSI_{it}$	LLC	-10.8947	0.0000	I(1)
		IPS	-3.49354	0.0002	
		F-ADF	137.756	0.0000	
		F-PP	150.914	0.0000	
$LNLA_{it}$	$DLNLA_{it}$	LLC	-10.3297	0.0000	I(1)
		IPS	-4.75539	0.0000	
		F-ADF	159.127	0.0000	
		F-PP	191.8000	0.0000	
HF_{it}	DHF_{it}	LLC	-8.70357	0.0000	I(1)
		IPS	-0.21707	0.4141	
		F-ADF	112.258	0.0043	
		F-PP	161.364	0.0000	

从表4—19可以看出,模型3各变量都为一阶单整序列,因此,满足协整检验的必要条件。

2. 协整检验

根据单位根检验结果，对模型 3 的变量进行协整检验，结果见表 4—20。

表 4—20　　　　　　　　模型 3.1 的 Pedroni 检验结果

Pedroni Residual Cointegration Test　　Series: LNAS? LNER? LNSI? HF?
Sample: 2005 2013　　Included observations: 9　　Cross-sections included: 38
Null Hypothesis: No cointegration　　Trend assumption: No deterministic trend
Automatic lag length selection based on SIC with a max lag of 0
Newey-Westt automatic bandwidth selection and Bartlett kernel

Alternative hypothesis: common AR coefs. (within-dimension)

Statistic Name	Statistic	Prob.	W-Statistic	Prob.
Panel v-Statistic	0.215430	0.4147	-2.216838	0.9867
Panel rho-Statistic	3.186932	0.9993	3.286544	0.9995
Panel PP-Statistic	-6.950802	0.0000	-11.16567	0.0000
Panel ADF-Statistic	-5.565369	0.0000	-7.016037	0.0000

Alternative hypothesis: individual AR coefs. (between-dimension)

	Statistic	Prob.		
Group rho-Statistic	5.663320	1.0000		
Group PP-Statistic	-15.03485	0.0000		
Group ADF-Statistic	-8.608963	0.0000		

根据表 4—20 Pedroni 检验结果，同理分析，在 5% 的显著性水平下，Panel v-Statistic 和 Panel rho-Statistic 不能拒绝没有协整的零假设，而 Panel PP-Statistic 和 Panel ADF-Statistic 将拒绝零假设，认为所有截面有共同的 AR 系数。根据表 4—20 下半部分的检验结果和统计量的伴随概率可知，在 5% 的显著性水平下，Group rho-Statistic 不能拒绝原假设，即认为不存在协整关系，而 Group PP-Statistic 和 Group ADF-Statistic 均很显著，表明检验变量之间存在异质性协整关系。为了更进一步确定模型 3.1 变量之间是否存在协整关系，对其进行协整关系的 Kao 检验，检验结果见表 4—21。

表4—21　　　　　　　　　模型3.1的Kao检验结果

	t-Statistic	Prob.
ADF	−5.312777	0.0000
Residual variance	0.040630	
HAC variance		0.032891

由表4—21的检验结果可知，ADF统计量检验显著（5%的显著性水平下），即Kao检验认为模型3.1序列之间存在协整关系。

同理检验模型3.2的协整关系，结果见表4—22。

表4—22　　　　　　　　模型3.2的Pedroni检验结果

Pedroni Residual Cointegration Test　　　Series: LNLA? LNER? LNSI? HF?
Sample: 2005 2013　　　Included observations: 9　　　Cross-sections included: 38
Null Hypothesis: No cointegration　　　Trend assumption: No deterministic trend
Automatic lag length selection based on SIC with a max lag of 0
Newey-Westt automatic bandwidth selection and Bartlett kernel

Alternative hypothesis: common AR coefs. (within-dimension)

Statistic Name	Statistic	Prob.	W-Statistic	Prob.
Panel v-Statistic	1.784300	0.0372	−0.949279	0.8288
Panel rho-Statistic	1.997472	0.9771	3.509721	0.9998
Panel PP-Statistic	−11.37363	0.0000	−6.856593	0.0000
Panel ADF-Statistic	−8.978135	0.0000	−5.064605	0.0000

Alternative hypothesis: individual AR coefs. (between-dimension)

	Statistic	Prob.		
Group rho-Statistic	5.261042	1.0000		
Group PP-Statistic	−13.13123	0.0000		
Group ADF-Statistic	−9.654035	0.0000		

根据表4—22 Pedroni检验结果，同理分析，在5%的显著性水平下，只有Panel rho-Statistic不能拒绝没有协整的零假设，而Panel v-Statistic、Panel PP-Statistic和Panel ADF-Statistic将拒绝零假设，认为所有截面有共同的AR系数。根据表4—22下半部分的检验结果和统计量的伴随概率可

知,在5%的显著性水平下,Group rho-Statistic 不能拒绝原假设,即认为不存在协整关系,而 Group PP-Statistic 和 Group ADF-Statistic 均很显著,表明检验变量之间存在异质性协整关系。为了更进一步确定模型 3.2 变量之间是否存在协整关系,对其进行协整关系的 Kao 检验,检验结果见表 4—23。

表 4—23　　　　　　　　模型 3.2 的 Kao 检验结果

	t-Statistic	Prob.
ADF	-3.195848	0.0007
Residual variance	0.121129	
HAC variance		0.061942

由表 4—23 的检验结果可知,ADF 统计量检验显著(5% 的显著性水平下),即 Kao 检验认为模型 3.2 序列之间存在协整关系。

根据以上关于模型 1、模型 2、模型 3 的平稳性及协整检验可知,三个模型的变量之间都存在协整关系,即可以通过建立面板数据模型来对变量之间的影响关系进行实证分析,具体分析见实证分析及结论部分。

第三节　模型估计与结论

根据第四章建立的 3 个模型,使用 2005—2013 年我国 38 个样本产业有关企业进入、环境规制、技术创新、产业绩效等数据,实证分析环境规制对企业进入、技术创新和产业绩效的影响,为我国分产业制定差异而有效的环境规制政策提供理论依据。由于本章数据时间跨度为 2005—2013 年 9 年的数据,横截面为 38 个规模以上工业行业,因此从面板数据的特点来看,属于"宽而短"的类型,在时间上达不到长期分析的目的,因此本章主要是以横截面即 38 个工业行业的环境规制变化与企业进入、技术创新和产业绩效之间的影响为重点进行面板数据分析,得出我国环境规制对我国工业产业绩效的综合效应。

一 模型1：环境规制对企业进入的影响

（一）spearman等级相关系数检验

利用模型1（式4—1），采用Eviews 7.0对2005—2013年共9年38个行业数据建立以企业进入为被解释变量的面板数据模型，实证分析环境规制等对企业进入的影响，为了提高数据的平稳性，本书对各变量[销售增长率（SA_{it}）和利润率（PR_{it}）除外]进行对数化处理，各有关变量的统计描述见表4—24。

表4—24　　　　　　　　模型1各变量的统计描述

	变量	均值	标准差	最小值	最大值
被解释变量	企业进入 LN（NU_{it}）	8.495	1.528	2.639	10.589
解释变量	环境规制强度 LN（ER_{it}）	-0.023	1.437	-7.419	3.065
控制变量	产业规模 LN（SI_{it}）	8.934	1.562	1.631	11.176
	必要资本量 LN（CA_{it}）	9.485	1.25	7.212	14.128
	销售增长率 SA_{it}	22.184	19.972	-71.17	227.95
	利润率 PR_{it}	7.91	6.106	4.93	49.35

用spearman等级相关系数检验面板数据相关性，结果见表4—25。

表4—25　　　　　　模型1各变量的spearman等级相关系数[①]

Correlation t-Statistic Probability	LN（CA_{it}）	LN（ER_{it}）	LN（NU_{it}）	LN（SI_{it}）	PR_{it}	SA_{it}
LN（CA_{it}）	1.000000 —— ——					

[①] spearman等级相关系数：相比pearson相关系数，spearman等级相关系数主要用于分析总体分布形态未知，并且其相关关系可以通过t统计量来检验其显著性。

续表

Correlation t-Statistic Probability	LN（CA$_{it}$）	LN（ER$_{it}$）	LN（NU$_{it}$）	LN（SI$_{it}$）	PR$_{it}$	SA$_{it}$
LN（ER$_{it}$）	0.156996 2.931205 0.0036	1.000000 — —				
LN（NU$_{it}$）	-0.343145 -6.736282 0.0000	-0.127533 -2.370946 0.0183	1.000000 — —			
LN（SI$_{it}$）	0.331049 6.469012 0.0000	-0.086459 -1.600216 0.1105	0.723969 19.35154 0.0000	1.000000 — —		
PR$_{it}$	0.427278 8.714116 0.0000	0.073917 1.366704 0.1726	-0.373108 -7.415238 0.0000	-0.042241 -0.779590 0.4362	1.000000 — —	
SA$_{it}$	-0.212506 -4.010014 0.0001	-0.006137 -0.113163 0.9100	-0.005821 -0.107342 0.9146	-0.136473 -2.540210 0.0115	0.045158 0.833526 0.4051	1.000000 — —

从表4—25来看，被解释变量 LN（NU$_{it}$）与解释变量 LN（ER$_{it}$）之间呈负相关，并且在5%的显著性水平下是显著的，因此，可以初步判断，随着环境规制强度的加强，企业进入的壁垒在增大，环境规制成为企业进入的壁垒之一；被解释变量 LN（NU$_{it}$）与控制变量 LN（SI$_{it}$）呈正相关，spearman 等级相关系数为0.723969，且通过了 t 检验，表明产业规模越大，企业数量可能越多，这与其他学者的研究结果相近；被解释变量 LN（NU$_{it}$）与控制变量 LN（CA$_{it}$）和 SA$_{it}$ 呈负相关，spearman 等级相关系数为 -0.343145，但 SA$_{it}$ 的相关性没有通过 t 检验，因此，必要资本量是企业进入的壁垒之一，随着必要资本量的增大，企业进入难度相应增大，而销售率（SA$_{it}$）在理论上与企业进入数量 LN（NU$_{it}$）应该呈正向关系，这也是 spearman 相关系数没有通过 t 检验的原因；被解释变量 LN（NU$_{it}$）与利润率（PR$_{it}$）呈负相关，spearman 等级相关系数为

−0.373108，且通过5%显著性水平的 t 检验，这与经济现实存在一定的偏误，这也是一部分学者研究发现利润率与企业进入没有明显的关系的原因之一。因此，从相关性来看，被解释变量 LN（NU_{it}）与解释变量 LN（ER_{it}）、控制变量 LN（SI_{it}）、LN（CA_{it}）和（PR_{it}）的相关性显著存在，只有与 SA_{it} 的相关性不显著。

（二）面板数据模型的估计

面板数据模型（panel data）是指一个变量 Y 由 N 个不同对象 T 个观测期所得到的二维结构数据，记为 y_{it}，满足以下的线性关系：

$$y_{it} = \alpha_{it} + x'_{it}\beta_{it} + \mu_{it}, \quad i = 1,2,\cdots,N, \quad t = 1,2,\cdots,T \quad (4-12)$$

其中 i 表示 N 个不同对象（如国家、行业、地区等，本书称之为第 i 个工业行业），t 表示 T 个观测期，α_i 表示模型的截距项，β_i 是解释变量的系数向量，μ_{it} 是随机误差项，并且满足零均值、同方差（σ^2）和无自相关的假设。

面板数据模型分为变截距模型和变系数模型，其中变截距模型是指用差异化的截距项来说明个体的影响，变系数模型是解释变量的系数随个体的变化而不同，根据个体影响的不同形式，变截距模型和变系数模型又分为固定效应（Fixed Effects）和随机效应（Random Effects）两种。

按照面板数据模型的分类，在进行参数估计之前首先要确定模型的类型，是变截距模型还是变系数模型，然后确定属于固定效应还是随机效应，这主要通过豪斯曼（Hausman）检验和似然比（Likelihood Radio，LR）检验来确定模型的效应类型。

1. 模型形式设定检验

在对面板数据模型进行估计时，首先需要对所建模型的形式进行设定，是应该构建变截距模型、变系数模型还是混合模型，因为错误的模型形式所估计的结果将是有偏的。模型设定形式的检验使用的是协方差分析检验（F 检验），对于以下的面板数据模型：

$$y_{it} = \alpha_i + \beta_{1i}x_{1it} + \beta_{2i}x_{2it} + \cdots + \beta_{ki}x_{kit} + \mu_{it}$$
$$i = 1,2,\cdots,N \quad t = 1,2,\cdots,T \quad (4-13)$$

即检验以下两个原假设：

H_1：模型（式4—13）为变截距模型

$$y_{it} = \alpha_i + \beta_1 x_{1it} + \beta_2 x_{2it} + \cdots + \beta_k x_{kit} + \mu_{it}$$
$$i = 1, 2, \cdots, N \quad t = 1, 2, \cdots, T \quad (4\text{—}14)$$

H₂：模型（式4—13）为混合回归模型

$$y_{it} = \alpha + \beta_1 x_{1it} + \beta_2 x_{2it} + \cdots + \beta_k x_{kit} + \mu_{it}$$
$$i = 1, 2, \cdots, N \quad t = 1, 2, \cdots, T \quad (4\text{—}15)$$

根据以上两个原假设，对应以下两个F统计量：

$$F_1 = \frac{(S_2 - S_1)/[(N-1)k]}{S_1/[NT - N(k+1)]} F[(N-1)k, NT - N(k+1)] \quad (4\text{—}16)$$

$$F_2 = \frac{(S_3 - S_1)/[(N-1)(k+1)]}{S_1/[NT - N(k+1)]}$$
$$F[(N-1)(k+1), NT - N(k+1)] \quad (4\text{—}17)$$

其中，N是截面成员个数，T是样本观测的时期数，k为解释变量个数，S_1、S_2和S_3分别为变系数、变截距和混合回归模型的残差平方和，在原假设H_1和H_2成立的条件下，检验统计量F_1和F_2分别服从特定自由度的F分布。

模型形式选择的检验过程是：先检验原假设H_2，如果统计量F_2小于某个显著性水平（5%）下F分布临界值，则不能拒绝原假设H_2，而且不需要再对H_1进行检验，就可以得出该面板数据模型属于式4—15的混合回归模型，否则，拒绝原假设H_2，并继续检验H_1原假设，同理，如果统计量F_1小于某个显著性水平（5%）下F分布临界值，则不能拒绝原假设H_1，则建立式4—14的变截距模型。否则，拒绝H_1，建立式4—13的变系数模型。

根据变系数模型的估计结果，S_1为0.735986，变截距模型的估计结果，S_2为8.369170，混合模型的估计结果，S_3为69.57928，根据式4—16计算得出F_1统计量的值为6.39100603，5%的显著性水平下F_1的临界值为1.327456，F_1统计量的值大于临界值，因此，拒绝原假设即模型1（式4—1）不是变截距模型。继续检验原假设H_2，根据混合模型的计算结果，S_3为69.57928，根据F_2的计算公式（式4—17）得F_2 = 48.0334768，5%的显著性水平下F_1的临界值为1.317425，F_2大于临界值，因此拒绝原假设H_2，即模型1（式4—1）也不是混合模型，结合假设1和假设2，得出模型1（式4—1）属于变系数模型。因此对其参数的估计采用变系数模型估计。

2. Hausman 检验

模型形式设定之后,根据个体影响差异,检验模型属于固定效应还是随机效应,具体采用 Hausman 检验。具体检验如下:

Hausman 检验的原假设是:随机效应模型中,个体影响与解释变量不相关,检验所构造的统计量(X)形式如下:

$$X = [b - \hat{\beta}]' \hat{\Sigma}^{-1} [b - \hat{\beta}] \quad (4—18)$$

其中 b 为固定效应模型中回归系数的估计结果,$\hat{\beta}$ 为随机效应模型中回归系数的估计值。

$\hat{\Sigma}$ 为两个模型中回归系数估计结果之差的方差,即

$$\hat{\Sigma} = \text{var}[b - \hat{\beta}] \quad (4—19)$$

X 统计量服从自由度为 k 的 χ^2 分布,k 为解释变量个数。如果 X 统计量的值小于 χ^2 分布的临界值,则不拒绝原假设,即随机效应模型中的个体影响与解释变量不相关,建立随机效应模型。反之,拒绝原假设,模型为固定效应模型。

根据 Hausman 检验原理,对其模型的固定效应和随机效应进行检验,结果见表4—26。

表4—26   模型1 Hausman 检验结果

Correlated Random Effects-Hausman Test
Pool: POOL1①
Test cross-section random effects

Test Summary	Chi-Sq. Statistic	Chi-Sq. d. f.	Prob.
Cross-section random	107.312642	5	0.0000

Cross-section random effects test comparisons:

Variable	Fixed	Random	Var(Diff.)	Prob.
LNER?	0.052193	0.064906	0.000016	0.0016
LNSI?	0.434328	0.565631	0.000174	0.0000

---

① 指模型1的数据,见附表。

续表

Variable	Fixed	Random	Var（Diff.）	Prob.
LNCA?	-0.421661	-0.561725	0.000315	0.0000
SA?	0.000871	0.000563	0.000000	0.0000
PR?	-0.002834	-0.010646	0.000003	0.0000

从表 4—26 可以看出，模型 1 Hausman 检验的检验统计量为 107.312642，伴随概率为 0.0000，因此，拒绝固定效应模型与随机效应模型不存在系统差异的原假设，故建立固定效应模型。

3. 似然比（likelihood radio，LR）检验

似然比检验是在固定效应模型基础上，假设模型是混合回归模型，通过构造统计量，并且与相应临界值作比较，如果统计量的值大于临界值，则拒绝原假设，即模型为固定效应模型，反之，则为随机效应模型，与 Hausman 检验相比，似然比检验是以固定效应模型为基础，而 hausman 检验是以随机效应模型为基础的。

根据似然比（Likelihood Radio，LR）检验过程，结果如表 4—27。

表 4—27　　　　　　模型 1 F 检验和 LR 检验结果

Redundant Fixed Effects Tests
Pool：POOL1
Test cross-section fixed effects

Effects Test	Statistic	d.f.	Prob.
Cross-section F	59.103091	(37, 299)	0.0000
Cross-section Chi-square	724.325910	37	0.0000

从表 4—27 检验结果来看，F 统计量和 LR 统计量的伴随概率分别为 0.0000 和 0.0000，根据原假设，拒绝混合截面模型相对于固定效应模型是更有效的假设。因此，建立固定效应模型，这与 Hausman 检验结果相一致。

固定效应和随机效应孰优孰劣？实际上各有优缺点。当解释变量与随机误差项相关时，即模型存在内生解释变量时，应选择固定效应模型；

否则,当解释变量外生时,采用随机效应模型。在实际分析过程中,固定效应模型主要用来推断样本空间的经济关系,而随机效应模型主要用来解释或推断总体统计性质。

4. 线性模型估计

采用 Eviews 7.0,对我国 2005—2013 年 9 年间 38 个规模以上工业行业数据建立面板数据模型(模型1),并根据以上模型设定的检验步骤和建模程序,进行面板数据模型回归分析。根据模型设定形式检验结果,应该建立变系数模型,又根据 Hausman 与 LR 检验为固定效应,因此线性模型 1 应为变系数固定效应模型。变系数固定效应模型中每个横截面的解释变量估计参数是不同的,因此估计结果内容较多,只能放在附表中。从估计结果来看,调整的可决系数 Adjusted R-squared 为 0.997234,说明该模型估计的整体质量较好。与总体的拟合度达到 99.72%,F 统计量的值为 542.6142,伴随概率为 0.000000,说明模型的整体线性关系显著,从横截面解释变量估计参数来看(见附表),38 个规模以上工业行业环境规制强度 [LN(ER_{it})] 的回归参数(β_{i1})中,在 10% 的显著性水平下,只有 7 个行业的估计参数 t 检验[①]显著(见附表),主要集中在制造业领域,且大部分回归系数为正(只有通用设备制造业为负),由此可以看出,制造业领域的环境规制强度并没有成为企业的进入壁垒,但大部分行业的环境规制强度回归参数都不显著,无法判断企业进入与环境规制之间的确切关系;从产业规模(SI_{it})的参数(β_2)估计值的显著性来看,38 个规模以上工业行业产业规模的估计参数在 10% 的显著性水平下有 28 个参数估计值的 t 检验是显著的,且都为正(见附表),这也说明了

---

① t 检验:t 检验是利用假设检验的思想来检验解释变量对被解释变量的显著性,检验的零假设为:H_0: $\beta i = 0$, $i = 1, 2, \cdots, p$

检验统计量:$t = \dfrac{\hat{\beta}_j}{S(\hat{\beta}_j)}$, $j = 1, 2, \cdots, p$

t 统计量在零假设下服从自由度为 n-p-1 的 t 分布,其中,$S(\hat{\beta}_j)$ 是估计量 $\hat{\beta}_j$ 的样本标准差。当 |t| 小于临界值 $t_{\alpha/2}$ 时,未通过 t 检验,大于临界值则通过 t 检验,如果一个自变量的回归系数通过了 t 检验,说明该自变量对 y 有显著性影响,反之,则未通过显著性检验,该变量应该予以剔除。

产业规模与企业进入之间呈正向关系，并且产业规模平均扩大1%，企业进入数量扩大范围在0.36—1.33之间，其中估计参数最大的是黑色金属冶炼和压延加工业，这也与该行业本身要求较高的产业规模相适应；同理分析必要资本量（CA_{it}）的回归系数，从回归结果来看（见附表），在10%显著性水平下，38个行业的必要资本量中有8个回归系数t检验不显著，其余30个行业的回归系数通过t检验（见附表），且回归系数全为负，这说明必要资本量（CA_{it}）是企业进入的主要障碍，随着必要资本量的增大，企业进入的难度也相应增大；销售增长率（SA_{it}）和利润增长率（PR_{it}）的38个工业行业回归系数在10%的显著性水平下大都不显著，一方面说明销售增长率和利润率可能不是企业进入的主要影响因素，另一方面也说明模型的选择上由于横截面成员太多，导致估计结果显著性较低。

结合以上变系数固定效应模型分析，五个解释变量与被解释变量企业进入之间，存在显著线性关系的只有产业规模（SI_{it}）和必要资本量（CA_{it}）两个变量，其他变量的大部分回归系数并没有通过系数的显著性检验，尤其是环境规制强度，38个行业的回归参数中只有7个行业的环境规制与企业进入之间存在显著的影响关系，为此，借鉴以往该模型的估计方式，以下采用变截距固定效应模型来估计线性模型1参数，估计结果如下（表4—28）。

表4—28　　　线性模型1变截距固定效应模型估计结果

Dependent Variable：LNNU?　　　Method：Pooled Least Squares

Sample (adjusted)：2006 2013

Included observations：8 after adjustments

Cross-sections included：38　　　Total pool (balanced) observations：304

White cross-section standard errors & covariance (d.f. corrected)

Convergence achieved after 9 iterations

Variable	Coefficient	Std. Error	t-Statistic	Prob.
C	15.060260	2.010342	7.491391	0.000000
LNER?	-0.013977	0.006579	-2.124405	0.034600
LNSI?	0.125739	0.058558	2.147249	0.032700
LNCA?	-0.733976	0.164081	-4.473261	0.000000

续表

Variable	Coefficient	Std. Error	t-Statistic	Prob.
SA?	0.001976	0.000821	2.406536	0.016800
PR?	-0.002052	0.006793	-0.302092	0.762800
AR (1)	0.867419	0.044935	19.303770	0.000000

Fixed Effects (Cross)

1—C	1.275703	14—C	-0.393730	27—C	0.759587
2—C	-0.417306	15—C	-0.762697	28—C	1.163593
3—C	0.083722	16—C	0.254282	29—C	0.919513
4—C	-0.586504	17—C	-0.973834	30—C	1.449780
5—C	-0.897198	18—C	-0.417650	31—C	1.261639
6—C	-5.831731	19—C	0.367577	32—C	1.076927
7—C	0.914185	20—C	1.539260	33—C	-0.434971
8—C	-0.140246	21—C	0.089288	34—C	-1.381338
9—C	0.078198	22—C	-0.824613	35—C	-1.097790
10—C	-1.495625	23—C	0.677675	36—C	1.400166
11—C	0.833017	24—C	1.328853	37—C	-0.814900
12—C	0.101576	25—C	1.342497	38—C	-0.717839
13—C	-0.465754	26—C	0.736686		

Effects Specification

Cross-section fixed (dummy variables)

R-squared	0.996021	Mean dependent var	8.526529
Adjusted R-squared	0.995363	S.D. dependent var	1.526996
S.E. of regression	0.103986	Akaike info criterion	-1.555998
Sum squared resid	2.811389	Schwarz criterion	-1.018007
Log likelihood	280.5117	Hannan-Quinn criter.	-1.340789
F-statistic	1513.458	Durbin-Watson stat	1.923111
Prob (F-statistic)	0.0000		

注：回归结果中的数字1—38指本章选取的38个规模以上工业行业，本章下同。

从表4—28变截距固定效应模型的估计结果来看，调整的可决系数（Adjusted R-squared）为0.995363，说明该模型的整体拟合程度较高，F统计量的值为1513.458，伴随概率为0.0000，拒绝F检验的原假设，即模型 1 总体线性关系显著模型经过 AR（1）消除了一阶序列相关性问题，回归结果中 DW = 1.923111，不存在一阶序列相关性。由于该模型横截面较多，可能存在截面异方差性，因此采用面板数据模型中的 White cross-section 来消除异方差性，最终结果见表 4—28，模型 1 回归方程为：

$$LN(NU_{it}) = 15.06026 + C_i - 0.013977LN(ER_{it}) + 0.125739LN(SI_{it})$$
$$(-2.124405) \qquad (2.147249)$$
$$- 0.73396LN(CA_{it}) + 0.001976SA_{it}$$
$$(-4.473261) \qquad (2.406536)$$
$$- 0.002052PR_{it} + 0.867419AR(1)$$
$$(-0.302092) \qquad (19.3077)$$

$$\overline{R}^2 = 0.995363 \quad F = 1513.458 \quad DW = 1.923111$$

(4—20)

结合模型 1 的回归结果和回归方程（式 4—20），由于是变截距固定效应模型，因此每个横截面对应不同的截距项（15.06026 + C_i，i 为 38 个工业行业），从 5 个解释变量估计参数的 t 检验来看，在 5% 的显著性水平下，只有利润率（PR_{it}）t 统计量的伴随概率大于显著性水平（0.05），因此，利润率对企业进入的影响不显著，其余解释变量都是显著影响被解释变量企业进入数量。环境规制强度 [LN（ER_{it}）] 系数为 -0.013977，表明我国从 2005—2013 年 38 个规模以上工业行业的环境规制强度每提高 1%，企业进入数量相应下降 0.013977%，也就是说，从 2005—2013 年，环境规制强度已成为新企业进入的壁垒，但其影响程度较小（回归系数比较小）。而关于环境规制强度对企业进入的影响，赵红在其论文中用 1996—2004 年的 18 个规模以上工业行业数据进行回归，得出环境规制强度与企业进入之间存在正向的线性关系，即 LN（ER_{it}）前的回归系数为正，得出了环境规制强度并没有成为企业进入的障碍，而本书却得出环境规制强度是企业进入的壁垒之一，究其原因，一方面是因为数据和行业选择的差异性，本书选取了 2005—2013 年总共 38 个规模以上工业行业数据，在时间和截面上都发生了变化，而且随着我国环境规制强度的逐年增强，可能开始影响到了新企业的进入；另一方面赵红在面板数据模型的估计方法上并没有清楚地交代其各估计参数的设定问题，因为，在不消除由于随机误差项的序列相关性和截面数据的异方差性的情况下，本书环境规制强度的回归系数也为正，但经过序列相关性和异方差性的修正，环境规制强度的参数估计值才是无偏和一致的，因此 -0.013977 为环境规制强度的最佳线性无偏估计值，具有较好的解释能力。产业规模（SI_{it}）的参数估计值为 0.125739，表明产业规模扩大 1%，就有 0.125739% 的新企业进入该行业；必要资本量（CA_{it}）的参数估计值为 -0.733976，表明必要资本量增加 1%，新企业进入就会减少 0.733976%，可见必要资本量是企业进入的重要门槛和障碍，其阻碍强度大于环境规制对企业进入的阻碍；销售增长率（SA_{it}）的参数估计值为 0.001976，表明随着销售收入的增加会吸引更多的企业进入该行业。

5. 非线性模型估计

为了验证环境规制对企业进入是否存在非线性影响即两者呈"倒U"形关系，根据模型1中的式4—2建立非线性模型，并采用变系数固定效应模型进行回归，结果如表4—29所示。

表 4—29　　　　环境规制与企业进入的非线性模型估计结果

Variable	Coefficient	Std. Error	t-Statistic	Prob.
C	14.96488	0.540294	27.69767	0.0000
LNER?	-0.014021	0.007321	-1.915015	0.0566
LN^2ER?	-0.000390	0.000926	-0.420871	0.6742
LNSI?	0.131777	0.026753	4.925709	0.0000
LNCA?	-0.731322	0.040420	-18.09290	0.0000
SA?	0.001977	0.000230	8.580799	0.0000
PR?	-0.002238	0.003649	-0.613262	0.5402
AR(1)	0.865185	0.024376	35.49355	0.0000

从表4—29的回归结果来看，环境规制与企业进入的非线性关系并不显著，在10%的显著性水平下，LN^2ER? 的参数估计值的t检验不显著，因此应该建立线性关系模型。

（三）结论

（1）环境规制强度（ER）是企业进入的障碍之一，但其影响程度较小。从变截距固定效应模型的估计结果（表4—28）和回归方程（式4—20）来看，2005—2013年随着我国各行业环境规制强度的增强（图4—4至图4—6），环境规制政策制定和实施更加倾向于保护环境，在生态环境得到改善的同时，开始逐渐对企业的进入决策产生影响，由于环境规制强度的增强意味着企业的成本上升，企业进入行业的门槛提高，再加上一部分环境不达标的企业也将被堵在产业外，环境规制强度阻碍新企业的进入，产业内企业的竞争程度减弱，利润上升，产业绩效提高，但由于竞争程度下降，可能导致技术创新动力不足，阻碍产业技术进步，最终导致产业绩效的下降。因此，环境规制通过对新企业的进入来提高产业绩效主要取决于其对产业绩效促进作用和对技术创新阻碍作用的综合效应。

（2）产业规模与企业进入呈正向关系。产业规模（SI）是用某一产业工业总产值来表示的，产业规模越大，企业数量就可能越多，通过模型1的估计结果，LN（SI_{it}）的参数估计值为0.125739，表明在2005—2013年我国38个规模以上工业行业，产业规模平均扩大1%，新企业会增加0.125739%，当然在具体的行业中也存在差异，相比而言，石油天然气开采、金属采矿压延制品、装备制造业等产业规模对企业进入的影响程度较大，而传统的工业行业影响较小，如文教、工美、体育和娱乐用品制造业及纺织业等传统行业。

（3）必要资本量（CA）是企业进入的重要壁垒。从回归结果来看，必要资本量对企业进入的阻碍作用远远大于环境规制强度，必要资本量提高1倍，企业进入的难度就会增加0.73倍，从变系数模型的回归结果来看（见附表），有一半以上的行业必要资本量每增加1%，企业进入难度增大1%以上，可见控制某一产业企业数量主要还是依靠对该产业必要资本量的控制来实现。

（4）销售增长率（SA）对企业进入起到激励作用，但影响程度很小。这也说明企业进入某一行业虽然注重产业销售情况，但并不是决定因素，更重要的还是企业是否满足进入该产业的基本条件，在目前工业行业利润普遍低下甚至零利润的背景下，企业更多的是考虑未来的投资回报率。因此，虽然利润率是企业决定进入某一产业的核心因素，但却不是决定因素，相比必要资本量，企业更愿意进入较高的必要资本量行业，因为较高的必要资本量意味着垄断程度较高,将会获取较高的利润。

二 模型2:环境规制对技术创新的影响

(一)spearman 等级相关系数检验

利用模型2(式4—2和式4—3),采用 Eviews 7.0 对 2005—2013 年共9年38个行业数据建立以 R&D 支出(RD)和专利申请数(PA)为被解释变量的面板数据模型,分析环境规制等对工业产业技术创新的影响,为了提高数据的平稳性,本书对各变量[产业集中度(HF)除外]进行对数化处理,各有关变量的统计描述见表4—30。

表4—30　　　　　　　　模型2各变量的统计描述

	变　量	均值	标准差	最小值	最大值
被解释变量	R&D 支出 LN(RD_{it})	12.7355	2.299	2.197	16.343
	专利申请数 LN(PA_{it})	7.276	2.109	1.792	11.396
解释变量	环境规制强度 LN(ER_{it})	-0.023	1.437	-7.419	3.065
控制变量	产业规模 LN(SI_{it})	8.934	1.562	1.631	11.176
	产业集中度 HF_{it}	0.028	0.027	7.61E-05	0.099

表4—31　　　　　　　模型2各变量的 spearman 等级相关系数

Correlation t-Statistic Probability	LN(ER_{it})	LN(PA_{it})	LN(RD_{it})	LN(SI_{it})	HF_{it}
LN(ER_{it})	1.000000 — —				
LN(PA_{it})	-0.219103 -4.140676 0.0000	1.000000 — —			
LN(RD_{it})	-0.076585 -1.416323 0.1567	0.736518 20.07741 0.0000	1.000000 — —		

续表

Correlation t-Statistic Probability	LN（ER$_{it}$）	LN（PA$_{it}$）	LN（RD$_{it}$）	LN（SI$_{it}$）	HF$_{it}$
LN（SI$_{it}$）	-0.086459 -1.600216 0.1105	0.733982 19.92724 0.0000	0.879501 34.07704 0.0000	1.000000 — —	
HF$_{it}$	0.175202 3.281318 0.0011	-0.088596 -1.64007 0.1019	0.051784 0.9564 0.3397	0.072214 1.335039 0.1828	1.000000 — —

从表4—31来看，式4—2模型中的被解释变量LN（RD$_{it}$）与解释变量LN（ER$_{it}$）呈负相关，spearman等级相关系数-0.076585，但t检验并不显著（5%的显著性水平），因此，环境规制对工业产业技术创新的影响还未确定，需要进一步的回归分析；被解释变量LN（RD$_{it}$）与控制变量LN（SI$_{it}$）之间呈正相关，spearman等级相关系数为0.879501，且在5%的显著性水平下是显著的，意味着产业规模越大越有利于产业技术创新；被解释变量LN（RD$_{it}$）与HF$_{it}$也成正相关关系，但在5%的显著性水平下不显著，即产业集中度与技术创新之间的关系不确定。

式4—3模型中的解释变量LN（PA$_{it}$）是衡量产业技术创新能力的又一指标，专利申请数LN（PA$_{it}$）与解释变量LN（ER$_{it}$）呈负相关，spearman等级相关系数为-0.219103，且在5%的显著性水平下t检验显著，说明随着环境规制强度的增强可能会阻碍企业技术创新，导致专利申请数下降；被解释变量LN（PA$_{it}$）与控制变量LN（SI$_{it}$）呈正相关，spearman等级相关系数为0.733982，相关程度较高且显著，说明产业规模越大，企业数量越多，专利申请数就越多；被解释变量LN（PA$_{it}$）与控制变量HF$_{it}$呈负相关关系，spearman等级相关系数为-0.088596，但t检验不显著，因此两者之间的影响关系不确定，产业集中度的增强有可能促进产业技术创新，也有可能因为垄断势力增强而阻碍技术创新。

（二）面板数据模型的估计

同线性模型1一样，在对线性模型2进行估计之前需要对其模型设定形式、模型效应进行检验，确定了模型的具体形式之后再进行估计。

1. 模型设定形式检验

仍采用协方差分析检验（F 检验），计算 F 统计量的值 F_1 和 F_2，由于模型 2 涉及两个模型，为便于区分，将线性模型 2 分为模型 2.1 和模型 2.2。

模型 2.1 为：$LN(PA_{it}) = \alpha + \beta_1 LN(ER_{it}) + \beta_2 LN(SI_{it}) + \beta_3 HF_{it} + \varepsilon_{it}$

模型 2.2 为：$LN(RD_{it}) = \alpha + \beta_1 LN(ER_{it}) + \beta_2 LN(SI_{it}) + \beta_3 HF_{it} + \varepsilon_{it}$

根据模型 2.1 变系数模型的估计结果，S_{11} 为 31.5187，变截距模型的估计结果，S_{12} 为 146.622，混合模型的估计结果，S_{13} 为 642.4337，根据式 4—16 计算得出 F_{11} 统计量的值为 3.75060521，在 5% 的显著性水平下 F_{11} 的临界值为 1.308918，F_{11} 统计量的值大于临界值，因此，拒绝原假设即模型 2.1 不是变截距模型。继续检验原假设 H_2，根据混合模型的计算结果，S_{13} 为 642.4337，根据 F_{12} 的计算公式（式 4—17）得出 $F_{12} = 26.166878$，在 5% 的显著性水平下 F_{12} 的临界值为 1.288419，F_{12} 大于临界值，因此拒绝原假设 H_2，即模型 2.1 也不是混合模型，结合假设 1 和假设 2，得出模型 2.1 属于变系数模型。因此对其参数的估计采用变系数模型估计。

根据模型 2.2 变系数模型的估计结果，S_{21} 为 118.0302，变截距模型的估计结果，S_{22} 为 186.4597，混合模型的估计结果，S_{23} 为 407.9125。根据式 4—16 计算得出 F_{21} 统计量的值为 0.99238649，在 5% 的显著性水平下 F_{21} 的临界值为 1.313882，F_{21} 统计量的值小于临界值。因此，不拒绝原假设即模型 2.2 不是变截距模型，即模型 2.2 为变截距模型，对其参数的估计采用变截距模型估计。

2. Hausman 检验

对模型 2.1 进行 Hausman 检验，结果见表 4—32。

表 4—32　　　　　　　　模型 2.1 Hausman 检验结果

Correlated Random Effects-Hausman Test

Pool：POOL21

Test cross-section random effects

Test Summary	Chi-Sq. Statistic	Chi-Sq. d. f.	Prob.
Cross-section random	15.411753	3	0.0015

从表4—32可以看出，模型2.1 Hausman检验的检验统计量为15.411753，伴随概率为0.0015，在5%的显著性水平下拒绝原假设，即拒绝固定效应模型与随机效应模型不存在系统差异的原假设，故建立固定效应模型。

同理，对模型2.2进行Hausman检验，结果见表4—33。

表4—33　　　　　模型2.2 Hausman检验结果

Correlated Random Effects-Hausman Test
Pool：POOL22
Test cross-section random effects

Test Summary	Chi-Sq. Statistic	Chi-Sq. d. f.	Prob.
Cross-section random	50.140814	3	0.0000

从表4—33可以看出，模型2.2 Hausman检验的检验统计量为50.140814，伴随概率为0.0000，在5%的显著性水平下拒绝原假设，即拒绝固定效应模型与随机效应模型不存在系统差异的原假设，故建立固定效应模型。

3. 似然比（Likelihood Radio，LR）检验

根据似然比的检验过程，模型2.1的检验结果见表4—34。

表4—34　　　　　模型2.1 F检验和LR检验结果

Redundant Fixed Effects Tests
Pool：POOL21
Test cross-section fixed effects

Effects Test	Statistic	d. f.	Prob.
Cross-section F	27.509485	(37, 301)	0.0000
Cross-section Chi-square	505.272805	37	0.0000

从表4—34检验结果来看，F统计量和LR统计量的伴随概率分别为0.0000和0.0000，根据原假设，拒绝混合截面模型相对于固定效应模型更有效的假设，因此，模型2.1为固定效应模型，这与Hausman检验结

果相一致。

同理，检验模型2.2结果见表4—35。

表4—35　　　　　模型2.2 F检验和LR检验结果

Redundant Fixed Effects Tests
Pool：POOL22
Test cross-section fixed effects

Effects Test	Statistic	d.f.	Prob.
Cross-section F	9.661861	(37, 301)	0.0000
Cross-section Chi-square	267.730373	37	0.0000

从表4—35的检验结果来看，F统计量和LR统计量的伴随概率分别为0.0000和0.0000，根据原假设，拒绝混合截面模型相对于固定效应模型更有效的假设，因此，模型2.2也为固定效应模型，这与Hausman检验结果相一致。

4. 线性模型估计

采用Eviews 7.0，对我国2005—2013年9年间38个规模以上工业行业数据建立面板数据模型（模型2.1），并根据以上模型设定的检验步骤和建模程序，进行面板数据模型回归分析。根据模型设定形式检验结果，应该建立变系数模型，又根据Hausman与LR检验为固定效应，因此线性模型2.1应为变系数固定效应模型。

从变系数固定效应模型估计结果来看，在10%的显著性水平下，解释变量环境规制强度［LN（NU_{it}）］与被解释变量专利申请数量［LN（PA_{it}）］之间存在显著影响的行业只有2个（见附表），分别为木材加工和木、竹、藤、棕、草制品业，印刷和记录媒介复制业，回归系数为1.098775和-0.467458，说明木材加工和木、竹、藤、棕、草制品业的环境规制强度的提高有利于促进技术创新，而印刷和记录媒介复制业的环境规制成为其技术创新的阻碍，但由于在38个样本行业中只有2个显著，变系数固定效应模型并不能说明我国规模以上工业行业的环境规制强度对产业技术创新的影响情况；从解释变量产业规模［LN（SI_{it}）］的回归系数来看，38个样本行业中，有30个参数估计值的t检验是显著的

(10%的显著性水平)（见附表），参数估计值范围为[1.00997, 3.681840]，这说明我国规模以上工业行业产业规模的大小直接关系到技术创新能力的大小，产业规模的扩大不但有利于促进技术创新，而且在一些行业（电力、热力生产和供应业，仪器仪表制造业和造纸及纸制品业），当产业规模扩大1%，其技术创新将提高3%以上，可见产业规模对技术创新的重要性；从解释变量产业集中度（HF_{it}）来看（见附表），只有13个行业的回归系数通过了t检验（10%显著性水平），而且行业之间的集中度与技术创新的影响程度和影响方向差异性较大，部分行业随着产业集中度的增强，技术创新能力也会得到加强，但也有部分行业随着产业集中度的提高，技术创新能力在下降。鉴于此，变系数固定效应模型无法得到环境规制与产业技术创新之间的影响关系，再加上横截面数量过多，建立变系数固定效应模型的经济意义不大，为此建立变截距固定效应模型以分析环境规制强度、产业规模和产业集中度对产业技术创新能力的平均影响水平，变截距固定效应模型估计结果如表4—36。

表4—36　线性模型2.1 变截距固定效应模型估计结果

Dependent Variable: LNPA?
Method: Pooled Least Squares　　Sample: 2005 2013
Included observations: 9　　Cross-sections included: 38
Total pool (balanced) observations: 342
White cross-section standard errors & covariance (d.f. corrected)

Variable	Coefficient	Std. Error	t-Statistic	Prob.
C	-4.545619	1.346198	-3.376634	0.0008
LNER?	0.071818	0.042319	1.697073	0.09070
LNSI?	1.317039	0.145648	9.042595	0.00000
HF?	1.994384	1.565417	1.274028	0.2036
Fixed Effects (Cross)				
1—C	-1.430776	14—C	-0.051592	27—C	0.364478
2—C	-0.398938	15—C	1.042672	28—C	0.935097
3—C	-1.919071	16—C	-0.553649	29—C	1.329814

续表

\multicolumn{6}{c	}{Fixed Effects (Cross)}
4—C	-1.563361	17—C	0.33243	30—C	0.57164
5—C	-1.259953	18—C	2.303912	31—C	1.206727
6—C	5.008121	19—C	-2.223033	32—C	1.036767
7—C	-1.489682	20—C	-0.350493	33—C	2.294008
8—C	-0.106719	21—C	0.855937	34—C	1.723357
9—C	0.208258	22—C	-0.119516	35—C	-1.41702
10—C	-0.406463	23—C	0.495479	36—C	-1.77105
11—C	0.338316	24—C	-0.148495	37—C	-1.93106
12—C	-0.308776	25—C	-1.146745	38—C	-0.27921
13—C	-0.437873	26—C	-0.733536		

Effects Specification

Cross-section fixed (dummy variables)

R-squared	0.903334	Mean dependent var	7.275935
Adjusted R-squared	0.890488	S.D. dependent var	2.109039
S.E. of regression	0.697937	Akaike info criterion	2.23069
Sum squared resid	146.622	Schwarz criterion	2.690419
Log likelihood	-340.448	Hannan-Quinn criter.	2.413834
F-statistic	70.32005	Durbin-Watson stat	1.874794
Prob (F-statistic)	0.000000		

从表4—36的回归结果来看，考虑到横截面较多可能存在异方差性和时间序列上的自相关，参数的协方差采用White cross-section方法进行估计，从方程整体质量来看，调整的可决系数（Adjusted R-squared）为0.890488，方程整体拟合程度较高，F统计量为70.32005，伴随概率为0.000000，在5%显著性水平下方程整体显性关系显著，回归方程为：

$$LN(PA_{it}) = -4.545619 + C_i + 0.0071818LN(ER_{it}) + 1.317039LN(SI_{it})$$
$$(1.697073) \qquad\qquad (9.042595)$$
$$+ 1.994384HF_{it}$$
$$(1.274028)$$

$$\bar{R}^2 = 0.890488 \quad F = 70.32005 \quad DW = 1.874794 \quad (4—21)$$

在10%的显著性水平下，解释变量LN（ERit）和LN（SIit）对被解释变量的影响是显著的，LN（ERit）的参数估计值为0.071818，表明，环境规制强度每增强1%，专利申请数增加0.071818%，环境规制强度虽然对技术创新具有一定的促进作用，但其影响程度较小；相比环境规制强度，产业规模（SIit）对技术创新的促进作用较为明显，产业规模［LN（SIit）］每扩大1%，专利申请数增加1.317309%，可见产业规模越大越有利于技术创新，且促进作用远远大于环境规制对技术创新的激励作用。产业集中度（HFit）在10%的显著性水平下对技术创新的影响并不显著。

根据模型设定形式检验结果，线性模型2.2应该建立变截距模型，又根据Hausman与LR检验为固定效应，因此线性模型2.2应为变截距固定效应模型，估计结果见表4—37。

表4—37　　　　　　线性模型2.2变截距固定效应模型

Dependent Variable: LNRD?　　Method: Pooled Least Squares
Sample (adjusted): 2007 2013　　Included observations: 7 after adjustments
Cross-sections included: 38　　Total pool (balanced) observations: 266
White cross-section standard errors & covariance (d. f. corrected)
Convergence achieved after 7 iterations

Variable	Coefficient	Std. Error	t-Statistic	Prob.
C	6.74318	1.147326	5.87732	0.0000
LNER?	0.073594	0.067735	1.086501	0.2781
LNSI?	0.656192	0.125069	5.246662	0.0000
HF?	4.644041	1.26306	4.12325	0.0000
\multicolumn{4}{Fixed Effects (Cross)}
1—C	0.804266	14—C	-1.00375	27—C	0.691123
2—C	0.446815	15—C	-1.2277	28—C	1.735822
3—C	-1.94308	16—C	0.490432	29—C	1.661594
4—C	-0.83304	17—C	-0.66545	30—C	2.191869
5—C	-1.51166	18—C	-0.56754	31—C	2.049614
6—C	-6.56695	19—C	0.03273	32—C	2.451932
7—C	0.249365	20—C	1.805731	33—C	0.997697
8—C	0.217752	21—C	1.360066	34—C	-0.54807

续表

Fixed Effects (Cross)					
9—C	0.499964	22—C	0.45349	35—C	-1.1401
10—C	-0.87445	23—C	1.04922	36—C	-0.42466
11—C	0.892314	24—C	0.785296	37—C	-3.12174
12—C	-0.39686	25—C	1.942536	38—C	-2.20487
13—C	-0.83601	26—C	1.056289		

Effects Specification			
Cross-section fixed (dummy variables)			
R-squared	0.896539	Mean dependent var	12.73552
Adjusted R-squared	0.882790	S. D. dependent var	2.298941
S. E. of regression	0.787063	Akaike info criterion	2.471048
Sum squared resid	30.73451	Schwarz criterion	2.930776
Log likelihood	186.4597. -381.5492	Hannan-Quinn criter.	2.654191
F-statistic	65.20797	Durbin-Watson stat	2.233850
Prob (F-statistic)	0.000000		

从表 4—37 变截距固定效应模型结果来看，调整的可决系数（Adjusted R-squared）为 0.882790，回归方程与总体拟合较好，F 统计量为 65.20797，伴随概率为 0.0000，说明方程线性关系显著，由于检验该模型存在截面的异方差性，因此采用 White cross-section 来消除异方差性，DW = 2.23385，不存在自相关，模型 2.2 回归方程如下：

$$LN(RD_{it}) = 6.74318 + C_i + 0.073594LN(ER_{it}) + 0.656192LN(SI_{it})$$
$$(1.086501) \quad (5.246662)$$
$$+ 4.64404HF_{it} \quad (4.12325)$$

$$\bar{R}^2 = 0.88279 \quad F = 65.20797 \quad DW = 2.23385$$

(4—22)

从解释变量的显著性检验（t 检验）来看，在 10% 的显著性水平下，解释变量 LN（ERit）的 t 统计量对应的 P 值为 0.2781，小于显著性水平，因此，模型 2.2 中环境规制强度对 R&D 支出影响不显著，而在模型 2.1 中环境规制强度对产业技术创新的影响也不明显；而解释变量 LN（SIit）

和 HFit 都通过了 t 检验，参数估计值分别为 0.656192 和 4.64404，说明产业规模扩大 1%，产业 R&D 支出增加 0.656192%，产业集中度增强 1 个单位，产业 R&D 支出增加 4.64404 个单位，产业规模和产业集中度的增强都有利于产业技术创新，这与模型 2.1 的结果相近。

5. 非线性模型估计

文献综述中，部分学者认为环境规制与产业技术创新之间存在"倒 U"形关系，因此根据模型 2 的非线性模型（式 4—5 和式 4—6）进行估计，模型设定形式和效应同以上线性检验方法类似，非线性模型采用变截距固定效应模型进行回归，结果如表 4—38。

表 4—38　　　环境规制与专利申请数的非线性模型估计结果

Variable	Coefficient	Std. Error	t-Statistic	Prob.
C	−3.957454	1.281247	−3.088752	0.0022
LNER?	−0.050300	0.029851	−1.684996	0.0930
LN^2ER?	0.009973	0.006505	1.533135	0.1263
LNSI?	1.246597	0.138337	9.011298	0.0000
HF?	2.839021	1.705362	1.664762	0.0970

从表 4—38 的回归结果来看，LN^2ER? 的参数估计值在 10% 的显著性水平下并不显著，因此，专利申请数与环境规制之间的"倒 U"形非线性关系不显著，仍采用线性模型的估计结果。

同理，环境规制与 R&D 支出之间的非线性模型估计结果如表 4—39。

表 4—39　　　环境规制与 R&D 支出的非线性模型估计结果

Variable	Coefficient	Std. Error	t-Statistic	Prob.
C	6.986359	0.975800	7.159624	0.0000
LNER?	0.025180	0.034695	0.725760	0.4686
LN^2ER?	0.004846	0.005835	0.830615	0.4069
LNSI?	0.625694	0.105695	5.919820	0.0000
HF?	5.015332	1.173500	4.273824	0.0000

从表4—39非线性回归结果来看,在10%的显著性水平下,LN^2ER? 的参数估计值不显著,而且 LN^2ER? 变量的加入导致 LNER? 的参数估计值也不再显著,因此,环境规制与R&D支出不存在非线性关系。

(三)结论

(1)环境规制强度对工业产业技术创新的影响不明显。结合模型1和模型2的回归结果来看,环境规制强度对工业企业专利申请数的影响较小,参数估计值只有0.0071818,而模型2中环境规制强度对规模以上工业行业的R&D支出不显著。总体来看,2005—2013年我国38个规模以上工业行业环境规制强度对产业技术创新虽然有一定的激励作用,但影响程度较小。这也说明我国环境规制政策的实施还没有对产业技术创新起到明显的激励和刺激作用。这与第三章环境规制与产业技术创新的关系的研究结果较为吻合,即环境规制对产业技术创新存在激励和阻碍两种效应,而从本章的实证分析来看,我国2005—2013年工业行业的环境规制对产业技术创新有微弱的激励作用,这也说明绿色技术开发与应用将是未来产业发展的主导方向,在环境问题日益严重和环境规制强度不断增强的情况下,工业企业将会在降低污染、减少污染排放等技术方面不断改进,在促进技术创新的同时,也有利于降低生产成本,最终促进企业竞争力和产业绩效的提升。

(2)环境规制与工业产业技术创新之间不存在显著的"倒U"形关系。就本章的样本数据来看,我国规模以上工业行业的环境规制对于产业技术创新的影响成弱促进,但对专利申请数和R&D支出都没有出现"倒U"形关系,由于本章样本时间有限,这种微弱的影响可能就是"倒U"形关系的底部,如果环境规制与技术创新处在"倒U"形底部,这也有利于我国环境保护与技术创新的双赢。

(3)产业规模有助于产业技术创新。回归方程4—21和方程4—22中 LN(SI_{it})的参数估计值分别为1.317039和0.656192,说明我国38个规模以上工业行业的产业规模平均每扩大1%,产业的专利申请数和R&D支出将分别增加1.317039%和0.656192%,伴随着产业规模的不断扩大,产业技术创新能力在不断提高,这也与部分学者研究的关于大型企业更有利于产业技术创新的结论相一致。

(4)产业集聚促进产业技术创新。回归方程4—21和方程4—22的

HFit 参数估计值分别为 1.994384 和 4.64404，虽然方程式 4—14 中 HFit 的参数估计值不显著，但方程 4—22 中 HFit 的参数估计值是显著的，表明产业集中度提高 1 个单位，我国规模以上工业行业的 R&D 支出将增加 4.64404 个单位，产业集中度的提高将显著促进产业技术创新投入，从而说明，某一产业中，大型企业的数量越多，产业集中度越高，产业的技术创新投入越多，越有利于技术创新能力的提高。

三 模型 3：环境规制对产业绩效的影响

（一）spearman 等级相关系数检验

利用模型 3（式 4—5 和式 4—6），采用 Eviews 7.0 对 2005—2013 年共 9 年 38 个工业行业数据建立以衡量产业绩效的总资产贡献率和全员劳动生产率为被解释变量的面板数据模型，环境规制（ER_{it}）是解释变量，产业规模（SI_{it}）和产业集中度（HF_{it}）为控制变量，实证分析环境规制等产业绩效的影响，为了提高数据的平稳性，本书对各变量［产业集中度（HF）除外］进行对数化处理，各有关变量的统计描述见表 4—40。

表 4—40　　　　　　　模型 3 各变量的统计描述

	变量	均值	标准差	最小值	最大值
被解释变量	总资产贡献率 LN（AS_{it}）	2.673	0.485	0.615	4.06
	全员劳动生产率 LN（LA_{it}）	11.996	0.726	9.817	15.014
解释变量	环境规制强度 LN（ER_{it}）	-0.026	1.438	-7.419	3.065
控制变量	产业规模 LN（SI_{it}）	8.934	1.562	1.631	11.176
	产业集中度 HF_{it}	0.028	0.027	7.61E-05	0.099

表 4—41　　　　　模型 3 各变量的 spearman 等级相关系数

Correlation t-Statistic Probability	LN（SI_{it}）	LN（LA_{it}）	LN（ER_{it}）	LN（AS_{it}）	HF_{it}
LN（SI_{it}）	1.000000 — —				

续表

Correlation t-Statistic Probability	LN（SI$_{it}$）	LN（LA$_{it}$）	LN（ER$_{it}$）	LN（AS$_{it}$）	HF$_{it}$
LN（LA$_{it}$）	0.323073 6.285467 0.0000	1.000000 — —			
LN（ER$_{it}$）	-0.001149 -0.021160 0.9831	0.273883 5.243204 0.0000	1.000000 — —		
LN（AS$_{it}$）	-0.087564 -1.618442 0.1065	0.226289 4.277380 0.0000	-0.094033 -1.739044 0.0829	1.000000 — —	
HF$_{it}$	0.116394 2.157698 0.0317	0.367825 7.282937 0.0000	0.185150 3.488351 0.0005	0.021320 0.392624 0.6948	1.000000 — —

从表4—41来看，被解释变量总资产贡献率LN（AS$_{it}$）与解释变量LN（ER$_{it}$）之间呈负相关，总资产贡献率反映企业的获利能力，随着环境规制强度的增强，由于成本增加可能导致总资产贡献率下降，但从t检验来看，在5%的显著性水平下并不显著，因此，两者具体的影响关系还需要进一步分析；被解释变量总资产贡献率LN（AS$_{it}$）与控制变量LN（SI$_{it}$）呈负相关，spearman等级相关系数为-0.087564，且在5%的显著性水平下t检验不显著，产业规模越大，产业的获利能力越强，但随着规模的继续扩大，可能会出现规模不经济问题，继续扩大规模有可能导致总资产贡献率下降；被解释变量总资产贡献率LN（AS$_{it}$）与控制变量HF$_{it}$呈正相关，spearman等级相关系数为0.021320，但t检验（5%显著性水平）也不显著，因此，总资产贡献率与产业集中度之间的关系不太确定。一般来讲，产业集中度越高，市场势力和垄断程度就越高，垄断利润就越高，从而总资产贡献率也就越高，但产业集中度与产业获利能力之间也会因为行业差异而有所不同。另一个用于衡量产业绩效的被解释变量全员劳动生产率LN（LA$_{it}$）与解释变量LN（ER$_{it}$）呈正相关，

spearman 等级相关系数为 0.273883，且在 5% 显著性水平下通过 t 检验，说明随着环境规制强度的增强，全员劳动生产率也得到增强，意味着随着环境规制强度的增强，企业生产效率和劳动投入经济效益得到提升；LN（LA_{it}）与控制变量 LN（SI_{it}）呈正相关，spearman 等级相关系数为 0.323073，且通过了 t 检验，说明随着行业规模的扩大，生产效率和劳动投入的经济效益将得到提升，因为，行业规模越大，企业数量越多，竞争更加激烈，只有通过提高生产效率和劳动投入的经济效益才能获得竞争优势；LN（LA_{it}）与控制变量 HF_{it} 在 5% 的显著性水平下通过 t 检验，因此也呈正相关关系，spearman 等级相关系数为 0.367825，随着产业集中度的提高，市场势力增强，企业的生产效率和劳动投入的经济效益会相应得到提升，这也说明了垄断势力的增强并不一定都会阻碍生产率的提高。

（二）面板数据模型的估计

1. 模型设定形式检验

仍采用协方差分析检验（F 检验），计算 F 统计量的值 F_1 和 F_2，由于模型 3 也涉及两个模型，为便于区分，将模型 3 分为模型 3.1 和模型 3.2。

模型 3.1 为：$LN(AS_{it}) = \alpha + \beta_{1it}LN(ER_{it}) + \beta_{2it}LN(SI_{it}) + \beta_{3it}HF_{it} + \varepsilon_{it}$

模型 3.2 为：$LN(LA_{it}) = \alpha + \beta_{1it}LN(ER_{it}) + \beta_{2it}LN(SI_{it}) + \beta_{3it}HF_{it} + \varepsilon_{it}$

根据模型 3.1 变系数模型的估计结果，S_{11} 为 4.418558，变截距模型的估计结果，S_{12} 为 13.90827，混合模型的估计结果，S_{13} 为 79.42065，根据式 4—16 计算得出 F_{11} 统计量的值为 3.67623351，在 5% 的显著性水平下 F_{11} 的临界值为 1.308918，F_{11} 统计量的值大于临界值，因此，拒绝原假设即模型 3.1 不是变截距模型。继续检验原假设 H_2，根据 F_{12} 的计算公式（式 4—17）得出 $F_{12} = 21.7913785$，在 5% 的显著性水平下 F_{12} 的临界值为 1.288419，F_{12} 大于临界值，因此拒绝原假设 H_2，即模型 3.1 也不是混合模型，结合假设 1 和假设 2，得出模型 3.1 属于变系数模型。因此对其参数的估计采用变系数模型估计。

根据模型 3.2 变系数模型的估计结果，S_{21} 为 8.115774，变截距模型的估计结果，S_{22} 为 28.91309，混合模型的估计结果，S_{23} 为 135.4008，根据式4—16计算得出 F_{21} 统计量的值为4.386339, 在5%的显著性水平下 F_{21} 的临界值为1.313882, F_{21} 统计量的值大于临界值, 因此, 拒绝原假设即模型3.2不是变截距模型。继续检验原假设 H_2, 根据 F_{22} 的计算公式（式4—17）得出 $F_{22} = 20.13443$, 5%的显著性水平下 F_{22} 的临界值为1.288419, F_{22} 大于临界值, 因此拒绝原假设 H_2, 即模型3.1也不是混合模型, 结合假设1和假设2, 得出模型3.1属于变系数模型。因此对其参数的估计采用变系数模型估计。

2. Hausman 检验

对模型3.1进行 Hausman 检验, 结果见表4—42。

表4—42　　　　　　　模型3.1 Hausman 检验结果

Correlated Random Effects-Hausman Test

Pool: POOL31

Test cross-section random effects

Test Summary	Chi-Sq. Statistic	Chi-Sq. d. f.	Prob.
Cross-section random	18.167026	3	0.0004

从表4—42可以看出, 模型3.1 Hausman 检验的检验统计量为18.167026, 伴随概率为0.0004, 在5%的显著性水平下拒绝原假设, 即拒绝固定效应模型与随机效应模型不存在系统差异的原假设, 故建立固定效应模型。

同理, 对模型3.2进行 Hausman 检验, 结果见表4—43。

表4—43　　　　　　　模型3.2 Hausman 检验结果

Correlated Random Effects-Hausman Test

Pool: POOL32

Test cross-section random effects

Test Summary	Chi-Sq. Statistic	Chi-Sq. d. f.	Prob.
Cross-section random	70.886003	3	0.0000

从表4—43可以看出, 模型3.2 Hausman 检验的检验统计量为

70.886003，伴随概率为 0.0000，在 5% 的显著性水平下拒绝原假设，即拒绝固定效应模型与随机效应模型不存在系统差异的原假设，故建立固定效应模型。

3. 似然比（Likelihood Radio，LR）检验

根据似然比检验的过程，模型 3.1 检验结果见表 4—44。

表 4—44　　　　模型 3.1 F 检验和 LR 检验结果

Redundant Fixed Effects Tests
Pool：POOL31
Test cross-section fixed effects

Effects Test	Statistic	d. f.	Prob.
Cross-section F	38.191758	(37, 300)	0.0000
Cross-section Chi-square	594.115609	37	0.0000

从表 4—44 的检验结果来看，F 统计量和 LR 统计量的伴随概率分别为 0.0000 和 0.0000，根据原假设，拒绝混合截面模型相对于固定效应模型更有效的假设，因此，模型 3.1 为固定效应模型，这与 Hausman 检验结果相一致。

同理，检验模型 3.2 结果见表 4—45。

表 4—45　　　　模型 2.2 F 检验和 LR 检验结果

Redundant Fixed Effects Tests
Pool：POOL32
Test cross-section fixed effects

Effects Test	Statistic	d. f.	Prob.
Cross-section F	29.961933	(37, 301)	0.0000
Cross-section Chi-square	528.029184	37	0.0000

从表 4—45 的检验结果来看，F 统计量和 LR 统计量的伴随概率分别为 0.0000 和 0.0000，根据原假设，拒绝混合截面模型相对于固定效应模型更有效的假设，因此，模型 3.2 也为固定效应模型，这与 Hausman 检

验结果相一致。

4. 线性模型估计

通过对线性模型3.1和模型3.2的检验，应该建立变系数固定效应模型，但鉴于本章主要考虑我国规模以上工业行业总体环境规制强度对工业产业绩效的影响情况，加上变系数固定效应模型的回归结果中，横截面较多，导致每个行业的解释变量的参数估计值显著性较差，大多数都没有通过10%显著性水平下的t检验，因此环境规制与产业绩效的模型仍采用变截距固定效应模型的形式。

线性模型3.1的估计结果见表4—46。

表4—46　　线性模型3.1变截距固定效应模型估计结果

Dependent Variable：LNAS？　　　Method：Pooled Least Squares
Sample (adjusted)：2007 2013
Included observations：7 after adjustments
Cross-sections included：38
Total pool (unbalanced) observations：263
Convergence achieved after 8 iterations

Variable	Coefficient	Std. Error	t-Statistic	Prob.
C	1.903928	0.29098	6.543158	0.000000
LNER？	-0.00676	0.016081	-1.420351	0.067600
LNSI？	0.087111	0.031982	2.723783	0.007000
HF？	1.159426	0.580888	1.995952	0.047200
AR (1)	0.438827	0.06277	6.991078	0.000000
AR (2)	-0.16394	0.065538	-2.501461	0.013100

Fixed Effects (Cross)							
1—C	0.032619	14—C	0.409823	27—C	-0.082872
2—C	0.641894	15—C	0.084376	28—C	-0.162467
3—C	0.523821	16—C	-0.199937	29—C	0.009586
4—C	0.598360	17—C	0.067033	30—C	-0.509299
5—C	0.510603	18—C	0.027036	31—C	-0.204547
6—C	0.889042	19—C	-0.336424	32—C	-0.544730

续表

	Fixed Effects (Cross)
7—C	0.111134	20—C	-0.200380	33—C	0.005376
8—C	0.252230	21—C	0.144060	34—C	0.037623
9—C	0.271619	22—C	-0.391134	35—C	0.319001
10—C	0.668505	23—C	-0.054180	36—C	-0.889318
11—C	-0.082980	24—C	0.019965	37—C	-0.256081
12—C	0.117984	25—C	-0.653549	38—C	-1.370677
13—C	0.357800	26—C	-0.305094		

Effects Specification

Cross-section fixed (dummy variables)			
R-squared	0.897352	Mean dependent var	2.733144
Adjusted R-squared	0.877755	S.D. dependent var	0.442694
S.E. of regression	0.154781	Akaike info criterion	-0.745135
Sum squared resid	5.270607	Schwarz criterion	-0.161095
Log likelihood	140.9853	Hannan-Quinn criter.	-0.510423
F-statistic	45.79139	Durbin-Watson stat	1.881591
Prob (F-statistic)	0.0000		

从表4—46来看，由于该模型存在时间序列的二阶序列相关性，因此采用迭代法［AR（1）、AR（2）］对其进行修正，修正之后的DW为1.881591，不存在一阶序列自相关，调整的可决系数（Adjusted R-squared）为0.877755，说明方程总体质量较好，F统计量的值为45.79139，伴随概率为0.0000，说明方程线性关系显著存在，在10%的显著性水平下，解释变量都通过了t检验，说明3个解释变量对被解释变量都有显著性影响，模型3.1的回归方程如下：

$$LN(AS_{it}) = 1.903928 + C_i - 0.00676LN(ER_{it}) + 0.087111LN(SI_{it})$$
$$(-1.420351) \quad (2.723783)$$
$$+ 1.159426HF_{it} + AR(1) + AR(2)$$
$$(1.995952)$$

$$\bar{R}^2 = 0.877755 \quad F = 45.79139 \quad DW = 1.881591 \quad (4—23)$$

从回归方程（4—23）来看，环境规制强度短期与产业总资产贡献率呈反向关系，即环境规制强度增强1%，总资产贡献率下降0.00676%，虽然影响程度较小，但环境规制在短期内仍是产业绩效提升的障碍，环境规制政策的实施增加了企业的成本，导致短期利润和产业绩效下降；产业规模与产业集中度与总资产贡献率（产业绩效）呈正向关系，其参数估计值分别为0.087111和1.159426，表明产业规模每扩大1%，总资产贡献率提高0.087111%，产业集中度每提高1个单位，总资产贡献率提升1.159426个单位，随着产业规模的扩大，产业总体盈利能力增强，这也说明我国规模以上工业行业平均处于规模报酬递增阶段，即工业化初级阶段；产业集中度越高，垄断程度和市场势力越强，利润越高，因此产业集中度与总资产贡献率呈正向关系。

同理，线性模型3.2的回归结果见表4—47。

表4—47　　　　线性模型3.2变截距固定效应模型估计结果

Dependent Variable: LNLA?　　Method: Pooled Least Squares
Sample: 2005 2013　　Included observations: 9
Cross-sections included: 38　　Total pool (balanced) observations: 342
Cross-section SUR (PCSE) standard errors & covariance (d. f. corrected)

Variable	Coefficient	Std. Error	t-Statistic	Prob.
C	9.015814	0.88341	10.20569	0.0000
LNER?	0.062269	0.019957	3.120082	0.0020
LNSI?	0.340137	0.10037	3.388829	0.0008
HF?	-1.96343	0.934413	-2.10124	0.0365
Fixed Effects (Cross)					

1—C	-0.37921	14—C	-0.20967	27—C	-0.55292
2—C	1.278791	15—C	-0.35664	28—C	-0.42436
3—C	0.392486	16—C	-0.21246	29—C	-0.3267
4—C	0.426559	17—C	-0.04819	30—C	-0.31907
5—C	0.236294	18—C	-0.74467	31—C	-0.4825
6—C	1.894816	19—C	0.837059	32—C	-0.76395
7—C	-0.26039	20—C	-0.32588	33—C	-0.10604
8—C	-0.22315	21—C	-0.12086	34—C	-0.3413
9—C	0.192565	22—C	0.029385	35—C	0.90385

续表

Fixed Effects (Cross)					
10—C	2.752209	23—C	-0.34301	36—C	0.147526
11—C	-0.9281	24—C	-0.65562	37—C	1.001774
12—C	-0.9476	25—C	-0.05398	38—C	0.280581
13—C	-0.88788	26—C	-0.35976		

Effects Specification			
Cross-section fixed (dummy variables)			
R-squared	0.838875	Mean dependent var	11.99767
Adjusted R-squared	0.817463	S.D. dependent var	0.725418
S.E. of regression	0.30993	Akaike info criterion	0.607127
Sum squared resid	28.91309	Schwarz criterion	1.066856
Log likelihood	-62.8187	Hannan-Quinn criter.	0.79027
F-statistic	39.1778	Durbin-Watson stat	1.858177
Prob (F-statistic)	0.0000		

从表4—47的回归结果来看，方程整体质量较好，调整的可决系数（Adjusted R-squared）为0.817463，F统计量的值为39.1778，伴随概率为0.0000，方程线性关系显著，在10%的显著性水平下，3个解释变量都通过了t检验，说明环境规制强度、产业规模和产业集中度对全员劳动生产率有显著性影响，具体回归方程如下：

$$LN(LA_{it})9.015814 + C_i + 0.062269LN(ER_{it}) + 0.340137LN(SI_{it})$$
$$(3.120082) \qquad (3.388829)$$
$$(-1.96343HF_{it})$$
$$(-2.10124)$$

$$\bar{R}^2 = 0.817463 \quad F = 39.1778 \quad DW = 1.858177$$

$$(4—24)$$

从回归方程（4—24）来看，环境规制强度对全员劳动生产率存在正向影响，即环境规制强度增强1%，全员劳动生产率提高0.062269%，环境规制强度在模型3.2中对产业绩效起到了激励作用；产业规模与全员劳动生产率呈正向关系，产业规模扩大1%，全员劳动生产率提高

0.340137%，其促进作用远远大于环境规制强度；产业集中度与全员劳动生产率呈反向变动关系，产业集中度每提高1个单位，全员劳动生产率下降1.96343个单位。

5. 非线性模型估计

同理，对模型3关于环境规制与产业绩效的非线性模型（式4—10和式4—11）进行检验估计，结果如表4—48。

表4—48　　环境规制与总资产贡献率非线性模型估计结果

Variable	Coefficient	Std. Error	t-Statistic	Prob.
C	0.951572	0.467631	2.034877	0.0427
LNER?	−0.009618	0.011295	−0.851489	0.3952
LN^2ER?	0.005367	0.001100	4.881231	0.0000
LNSI?	0.187692	0.053986	3.476663	0.0006
HF?	1.199297	0.575587	2.083607	0.0380

从表4—48来看，在10%的显著性水平下，LN^2ER?参数估计值的t检验是显著，且参数估计值0.005367大于0，因此，环境规制与总资产贡献率之间存在"U"形关系，即环境规制强度由弱变强，对产业绩效由阻碍作用变为激励作用。

同理，对模型3环境规制与R&D支出的非线性关系进行检验估计，结果如表4—49所示。

表4—49　　环境规制与全员劳动生产率非线性模型估计结果

Variable	Coefficient	Std. Error	t-Statistic	Prob.
C	8.652431	0.319839	27.05246	0.0000
LNER?	0.147431	0.038575	3.821904	0.0002
LN^2ER?	0.023991	0.008262	2.903815	0.0040
LNSI?	0.375162	0.035335	10.61736	0.0000
HF?	−1.675551	0.879327	−1.905492	0.0577

从表4—49的非线性估计结果来看，在10%的显著性水平下LN^2ER?

参数估计值通过了 t 检验，且参数估计值 0.023991 大于 0，表明环境规制与全员劳动生产率之间也存在"U"形的非线性关系（图 4—10）。

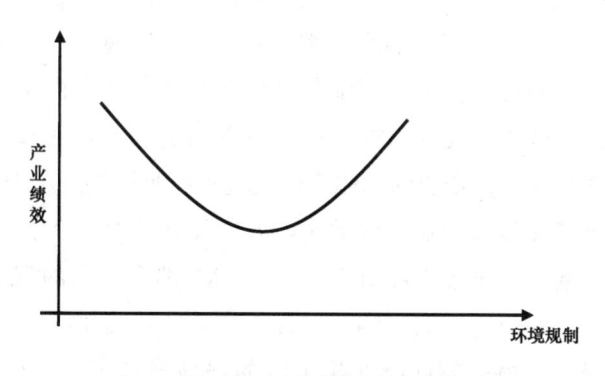

图 4—10　环境规制的库茨涅茨曲线

结合以上环境规制强度与产业绩效的两个衡量指标的"U"形关系检验分析表明，2005—2013 年我国 38 个规模以上工业行业的产业绩效与环境规制强度之间存在"U"形关系（图 4—10），即随着环境规制强度的增强，产业绩效先下降后上升。长期来看，环境规制政策有利于产业绩效的提高，最终可以实现环境治理与经济发展双赢的效果，这与库茨涅茨曲线的内涵也是相符的，即随着收入水平的上升，环境污染呈现先上升后下降的"倒 U"形特征。

（三）结论

（1）环境规制强度与产业绩效之间呈"U"形关系（图 4—10）。从线性模型 3.1 的回归结果来看，环境规制强度与产业绩效之间呈反向变动，即随着环境规制强度的增强，产业绩效在下降，而在线性模型 3.2 中，环境规制强度与产业绩效之间呈正向关系，而且正向关系的影响大于反向关系（模型 3.2 环境规制强度的参数估计值大于模型 3.1），为此建立了环境规制强度与产业绩效的非线性模型，结果显示，环境规制强度对我国 2005—2013 年 38 个工业行业产业绩效的影响呈"U"形，即环境规制强度由弱变强的过程中，产业绩效先下降后上升，这种"U"形关系也说明了随着我国环境规制强度的增强，对产业绩效的激励作用越来越明显，加强工业行业的环境规制强度不但可以有效遏制目前日益严重的环境问题,还可以通过提高产业绩效实现经济发展,最终达到经济与环境协调发展的"双赢"目的。

（2）产业规模的扩大有利于产业绩效的提高。线性模型与非线性模型中产业规模对于产业绩效的影响都是正向的,可见,产业规模的扩大有利于产业绩效的提高,一方面随着规模的扩大,企业的边际成本在下降,利润上升,产业绩效得到提升；另一方面随着产业规模扩大,企业的劳动生产率在提高,企业的总体经济效益和产业绩效进一步提升。

（3）产业集中度对产业绩效的影响存在不确定性。无论是线性模型还是非线性模型,产业集中度对总资产贡献率都有正向的促进作用,但对全员劳动生产率却呈反向影响。一方面产业集中度的提高有利于总资产贡献率的提升,另一方面产业集中度的提高降低了全员劳动生产率,而且正向与反向影响程度相当,导致产业集中度与产业绩效的关系不确定。这主要是由于产业集中度的提高虽然能够带来规模经济,使企业交易成本下降,市场势力和垄断加强,将会获取更多的利润,产业绩效提高,但与此同时由于垄断程度的加深,长期来看,企业将会失去技术创新的动力,导致劳动生产率下降,产业绩效下降。因此,产业集中度与产业绩效之间的关系不确定。

第四节 结论

一 环境规制是工业企业进入的障碍之一

从模型1的回归结果来看,环境规制仍然是目前我国工业行业企业进入的障碍性因素,但其阻碍作用较小,这与目前部分学者研究的结论有所不同,一方面是研究的时间跨度不同,现有研究成果主要集中在2006年之前,其结论是环境规制不是企业进入的障碍,但本章实证分析表明,环境规制已成为企业进入工业行业的阻碍因素之一,这也说明我国对环境问题的重视程度越来越高,表现在环境规制强度逐年提高（表4—8）；另一方面也说明环境规制政策的实施的确增加了企业进入成本,这与现有研究成果相一致。而且环境规制对企业进入的障碍作用较小,在今后的环境规制政策设计过程中就应该主要考虑环境治理效果,而不需要过多考虑对行业企业进入的影响,尤其是资源开采、金属冶炼等高污染行业，严格的环境规制政策可以起到阻止企业进入的作用，达到减少环境污染的目的。

二 环境规制对工业产业技术创新的激励作用不明显，但有利于技术创新

从模型 2 来看，环境规制对技术创新的激励作用不明显，虽然部分已有研究指出，环境规制对技术创新存在激励与阻碍两种作用，但本章却得出了只存在激励作用的结论，说明现阶段我国实施的环境规制政策有利于我国工业产业技术创新，虽然作用不明显，但这种激励作用为我国今后制定环境规制政策提供了理论依据，即通过严格的环境规制政策不仅可以解决环境问题，还可以促进我国工业行业的技术创新。

三 环境规制与工业产业绩效呈"U"形关系

非线性模型 3 从两个方面测度了环境规制与工业产业绩效的关系，结果表明"U"形关系显著存在。这也印证了文献综述部分关于两者关系呈"U"形的观点，从这种"U"形关系可以看出，随着我国环境规制强度的增强，其对工业产业绩效的阻碍作用逐步减弱，从较长的时间来看，环境规制强度的增强，有利于工业产业绩效的提高，最终通过产业绩效的提高实现环境污染治理与经济发展"双赢"的目的，这个结论在区域视角是否具有普遍性，将在第五章进行分析验证。

第五章

环境规制对工业产业绩效的影响
——基于东、中、西部区域视角

污染转移导致西部地区的环境污染日益严重,为了招商引资,西部地区不惜以环境为代价引进了纺织、化工、电镀、制革、印染等高污染行业,甚至以零规制引进企业,在缓解中部环境污染的同时,西部地区的环境问题却日益严重。为此,加强西部地区环境规制是当下解决环境问题的必然选择,但由于区域差异,西部地区环境规制政策和东中部地区应差别对待,这就需要从环境规制与企业进入、环境规制与产业技术创新、环境规制与产业绩效等方面全面考察环境规制给工业产业绩效带来的影响,以便制定与西部地区经济社会和生态环境相适应的环境规制政策。

第一节 问题的提出与模型设定

由于我国长期的区域政策倾斜,导致东、中、西区域经济发展差异显著。东部地区作为全国经济发展和改革开放的前沿地带,其经济发展水平处在全国前列,但伴随着经济的高增长,环境却遭受了巨大的破坏,经济发展遭遇到了环境瓶颈。中部崛起战略的实施是否能够实现环境与经济的双赢?西部大开发战略及"一带一路"战略在推动西部地区经济快速发展的同时,是否能够改变"先污染后治理"的粗放式发展途径?而要很好地处理环境与经济发展之间的关系问题,首先要了解环境规制在东、中、西部地区对产业绩效影响的差异性,只有根据环境规制与产业绩效之间确切的影响关系，才能够设计针对不同地区的、与经济发展和环境保护相适应的规制政策，实现经济社会与生态环境的可持续发展。

根据第四章环境规制与产业绩效之间的关系模型，本章仍以文献综述中的"波特假说"为理论前提，通过对我国东、中、西区域环境规制与工业产业绩效的实证分析来论证"波特假说"的有效性和区域差异性，采用第四章关于衡量工业产业绩效的三个指标：企业进入、技术创新和产业绩效，企业进入和技术创新仍然是衡量产业绩效的重要指标，将全国31个省区市划分为东、中、西三个区域，并以此设定模型。东部地区包括北京、天津、河北、辽宁、上海、江苏、浙江、福建、山东、广东和海南11个省区市，中部地区包括山西、吉林、黑龙江、安徽、江西、河南、湖北、湖南8个省区市，西部地区包括四川、重庆、贵州、云南、西藏、陕西、甘肃、青海、宁夏、新疆、广西、内蒙古12个省区市，由于西藏地区数据缺失太多，从样本中剔除，本章的区域研究对象就是东部地区的11个省区市、中部地区的8个省区市和西部地区的11个省区市共计30个省区市，由于部分省份环境数据缺失，本章采用了从2005—2013年共9年的数据[1]。

一 模型1：环境规制与企业进入

模型1设定的过程和包含的变量与第四章4.1.1的模型类似，环境规制在企业进入方面仍然会产生阻碍效应，随着环境规制强度由弱变强，企业的环境规制成本上升，企业进入的必要资本量会增加，由于成本上升一方面阻止企业进入，另一方面也可能会导致部分企业退出，影响企业进入的除了环境规制因素之外，和第四章的模型1一样，产业规模、必要资本量、利润率仍然是影响企业进入的重要因素，由于销售增长率在整个工业层面难以进行衡量，因此，本章模型1不包含销售增长率的变量，建立模型如下：

$$LN(NU_{it}) = \beta_{0it} + \beta_{1it}LN(ER_{it}) + \beta_{2it}LN(SI_{it}) \\ + \beta_{3it}LN(CA_{it}) + \beta_{4it}PR_{it} + \varepsilon_{it} \quad (5—1)$$

---

[1] 本章东、中、西三大区域划分是按照统计局网站上的划分标准，将我国划分为东部、中部和西部三大经济地区。

在模型 5—1 中，下标 t 表示时间，i 表示省份，NU 表示企业数量，ER 表示环境规制强度，SI 表示产业规模，CA 表示资本必要量，PR 表示产业利润率，ε 为随机干扰项。

以上模型中各变量的含义如下：

（1）企业进入数量指标（Number）：和第四章企业进入数量的含义一样，以当年规模以上工业企业数量作为企业进入数量的替代指标。

（2）环境规制强度（Environmental Regulation Intensity）：仍然以千元规模以上工业产值的污染治理成本作为环境规制强度的衡量指标，计算公式为：

环境规制强度(千元/元) = (污染治理成本 ÷ 工业总产值) × 1000

（3）产业规模（Size）：用规模以上工业总产值来衡量。

（4）必要资本量（Capital）：与第四章计算公式相同，以当年的规模以上工业资产总额除以规模以上企业数量作为必要资本量。

必要资本量 = 产业资产总额 ÷ 产业内企业数量

（5）利润率（Profit）：用规模以上工业产业的总利润与销售收入的比值作为销售利润率，计算公式为：

销售利润率(%) = 销售利润 ÷ 销售收入 × 100%

二 模型 2：环境规制与技术创新

环境规制与技术创新的内涵与第四章模型 2 相同，两者之间的关系如文献部分所述，一方面，环境规制增加了企业成本，为了降低成本提高竞争力，企业会进行技术创新以达到环境规制标准，技术创新尤其是环境技术创新不但可以提高产品的工艺水平，进而提高产品竞争力，增加企业利润，产业绩效也相应提高；另一方面，环境规制对企业投资的挤出效应，导致企业将部分 R&D 支出投入到环境治理中，使得 R&D 支出减少，进而影响企业的技术创新能力，本章从区域视角来分析环境规制与技术创新的差异性，在指标的选择上，环境规制强度仍然用第四章模型 1 的指标：

环境规制强度(千元/元) = (污染治理成本 ÷ 工业总产值) × 1000

技术创新指标从投入产出两个方面衡量，与模型 2 一样有专利申请数（PA）和 R&D 支出两种指标，专利申请数为技术创新的产出指标，

R&D 支出为投入指标，但在环境规制技术创新的区域差异分析中，环境规制作为影响技术创新的因素之一，其模型变量选择和模型形式与第四章的变量与模型选择存在差异，第四章主要是以影响行业技术创新的中微观指标，如产业规模、产业集中度等，但从区域差异视角分析，指标的选择将比行业指标更为宏观，根据目前有关环境规制与技术创新的省域视角分析来看，主要有以下几种：

（1）企业层面的函数形式。被解释变量为专利申请数和 R&D 支出，环境规制、企业规模为解释变量进行两个方程回归，得出在中长期，环境规制对产业技术创新具有激励作用。

（2）技术创新产出的 C—D 函数形式。被解释变量为专利授予数，解释变量为 R&D 支出（资金投入）、科技人员数（人力投入）、经济发展水平（人均 GDP）和环境规制（工业污染治理项目本年度完成投资额）。西部地区环境规制对产业技术创新能力的激励作用最大。

（3）被解释变量为专利授权数，分为发明专利、外观设计专利和实用新型专利三种，解释变量为环境规制、R&D 支出、科技人员数量和受教育水平，得出环境规制对我国西部地区技术创新具有激励作用，尤其是对发明专利的正向影响最大，"创新补偿"说得到了有效验证。

（4）技术创新产出的柯布—道格拉斯生产函数形式。被解释变量为发明专利的授权数量，解释变量为人力资本存量（劳动力数量与人力资本水平的乘积）、固定资产存量和环境规制强度，结果表明环境规制对技术创新存在区域差异，而且对东部地区有明显的正向影响，对中、西和东北地区的正向影响不显著。

（5）环境规制与技术创新的"门槛效应"函数形式。专利授权量为被解释变量，解释变量为科技人员数量、科技活动经费支出、人力资本水平（受教育年限）和环境规制强度。得出环境规制与技术创新在东、中、西三个区域都呈负向关系，且存在人力资本的门槛效应，即环境规制要发挥对技术创新的激励作用必须和一定的人力资本相结合，而在西部地区人力资本的门槛效应仍不显著。

结合以上省域层面环境规制与技术创新的实证研究情况，和第四章一样，本章模型的设定基于两个方面，一是对"波特假说"的验证；二是对门槛效应存在性的验证。基于此，以柯布—道格拉斯生产函数为依据，从技术创新的投入产出角度建立如下非线性模型：

$$LNPA_{it} = \beta_{0it} + \beta_{1it}LNER_{it} + \beta_{2it}LN^2ER_{it} + \beta_{3it}LNRD_{it} + \beta_{4it}LNPG_{it}$$
$$+ \beta_{5it}LNLB_{it} + \beta_{6it}LNER_{it} \cdot LNLB_{it} + \mu_{it} \quad (5—2)$$

在模型 5—2 中，下标 t 表示时间，i 表示个体，PA 表示专利申请数，ER 表示环境规制强度，RD 表示产业 R&D 支出，PG 表示人均 GDP，LB 表示科技人员数量，μ 为随机干扰项。

以上模型中各变量的含义如下：

（1）专利申请数（PA）：和第四章的含义相同，虽然有很多技术创新的衡量指标，包括专利授权数、发明专利、实用新型专利及外观设计专利等，但从技术创新的投入产出角度来看，专利进入申请阶段，技术创新已经开始，只是还没有进入产品生产阶段，但其技术创新已经完成或者通过改进之后即将进入产品生产阶段，也就是说专利进入申请阶段就可以视为技术创新的产出，因此本章仍采用规模以上工业产业专利申请数作为衡量技术创新的指标。

（2）环境规制强度（ER）：环境规制强度和第四章一样，以千元规模以上工业产值的污染治理成本作为环境规制强度的衡量指标，计算公式为：

环境规制强度（千元/元）=（污染治理成本÷工业总产值）×1000

（3）LN^2ER：由于部分学者（文献综述部分）研究认为，环境规制与技术创新存在诸如"倒 U"形非线性关系，为此，加入 LN^2ER 构建环境规制与技术创新的非线性模型。

（4）R&D 支出（RD）：作为技术创新的资本投入要素，用规模以上工业 R&D 内部经费支出来衡量。

（5）人均 GDP（PG）：一个地区的经济发展水平决定了该地区技术创新能力的大小，本章选择以 2000 年为基期的人均 GDP 作为衡量经济发展水平的指标。

（6）人力资本（LB）：人力资本投入是技术创新的基础，科技人员的数量与一个地区技术创新能力大小具有直接的关系，本章用规模以上工业科技人员数量作为衡量技术创新投入的人力资本指标。

（7）环境规制与人力资本交叉项（LNER×LNLB）：为了验证东、中、西不同地区环境规制与技术创新存在的人力资本"门槛效应"及差异性，该指标用人力资本与环境规制强度的乘积来表示。

三 模型3：环境规制与全要素生产率

本章环境规制与产业绩效的关系问题主要从省域层面进行分析，与第四章行业分析不同的是，行业产业绩效用总资产贡献率和全员劳动生产率来衡量，而在省域层面，由于分析对象为规模以上工业总体情况，无法用总资产贡献率和全员劳动生产率的行业绩效指标来衡量。因此，本章用工业全要素生产率来衡量工业产业绩效，选取包含环境规制在内的影响全要素生产率的解释变量，建立面板数据模型。目前研究区域环境规制与产业绩效模型的差异主要是产业绩效的衡量和影响产业绩效变量的选择及模型设定形式三个方面。

工业全要素生产率。分析工业全要素生产率的方法主要有参数估计法和非参数估计法。参数估计法也叫索罗余值法，包括收入份额法和计量模型法，非参数估计法主要有指数法和包络数据法。

参数估计法（索罗余值法）主要采用C—D生产函数，在技术中性、规模报酬和生产者均衡的条件下，采用C—D生产函数来测算资本与劳动投入的全要素生产率。

$$Y_{it} = A_{it} K_{it}^{\alpha} L \beta_{it} \qquad (5—3)$$

Y代表工业总产出，A代表技术水平，K和L分别代表资本和劳动投入，i为区域，t为时间。对式5—3进行数学变换，得到全要素生产率的测定公式如下：

$$TFP_{it} = P_L^{\beta/(\alpha+\beta)} P_K^{\alpha/(\alpha+\beta)} \qquad (5—4)$$

$P_L = Y/L$ 为劳动生产率，$P_K = Y/K$ 为资金生产率，式5—4表明全要素生产率为劳动生产率和资金生产率的几何加权平均数。

非参数估计法主要是DEA-Malmquist方法。该方法根据菲尔建立的考察两个时期生产率变化的Malmquist指数来测度全要素生产率，这种估算方法直接利用线性优化给出边界生产函数与距离函数的估算，和参数估算法相比，无须对生产函数形式和分布做出假设，从而避免了参数估计法的理论约束。

$$M_0 = (x_t, y_t, x_{t+1}, y_{t+1}) = \left[\frac{D_0^{t+1}(x_{t+1}, y_{t+1})}{D_0^{t+1}(x_t, y_t)} \times \frac{D_0^{t}(x_{t+1}, y_{t+1})}{D_0^{t}(x_t, y_t)} \right]^{\frac{1}{2}} \qquad (5—5)$$

式5—5中，(x_t, y_t)表示第t期的投入产出量，(x_{t+1}, y_{t+1})表示t+1期的投入产出量，D_0^t和D_0^{t+1}分别表示以t和t+1时期的技术为参照的距离函数，基于t时期产出角度的Malmquist指数为：

$$M_0^t = (x_t, y_t, x_{t+1}, y_{t+1}) = \frac{D_0^t(x_{t+1}, y_{t+1})}{D_0^t(x_t, y_t)} \qquad (5—6)$$

基于t+1时期产出角度的Malmquist指数为：

$$M_0^{t+1} = (x_t, y_t, x_{t+1}, y_{t+1}) = \frac{D_0^{t+1}(x_{t+1}, y_{t+1})}{D_0^{t+1}(x_t, y_t)} \qquad (5—7)$$

为避免时期选择的随意性导致的差异，凯夫斯等人用式5—6和式5—7的几何平均值即式5—5作为衡量从t到t+1时期全要素变化的Malmquist指数，分析中，本章将我国东、中、西的每个省作为一个决策单元，运用以上基于DEA的Malmquist指数来估算各省工业全要素生产率，当该指数大于1时，表示从t到t+1时期工业全要素生产率是增长的；当该指数小于1时，表示从t到t+1时期工业全要素生产率是下降的；当该指数等于1时，表示从t到t+1时期工业全要素生产率不变。

上述衡量全要素生产率的Malmquist指数又可以分解为技术效率指数（EHCH）和技术进步指数（TECH），分解过程如下：

$$M_0 = (x_t, y_t, x_{t+1}, y_{t+1}) = \frac{D_0^{t+1}(x_{t+1}, y_{t+1})}{D_0^{t+1}(x_t, y_t)} \times \left[\frac{D_0^t(x_{t+1}, y_{t+1})}{D_0^{t+1}(x_{t+1}, y_{t+1})} \right.$$
$$\left. \times \frac{D_0^t(x_t, y_t)}{D_0^{t+1}(x_t, y_t)} \right]^{\frac{1}{2}} = EHCH \times TECH \qquad (5—8)$$

式5—8中的技术效率指数（EHCH）表示每个观测对象从t到t+1时期距离最佳实践的追赶程度，反映了实际产出水平与技术前沿的差距，通过缩小两者的差距提高全要素生产率水平。大于1表示技术效率提高，也就是大多数地区能够及时跟进前沿技术，整体技术效率得到提升；小于1表示技术效率降低，即地区间技术效率差距拉大，整体技术效率下降，等于1表示技术效率不变。技术效率又可以进一步分解为纯技术效率（PECH）[①]和规模效率（SECH）两个指数。

技术进步指数（TECH）表示从t到t+1时期每个观测对象的技术边

---

① 纯技术效率（PECH）：在规模报酬可变下所得的技术效率，不包括规模经济效应。

界移动,指在投入保持不变的情况下,前沿技术带来的产出额外增长率。这里的技术进步不仅包括生产技术和工艺的创新与引进,也包括制度变革等带来的产出变化,数值大小表示技术进步对产出的贡献率。大于1表示技术进步,对产业绩效有正的贡献率,小于1表示技术退步,等于1表示技术无变化。

DEA 模型要求每一个决策单元的所有指标都具有可比性,因此在环境规制约束下,本章以各省规模以上工业的固定资产净值和流动资产余额之和作为资本投入的衡量指标,年末从业人员数为劳动力投入,以工业增加值为正产出,以工业 COD 与 SO_2 的排放量为负产出变量建立 DUM 的有效生产前沿面,对我国 30 个省区市(西藏除外)的工业全要素生产率进行测算,并以(全要素生产率)TFP 和 TECH(技术进步)为被解释变量建立面板数据模型 3.1 和模型 3.2:

模型 3.1:

$$TFP_{it} = \beta_{0it} + \beta_{1it}LNER_{it} + \beta_{2it}LN^2ER_{it} + \beta_{3it}LNRD_{it} + \beta_{4it}LNVA_{it} + \beta_{5it}LNLB_{it} + \beta_{6it}LNER_{it} \cdot LNLB_{it} + \mu_{it} \quad (5—9)$$

模型 3.2:

$$TECH_{it} = \beta_{0it} + \beta_{1it}LNER_{it} + \beta_{2it}LN^2ER_{it} + \beta_{3it}LNRD_{it} + \beta_{4it}LNVA_{it} + \beta_{5it}LNLB_{it} + \beta_{6it}LNER_{it} \cdot LNLB_{it} + \mu_{it}$$

$$(5—10)$$

在式 5—9 和式 5—10 中,下标 t 表示时间,i 表示个体,TFP 表示产业绩效,TECH 表示技术进步,ER 表示环境规制强度,RD 表示产业 R&D 支出,VA 表示资本投入,LB 表示人力投入,μ 为随机干扰项。

以上模型中各变量的含义如下:

(1)产业绩效(TFP):产业绩效用工业全要素生产率来衡量,与第四章的衡量指标不同,本章的目的是测度各省区市环境规制强度对工业产业绩效的影响程度,选取规模以上工业为研究内容,不再划分行业,因此,产业绩效的衡量也是以工业全要素生产率即 Malmquist 指数来表示。

(2)技术进步(TECH):技术进步是衡量技术创新的重要指标,模型 3 用规模以上工业全要素生产率计算的 Malmquist 指数(TFP)分解成技术效率指数（effch）和技术进步指数（techch）。

（3）环境规制强度（ER）：与模型2类似，以千元工业产值的污染治理成本来衡量。

（4）LN^2ER：由于部分学者（文献综述部分）研究认为，环境规制与产业绩效之间存在诸如"U"形非线性关系，为此，加入LN^2ER构建环境规制与工业产业绩效的非线性模型。

（5）R&D支出（RD）：作为产业绩效的资本投入要素，用规模以上工业R&D内部经费支出来衡量。

（6）资本投入（VA）：作为产业绩效提高的资本投入要素，用规模以上工业固定资产投资净值和流动资产余额之和衡量。

（7）人力资本（LB）：人力资本投入是产业绩效提高的基础，科技人员的数量与一个地区技术创新能力大小具有直接的关系，本章用规模以上工业科技人员数量作为衡量产业绩效投入的人力资本指标。

（8）环境规制与人力资本交叉项（LNER×LNLB）：为了验证东、中、西不同地区环境规制与工业产业绩效是否存在人力资本的"门槛效应"及差异性，该指标用人力资本与环境规制强度的乘积来表示。

第二节　数据分析及平稳性检验

一　工业产业污染排放及治理状况

（一）污染排放情况

随着经济发展和工业化进程的推进，随之而来的环境污染也愈加严重，尤其是在产业结构调整和转型升级的背景下，我国中、西部地区的环境污染问题也日益突出，污染排放量的存量和工业污染治理投资逐年增加，具体情况见图5—1。

从图5—1来看，我国东、中、西三大区域化学需氧量（COD）排放量总体上呈上升趋势，尤其是2010—2011年，三大区域增长超过100%以上，之后有所下降，但排放总量比2010年之前高出30%左右，从图中可以看出，东部地区排放总量远远大于中西部地区，2013年之后，东、中部地区的COD排放量和占比开始下降，而且下降的速度快于西部地区，一方面说明三大区域整体污染排放减少，另一方面也说明东中部地区产

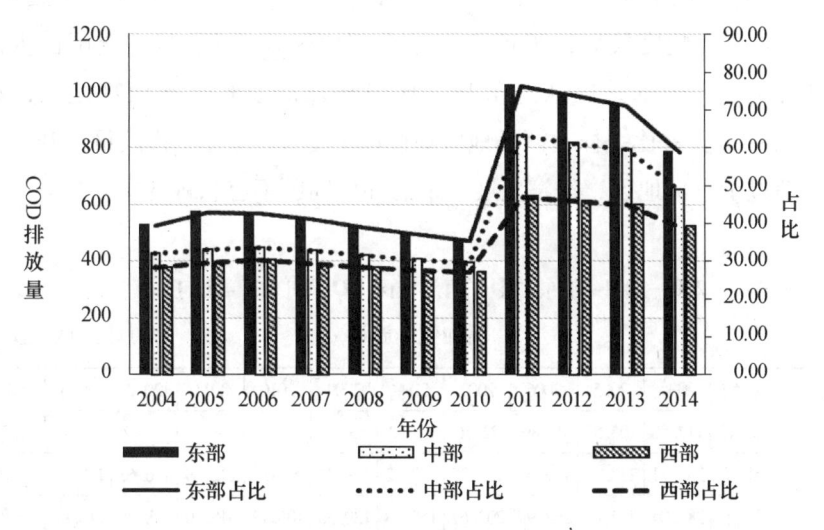

图 5—1　2004—2014 年我国东、中、西规模以上工业产业化学需氧量排放及占比

业转移与升级取得成效，但西部地区作为东中部地区产业转移的承接地，承接产业的同时，也给西部地区本就脆弱的生态环境带来巨大影响。

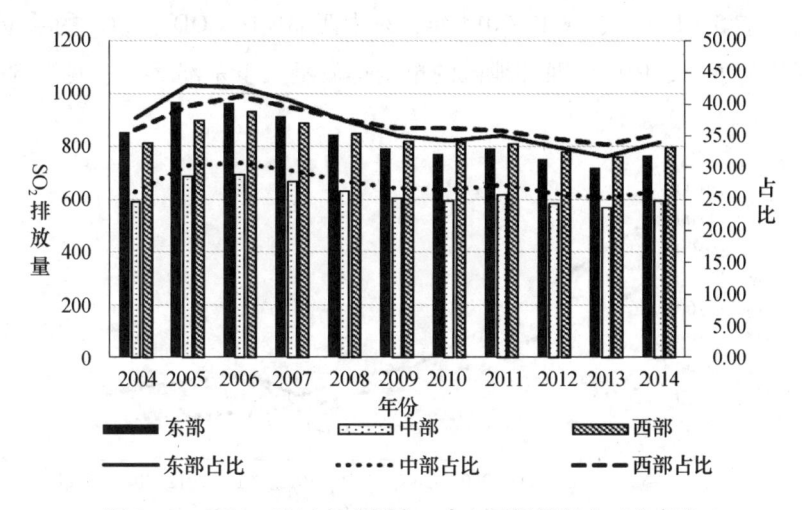

图 5—2　2004—2014 年我国东、中、西规模以上工业产业二氧化硫排放及占比

从 SO₂ 排放量来看，从 2006 年开始，东、中、西部呈现下降趋势，东部地区下降幅度较大，2008 年开始东部地区 SO₂ 排放量占全国比重低于西部地区，中部地区从总量和占比来看都低于东部和西部地区，和 COD 排放量及占比一样，西部地区规模以上工业产业 SO₂ 排放量上升，且占比超过了东部地区，经济发展带来的环境问题不容忽视。

表5—1　2004—2014 年东、中、西部地区 COD 和 SO₂ 单位工业增加值排放量　　　　　　　　单位：吨/亿元

污染物	区域	2004	2005	2006	2007	2008	2009	2010	2011	2012	2013	2014
COD	东部	117.88	105.53	88.89	72.56	58.40	53.17	42.76	79.11	71.82	65.48	51.28
	中部	282.71	232.71	195.68	154.50	120.72	109.31	83.05	142.89	126.63	118.22	92.08
	西部	387.04	324.40	263.99	203.67	154.38	139.56	106.12	146.10	128.86	118.93	96.85
SO₂	东部	190.04	177.53	149.94	120.31	94.69	84.57	69.48	61.30	54.65	49.32	49.84
	中部	388.80	359.86	301.69	235.21	180.49	161.84	124.91	104.22	90.57	84.27	83.75
	西部	827.72	736.81	606.60	462.19	346.08	308.42	238.16	187.74	163.42	149.97	147.40

从规模以上工业增加值的单位污染排放量（以下简称单位排放量）来看（表5—1），从 2004—2014 年，东中西部地区 COD 和 SO₂ 的单位排放量逐年下降，但中、西部地区的单位排放量大于东部地区（见图5—3 和图5—4）。

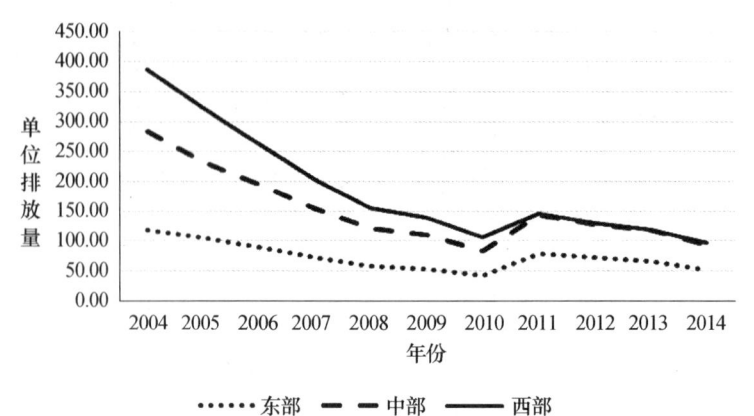

图5—3　2004—2014 年东、中、西部地区规模以上工业增加值 COD 单位排放量

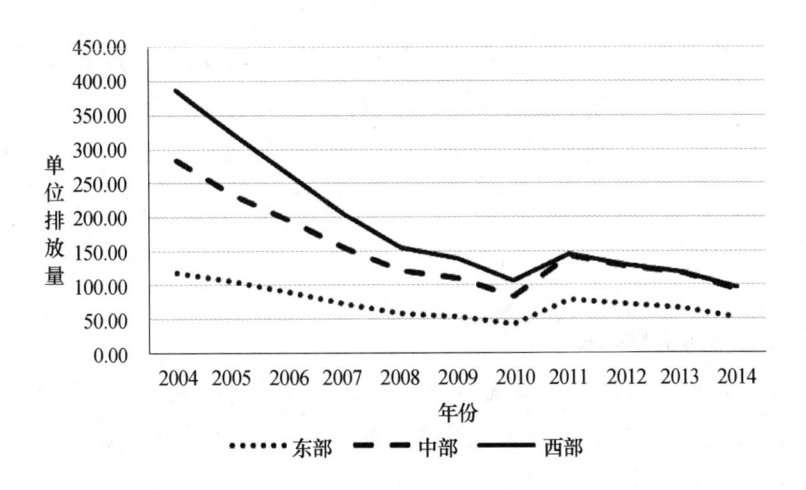

图 5—4　2004—2014 年东、中、西部地区规模以上工业增加值 SO$_2$ 单位排放量

从图 5—3 和图 5—4 来看，西部地区 COD 和 SO$_2$ 的单位排放量都大于东、中部地区，这说明虽然东部地区污染排放总量较中、西部大，但其资源利用效率较高，产业转型升级效果显著，中、西部地区虽然排放总量较东部地区小，但单位排放量较大，相对资源利用效率低，尤其是西部地区，单位排放量是东部地区的 2—4 倍，因此，提高资源利用效率、加快产业转型升级不仅是东、中部地区的战略选择，也是避免西部地区"先污染，后治理"发展模式的必然选择。

(二) 工业污染治理投资情况

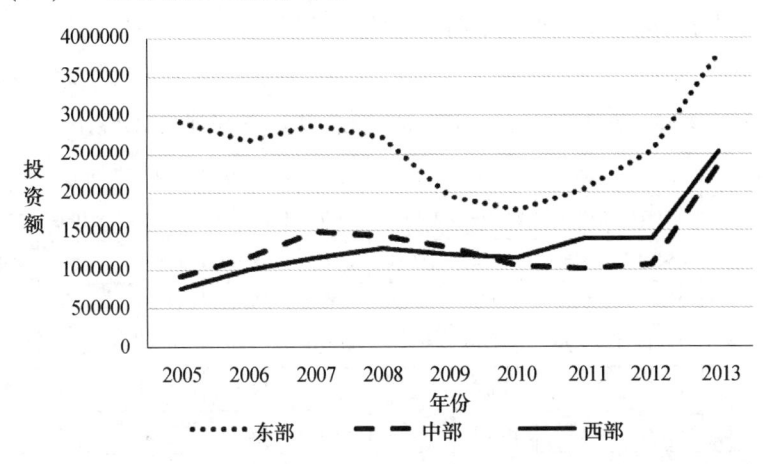

图 5—5　2005—2013 年东、中、西部地区规模以上工业污染治理投资

从规模以上工业污染治理投资情况来看,中、西部地区逐年上升,而东部地区从2010年开始明显加大治理投资力度,但横向来看,东部地区规模以上工业污染治理投资额远远大于中西部地区,并收到了较好的效果,资源利用效率大大提高,单位污染排放量大幅度降低(图5—3和图5—4及图5—5)。

二 样本区域选择

基于区域视角分析环境规划对工业产业绩效的影响,本章依照我国三大区域划分,东部11省区、中部8省区、西部12省区,从企业进入、技术创新和产业绩效三个方面建立环境规制对工业产业绩效的影响模型,由于西藏地区统计数据缺失较多,其他省份的环境数据在2003年之前缺失严重,因此本章选取2005—2013年共9年全国30个省区(西藏除外)的数据。

三 模型1数据来源及分析

本章根据2006—2014年《中国统计年鉴》《中国环境年鉴》和《中国科技统计年鉴》及各省区市统计年鉴中的相关数据,来计算和整理出模型1、模型2、模型3的基础数据(附表5—1至附表5—11)。

(一) 企业进入(NU)

从规模以上工业企业数量来看,东、中、西部地区差距较大(表5—2),大部分规模以上工业企业分布在东部地区。

表5—2 2005—2013年东、中、西部地区规模以上工业企业数量及占比

区域	2005	2006	2007	2008	2009	2010	2011	2012	2013
东部	196907	218278	242799	305544	306724	314924	213863	221993	236728
中部	45484	51169	58474	75981	81471	88700	72561	79296	86893
西部	29247	32310	35395	44500	46079	49151	39129	42416	46116
东部占比	72.44	72.29	72.10	71.70	70.61	69.54	65.68	64.58	64.01
中部占比	16.73	16.95	17.36	17.83	18.76	19.59	22.28	23.07	23.50
西部占比	10.76	10.70	10.51	10.44	10.61	10.85	12.02	12.34	12.47
全国	271835	301961	336768	426113	434364	452872	325609	343769	369813

从表5—2来看，无论是绝对数量还是占全国比重，东部地区都集中了全国60%以上的工业企业，而西部地区只占了10%左右，近十年来，中部地区规模以上工业企业数量逐年增加，东部地区有所下降，而西部地区变化不大，这也说明东部地区产业转移的方向主要是中部地区。

(二)环境规制(ER)

规模以上工业产业环境规制强度以千元规模以上工业产值的污染治理成本作为环境规制强度的衡量指标，值越大表明环境规制强度越大，我国及三大区域2005—2013年规模以上工业产业环境规制强度如图5—6所示。

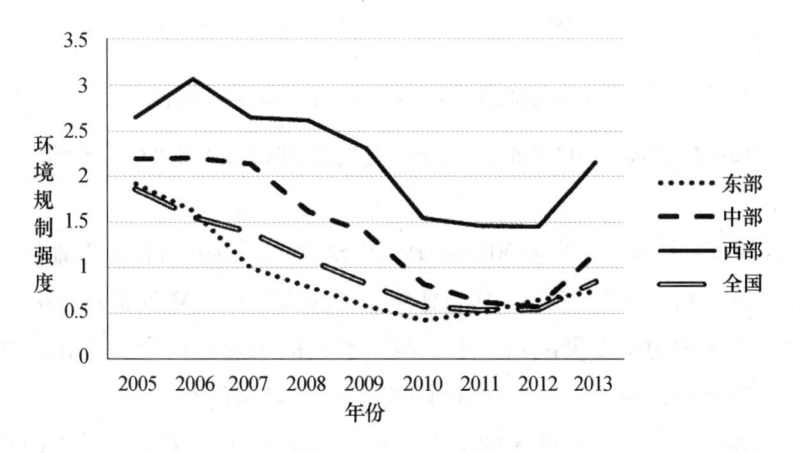

图5—6 2005—2013年我国及三大区域规模以上工业平均环境规制强度

从图5—6来看，我国规模以上工业产业平均环境规制强度呈先下降后上升的趋势，从2011年开始全国和三大区域的规模以上工业产业环境规制强度都开始增强，一方面表明我国对环境治理的强度增强，另一方面也表明环境问题的日趋严重性和治理的紧迫性。从图5—6来看，西部地区规模以上工业产业的平均环境规制强度最高，中、西部地区的平均值高于全国平均水平，而东部地区相对较低，接近或低于全国的平均水平，这与图5—3和图5—4西部地区规模以上单位工业增加值污染物（COD和SO_2）排放量高于东、中部地区相一致，虽然西部地区规模以上工业发展水平较低，但东、中部产业向西部地区转移带来的环境问题不可忽视，较高的环境规制强度有利于西部地区生态环境治理与保护。

(三) 产业规模 (SI) 与必要资本量 (CA)

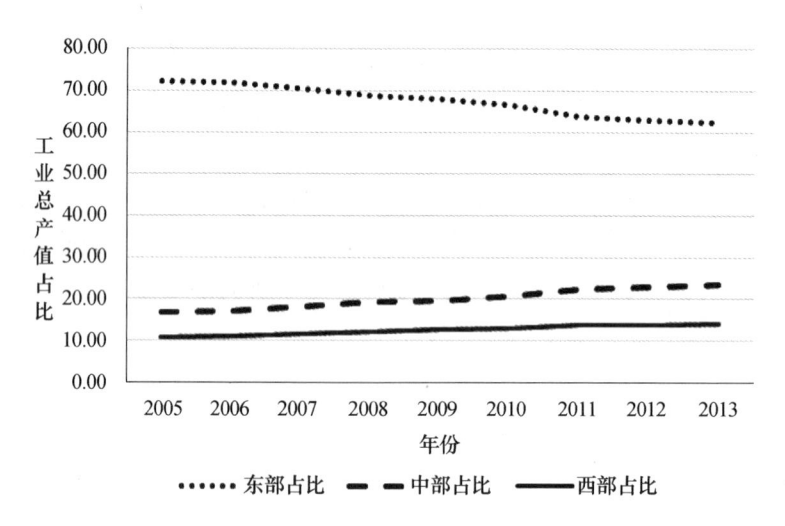

图 5—7　2005—2013 年东、中、西部地区规模以上工业总产值占比情况

从图 5—7 来看，我国 60% 以上的规模以上工业分布在东部地区，西部地区只占到了 10% 左右，中部地区占到 20% 左右，自西部大开发以来，我国实施区域均衡发展战略，中、西部地区的工业总产值占全国的比重逐年上升，而东部地区的占比有所下降，但绝对值仍在上升。

必要资本量是企业进入的必要门槛，其大小决定了企业进入门槛的高低，我国三大区域规模以上工业企业进入门槛的平均水平见图 5—8。

从图 5—8 可以看出，西部地区规模以上工业企业的进入门槛要高于东、中部地区，并且呈逐年上升趋势。西部地区的工业企业主要是以能源资源开采开发为主，而这些企业的特点就是需要大量的资本投入，门槛也就相对较高，相对于东、中部地区，西部地区制造业、轻工业等进入门槛低的工业产业发展不足。

(四) 利润率 (PR)

规模以上工业产业利润率的大小是吸引企业进入的重要因素，由于我国东、中、西部地区资源禀赋等差异，规模以上工业产业利润率也存在区域差异 (见图 5—9)。

从图 5—9 来看，中西部地区规模以上工业企业平均利润率高于东部

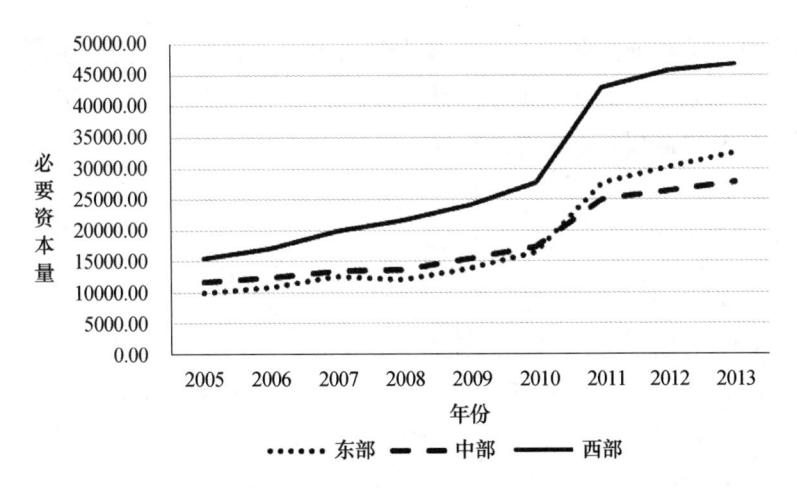

图 5—8　2005—2013 年东、中、西部地区规模以上工业企业平均必要资本量

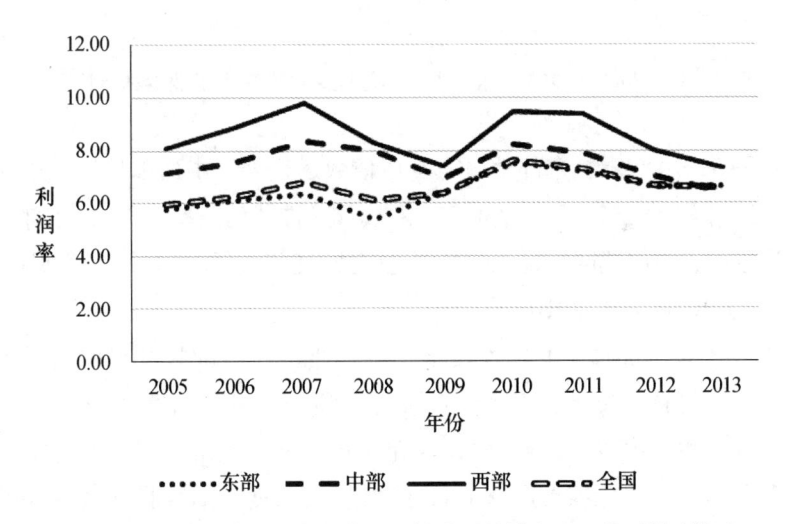

图 5—9　2005—2013 年东、中、西部地区规模以上工业平均利润率

和全国平均水平，这也有利于吸引更多的工业企业到西部地区，促进东部地区产业转型升级。

四　模型 2 数据来源及分析

（一）专利申请数（PA）

专利申请数是企业技术创新的衡量指标之一，本章用规模以上工业产业专利申请数衡量各省区工业技术创新水平，我国东、中、西部地区由于经济基础、资本投入等差异性导致区域之间的技术创新水平也存在差异，专利申请数差距较大，具体见图5—10。

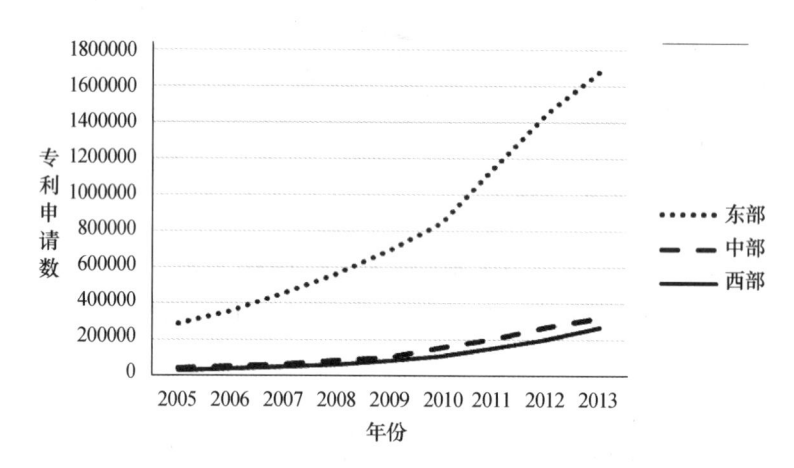

图5—10　2005—2013年东、中、西部地区规模以上工业专利申请数

从图5—10来看，东部地区专利申请数远远大于中西部地区，中西部地区在绝对量上相当，而且从增速来看（图中曲线的斜率更大），东部地区也远快于中、西部地区，这说明东部地区技术创新水平高于中、西部地区。

(二) R&D 支出 (RD)

作为技术创新的资本投入要素，指产业研究与试验发展费用，主要用于产品、材料、技术、工艺、标准等的研究、开发过程中发生的各种费用，本章用规模以上工业 R&D 内部经费支出来衡量，用其值与规模以上主营业务收入之比衡量产业 R&D 经费投入强度，测度我国区域规模以上工业产业 R&D 支出差异，结果见图5—11。

从图5—11来看，我国东、中、西部地区 R&D 经费投入强度差距较大，西部地区企业在自主创新方面的投入和努力大于东中部及全国平均水平，说明西部地区规模以上工业企业科研经费投入较大，这为西部地区工业技术创新与经济发展奠定了基础，而东中部地区与全国投入强度相当，均低于西部地区。

(三) 人均 GDP (PG)

人均 GDP 是区域经济发展水平的衡量指标之一，我国 2005—2013 年

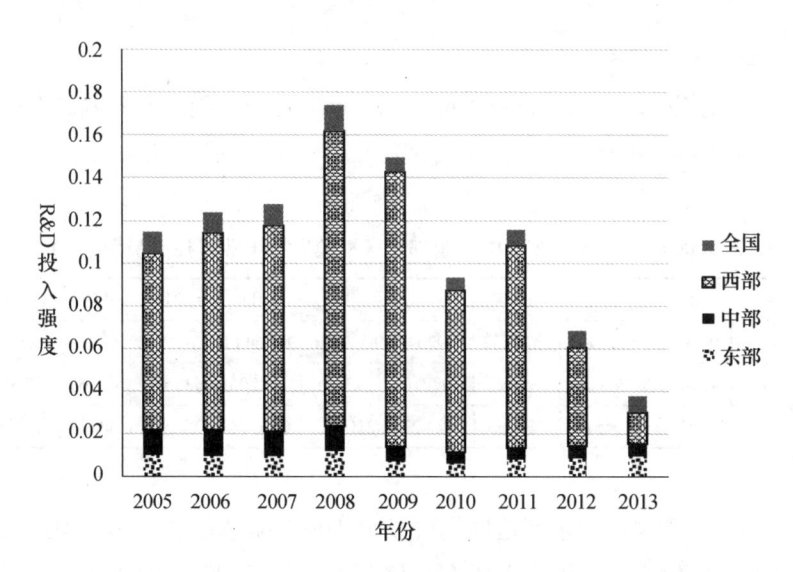

图 5—11 2005—2013 年东、中、西部地区规模以上工业 R&D 经费投入平均强度

东、中、西三大区域人均 GDP 及增速情况见图 5—12。

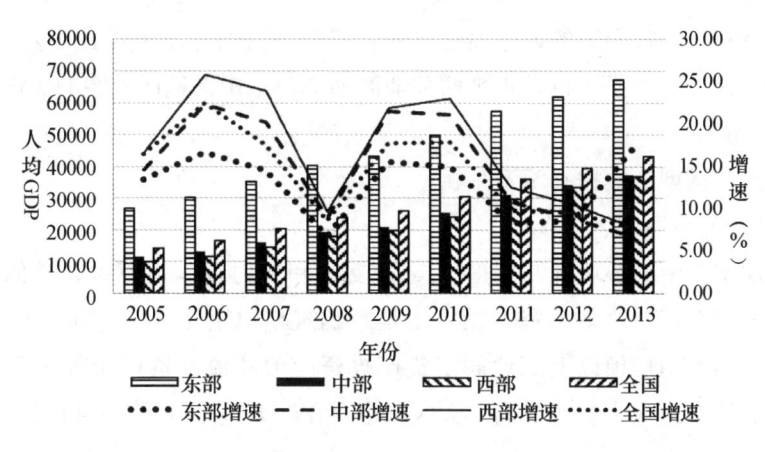

图 5—12 2005—2013 年东、中、西部地区人均 GDP 及增速

从图 5—12 可以看出，东部地区人均 GDP 远远高于中西部地区，但从增速来看，西部地区增速高于全国及东中部地区，这不仅说明西部地区经济发展增速较快，也表明我国东、中、西三大区域之间的发展差距在逐步缩小。2013 年西部地区人均 GDP 与中部地区基本持平，2010 年开始三大区域及全国人均 GDP 增速下降，这与我国整体经济增长速度下降有关。

（四）人力资本（LB）

本章用规模以上工业科技人员数来衡量影响技术创新的人力资本投入，我国三大区域在规模以上工业领域的人力资本投入差距较大（见表5—3）。

表5—3　2005—2013年东、中、西部地区规模以上工业科技人员数　　单位：人

区域	2005	2006	2007	2008	2009	2010	2011	2012	2013
东部	945958	1095905	1317252	2292347	1309356	1536449	1763542	2127756	2319754
中部	431814	492079	541240	707710	393851	463205	532558	614693	700975
西部	272459	304513	343065	426822	210600	230588	250576	308774	354955

从表5—3来看，东部地区规模以上工业产业人力资本投入比中西部地区的总和还多，而且差距还在不断扩大，从2005年的1.3倍增大到2013年的2.2倍，人力资本投入的差距带来的工业产业技术创新的差距，使工业发展和经济发展差距愈加明显。一方面东部地区优越的地理位置和较高的收入水平吸引更多的人才东南飞，另一方面西部地区艰苦的工作环境和缺乏吸引力的人才引进机制，将会使人力资本差距进一步扩大。因此，人力资本投入将是未来西部地区缩小与东中部地区差距的关键。

五　模型3数据来源及分析

（一）资本投入（VA）

模型3中的环境规制强度、R&D支出和人力资本与模型2类似，除了以上三个指标之外，资本投入也是影响规模以上工业产业绩效的重要因素，本章用规模以上工业固定资产投资净值和流动资产余额之和来衡量，从资本投入来看，我国三大区域也存在较大差距（表5—4）。

表5—4　2005—2013年东、中、西部地区规模以上工业平均资本投入

区域	2005	2006	2007	2008	2009	2010	2011	2012	2013
东部	13447.26	16131.4	19479.13	22504.57	26308.11	30288.8	33180.02	36625.21	39907.55
中部	5315.191	6264.44	7635.334	9484.5	11089.29	13450.77	15728.59	18029.9	20568.07
西部	3063.155	3677.888	4495.383	5624.212	6706.738	8149.74	9397.748	11133.73	12584.64

从表5—4可以看出，我国东、中、西部地区规模以上工业产业的平均资本投入差距也较大，这也是导致东、中、西部地区产业绩效差距的主要原因之一，与人力资本投入相比，从2005—2013年，中西部地区资本投入与东部地区的差距从1.6倍缩小至1.2倍，说明中西部地区在工业发展基础方面的投入在不断加大，这也有利于缩小我国区域之间经济发展差距。

（二）全要素生产率及分析

1. 全要素生产率投入产出指标的统计描述

本章取2005—2013年各变量的平均增长率，并对其平均增长率进行统计描述，结果见表5—5。

表5—5　2005—2013年规模以上工业全要素生产率投入产出指标的统计描述

地区	平均增长率	均值	标准差	最大值	最小值
东部	劳动力投入	4.05	4.24	23.75	-9.07
	资本投入	15.24	7.47	42.06	-1.07
	工业增加值	14.14	8.23	34.70	-9.36
	COD排放量	9.93	38.88	219.24	-10.63
	SO$_2$排放量	-1.67	10.34	44.04	-32.95
中部	劳动力投入	2.79	6.32	29.67	-29.67
	资本投入	17.94	6.52	40.54	5.19
	工业增加值	18.56	10.32	34.34	-9.04
	COD排放量	11.49	42.81	255.07	-6.50
	SO$_2$排放量	0.46	8.91	36.19	-14.45
西部	劳动力投入	5.40	12.82	86.82	-49.06
	资本投入	18.97	7.93	40.16	-6.23
	工业增加值	19.84	11.20	45.55	-11.37
	COD排放量	11.30	38.00	234.18	-15.34
	SO$_2$排放量	1.08	12.19	69.86	-42.35

从我国区域划分来看，东、中、西部地区工业平均增长速度相当，近十年来，中部地区和西部地区的工业发展平均增速还略高于东部地区，从污染排放量来看，2005—2013年，中部地区COD排放量年均增长9.93%，而SO$_2$排放量年均减少1.67%，中部和西部地区的COD排放量年均增长都

大于东部地区，SO_2 排放量年均也呈弱增长，由此看来，西部地区工业发展与环境的不协调性更加明显。在研究期内，三大区域及多数省份 COD 排放量呈下降趋势，说明我国对工业污水的治理成效较为明显，但 SO_2 排放量却仍呈增长趋势，空气污染依然严重，并且在减少 SO_2 排放量方面的规制效果甚微。从三大区域 COD 和 SO_2 指标的标准差来看，差距不大，说明三大区域内污染物排放量增长率的差异性水平相似，和前期一些学者的计算结果比较发现[1]，2005—2013 年三大区域 COD 和 SO_2 排放量的增长率有所增加，标准差相比增大，这说明区域内污染物排放量的差异性越来越大。

2. 环境约束下规模以上工业全要素生产率增长及其分解

（1）各地区规模以上工业全要素生产率增长及其分解。

根据全要素生产率投入产出的研究方法及数据，运用 DEAP2.1 软件计算得到两种类型的规模以上工业全要素生产率及其分解，第一种考虑环境约束（COD 和 SO_2），第二种不考虑环境约束，投入为劳动力和资本，规模以上工业增加值为产出，表 5—6 是两种情况下 2005—2013 年中国各省份规模以上工业全要素生产率增长及其分解。

表 5—6　2005—2013 年各地区规模以上工业全要素生产率增长及其分解

地区		有环境约束					无环境约束				
		effch	techch	pech	sech	tfp	effch	techch	pech	sech	tfp
东部	北京	0.964	1.117	0.964	1.000	1.077	0.964	1.111	0.964	1.000	1.071
	天津	0.999	1.035	0.999	0.999	1.033	0.999	1.035	0.999	0.999	1.033
	河北	0.971	1.011	1.000	0.971	0.981	0.968	1.024	0.981	0.986	0.991
	辽宁	1.032	1.039	1.024	1.008	1.072	1.032	1.033	1.034	0.998	1.066
	上海	0.957	1.080	0.968	0.989	1.034	0.957	1.081	0.968	0.989	1.035
	江苏	0.993	1.032	1.005	0.988	1.024	0.993	1.032	1.008	0.985	1.024
	浙江	0.986	1.033	0.994	0.992	1.019	0.986	1.033	0.994	0.992	1.019
	福建	0.993	1.025	0.997	0.995	1.017	0.993	1.025	0.997	0.995	1.017
	山东	0.969	1.019	1.000	0.969	0.988	0.969	1.018	0.991	0.978	0.987

---

[1]　王兵、王丽在《环境约束下中国区域工业技术效率与生产率及其影响因素实证研究》中计算了 1998—2007 年我国工业增加值、工业 COD 和工业 SO_2 排放量的年均增长率。

续表

地区		有环境约束					无环境约束				
		effch	techch	pech	sech	tfp	effch	techch	pech	sech	tfp
东部	广东	0.996	1.025	1.000	0.996	1.021	0.996	1.024	1.000	0.996	1.021
	海南	1.018	0.961	1.000	1.018	0.979	0.982	1.039	1.000	0.982	1.020
中部	山西	0.978	0.948	0.992	0.985	0.927	0.953	1.012	0.964	0.989	0.965
	吉林	1.023	1.032	1.022	1.001	1.056	1.030	1.029	1.027	1.002	1.060
	黑龙江	1.000	1.019	1.000	1.000	1.019	0.977	1.019	0.978	0.999	0.995
	安徽	0.991	1.017	1.000	0.991	1.008	0.991	1.025	1.000	0.991	1.016
	江西	0.990	0.986	0.992	0.998	0.977	0.987	1.013	0.989	0.998	1.000
	河南	0.961	1.006	1.000	0.961	0.967	0.959	1.023	0.985	0.974	0.982
	湖北	1.028	1.012	1.030	0.998	1.041	1.031	1.018	1.038	0.993	1.049
	湖南	1.000	0.994	1.000	1.000	0.994	1.001	1.019	1.001	1.000	1.021
西部	重庆	0.983	0.985	0.983	0.999	0.968	0.981	1.021	0.978	1.003	1.002
	四川	1.008	1.000	0.995	1.013	1.008	1.012	1.026	1.024	0.989	1.038
	贵州	1.000	0.864	1.000	1.000	0.864	0.983	1.024	0.977	1.007	1.007
	云南	0.980	0.996	0.979	1.001	0.976	0.976	1.027	0.974	1.002	1.002
	陕西	1.030	0.997	1.030	1.000	1.027	1.039	1.017	1.040	0.998	1.057
	甘肃	1.032	0.954	1.031	1.001	0.984	1.004	1.018	1.004	1.000	1.022
	青海	1.025	0.999	1.052	0.975	1.024	1.025	1.031	1.053	0.973	1.057
	宁夏	1.031	0.941	1.000	1.031	0.971	0.995	1.026	1.039	0.958	1.021
	新疆	0.997	1.021	1.000	0.997	1.018	0.962	1.044	0.957	1.005	1.004
	广西	1.000	0.927	1.000	1.000	0.927	1.007	1.025	1.006	1.002	1.033
	内蒙古	1.000	1.040	1.000	1.000	1.040	1.010	1.081	1.005	1.005	1.091
东部平均		0.995	1.065	1.000	0.995	1.060	0.995	1.063	1.000	0.995	1.058
中部平均		1.000	0.974	1.000	1.000	0.974	1.000	1.016	1.000	1.000	1.016
西部平均		1.000	0.970	1.000	1.000	0.970	1.011	1.045	1.000	1.011	1.056
全国平均		0.989	1.036	1.000	0.989	1.025	0.987	1.032	1.000	0.987	1.019

注：全要素生产率（TFP）分解成技术效率指数（effch）和技术进步指数（techch），技术效率指数（effch）进一步分解成纯技术效率指数（pech）和规模技术效率指数（sech）。

从表5—6可以看出，不考虑环境约束因素，整个样本期内，全国规模以上工业总体平均全要素生产率指数（TFP）为1.019，年均增长1.9%，其中技术进步增长率为3.2%，效率改善的贡献为 -0.013%，相比王兵等计算的我国1998—2007年工业全要素生产率较低。分区域来看，东部地区规模以上工业全要素生产率年均增长最快，西部次之，中部最慢，这说明西部大开发战略在促进西部地区工业经济发展方面取得了一定成效。东部地区全要素生产率年均增长5.8%，其中技术进步年均增长率为6.3%，效率改善的年均贡献为-0.005%；中部地区规模以上工业全要素生产率年均增长1.6%，其中技术进步年均增长率为1.6%，效率改善的年均贡献为0；西部地区规模以上工业全要素生产率年均增长5.6%，其中技术进步年均增长率为3.2%，效率改善的年均贡献为-0.013%，相比较而言，东部和西部地区规模以上工业全要素生产率年均增长快于中部和全国水平，而效率改善方面全国及三大区域都处于较低水平，表明全国及东、中、西区域内大部分地区规模以上工业整体技术与前沿技术差距较大，而且各省份之间的技术差距也较为明显，规模以上工业全要素生产率的提升主要依靠技术进步来推动。因此，缩小区域差距一方面依靠技术进步的带动作用，另一方面需要缩小区域之间及各地区之间的技术差距，提升规模以上工业全要素生产率的技术效率指数。

考虑环境约束条件下，规模以上工业全要素生产率的变化情况，从全国30个省区市来看（表5—6），20个省份在环境约束下规模以上工业全要素生产率比无环境约束降低了，占到了2/3，而且中部和西部地区在环境约束下的全要素生产率也低于无环境约束条件下的全要素生产率，全国和东部地区变化不大，这就说明，无环境约束的规模以上工业全要素生产率高估了工业经济增长速度和对经济发展的贡献率。因此，在现实经济问题分析中应该考虑环境约束条件，以环境约束的全要素生产率作为规模以上工业产业绩效的衡量指标。

(2) 历年东、中、西部及全国规模以上工业全要素生产率增长及其比较。

从2005—2013年各地区的平均水平来看，环境约束对规模以上工业全要素生产率具有显著的影响，不考虑环境约束的全要素生产率不但高估了工业发展水平，而且不考虑环境污染也不利于经济的可持续发展和宏观经济政策的制定，从时间序列来看，我国三大区域及全国2005—2013年规模以上工业全要素生产率在有无环境约束下的结果也截然不同（表5—7），由于篇幅有限，各省时间序列的数据见附表5—9。

表5—7　2005—2013年各地区规模以上工业全要素生产率及其比较

年份	东部地区 Y-TFP	东部地区 N-TFP	中部地区 Y-TFP	中部地区 N-TFP	西部地区 Y-TFP	西部地区 N-TFP	全国 Y-TFP	全国 N-TFP
2004—2005	1.080	1.080	1.042	1.108	1.016	1.094	1.042	1.047
2005—2006	1.069	1.069	0.990	1.045	0.988	1.086	1.019	1.022
2006—2007	1.069	1.069	0.963	1.039	0.914	1.054	1.039	1.040
2007—2008	1.108	1.108	0.953	1.027	0.941	1.079	1.026	1.026
2008—2009	0.986	0.986	0.905	0.934	0.896	0.944	0.951	0.951
2009—2010	1.125	1.125	0.999	1.091	0.977	1.123	1.058	1.058
2010—2011	1.121	1.102	1.305	1.080	1.191	1.140	1.239	1.099
2011—2012	1.012	1.012	0.909	0.967	0.976	1.071	0.993	1.002
2012—2013	1.007	1.007	0.898	0.929	0.933	0.981	0.971	0.971
平均值	1.060	1.058	0.974	1.016	1.025	1.056	1.007	1.019

注：Y-TFP：表示有环境约束的规模以上工业全要素生产率；N-TFP：表示无环境约束的规模以上工业全要素生产率。

从表5—7来看，东部地区在环境约束前后规模以上全要素生产率变化不大，只有一年即2010—2011年有环境约束的全要素生产率大于无环境约束的全要素生产率，这也说明，相比较而言，东部地区环境因素对于产业的影响已经开始内化，成为经济发展的内生变量；而中部地区在2005—2013年近十年当中有7年无环境约束而高估了规模以上工业全要素生产率，西部地区在样本期内有8年无环境约束而高估了规模以上工业全要素生产率，从全国来看，样本期内有4年无环境约束下高估了规模以上工业全要素生产率。由此可见，环境约束作为工业经济发展的重要影响因素，在衡量经济发展或产业绩效的模型或指标体系中是不可或缺的，本章所建立的环境规制对工业产业绩效的影响就是以环境约束下的工业全要素生产率（TFP）为被解释变量来进行实证分析。

（三）技术进步及其分析

1. 各地区规模以上工业技术进步增长率及其分解（表5—6）

从表5—6来看，在环境约束下，样本期内，东部地区和中部地区大部分省份的TECH都大于1，表明技术进步对产出增长有正的贡献，东部地区只有海南省的技术进步指数小于1，表明样本期内技术退化，中部地区的山西、江西和湖南也出现技术退化。而西部地区只有四川、内蒙古和新疆三个省区在样本期内呈技术进步,其余省区的 TECH 指数都小于1,技术进步对产出没有正的贡献即是技术退步。对比环境约束与无环境约束下的技术进步状况,无环境约束下,样本期内全国有 18 个省区的技术进步增长率是高估的,尤其是西部地区,11 个省区全部被高估,这说明无环境约束的技术进步并不能真正反映各地区技术进步对产出的贡献,而是要将环境因素考虑在内建立环境规制对技术进步的影响模型,因此,本章用环境约束下的技术进步指数(TECH)为被解释变量建立模型3.2。

2. 历年东、中、西部及全国规模以上工业技术进步率增长及其比较

同全要素生产率一样,环境约束下的技术进步与无环境约束的技术进步也会存在差异,环境约束提高企业生产成本,本用于生产与技术改进的资本被投入到环境治理等活动中。因此,无环境约束的技术进步实际上是高估了其增长率(表5—8),而在现实经济活动中,应该考虑环境规制对于技术进步的影响。

表5—8   2005—2013年各地区规模以上工业技术进步率变化情况及其比较

年份	东部地区		中部地区		西部地区		全国	
	Y-TECH	N-TECH	Y-TECH	N-TECH	Y-TECH	N-TECH	Y-TECH	N-TECH
2004—2005	1.08	1.08	1.042	1.108	1.016	1.051	1.051	1.044
2005—2006	1.069	1.069	0.99	1.045	0.988	1.026	1.037	1.023
2006—2007	1.069	1.069	0.963	1.039	0.914	1.041	1.042	1.039
2007—2008	1.108	1.108	0.953	1.027	0.941	1.079	1.079	1.079
2008—2009	0.986	0.986	0.905	0.934	0.896	0.944	0.945	0.945
2009—2010	1.125	1.125	0.999	1.091	0.977	1.123	1.121	1.121
2010—2011	1.151	1.131	1.305	1.08	1.191	1.14	1.291	1.145
2011—2012	1.128	1.128	0.909	0.967	0.976	1.071	1.016	1.026
2012—2013	0.975	0.975	0.898	0.929	0.933	0.981	0.949	0.949
平均值	1.065	1.063	0.974	1.016	0.97	1.045	1.036	1.032

从 2005—2013 年各地区的平均水平来看,环境约束对规模以上工业技术进步率(TECH)具有显著的影响,和全要素生产率一样,东部地区

无环境约束的技术进步率与有环境约束的差异不大,而中、西部地区在样本期内无环境约束的技术进步率被高估,而在环境约束下中、西部地区技术进步率明显低于东部地区和全国平均水平。由此可见,环境因素对中、西部地区的技术进步影响较大,就全国样本期内平均来看,有无环境约束下的技术进步率变化差别不大,但在进行三大区域的比较分析时,还应以环境约束下的技术进步率为被解释变量建立模型。

六 面板数据单位根检验与协整检验

协整关系的存在是建立多变量模型的必要条件,尤其是面板数据中的时间序列,而协整关系存在的必要条件是序列的单整阶数相同,因此,在建立面板数据模型之前需要对样本数据进行平稳性及协整关系检验,检验结果见表 5—9 至表 5—12。

1. 面板数据的平稳性检验

表 5—9   东、中、西模型 1 的面板数据 LLC 平稳性检验结果

地区	原序列	LLC-Statistic	prob	一阶差分	LLC-Statistic	prob	单整阶数
东部	LNNU?	−3.8465*	0.0001	DLNNU?	−4.4959*	0.0000	I(0)
中部		−4.2671*	0.0000		−3.9840*	0.0000	I(0)
西部		−5.5785*	0.0000		−5.0682*	0.0000	I(0)
东部	LNNER?	−4.1469*	0.0000	DLNER?	−6.2270*	0.0000	I(0)
中部		−3.1279*	0.0009		−3.6410*	0.0001	I(0)
西部		−4.1708*	0.0000		−7.2540*	0.0000	I(0)
东部	LNSI?	−9.2729*	0.0000	DLNSI?	−9.7690*	0.0000	I(0)
中部		−3.8358*	0.0001		−7.5334*	0.0000	I(0)
西部		−4.9574*	0.0000		−8.7491*	0.0000	I(0)
东部	LNCA?	−5.4042*	0.0000	DLNCA?	−5.4350*	0.0000	I(0)
中部		−5.2139*	0.0000		−5.9876*	0.0000	I(0)
西部		−5.0286*	0.0000		−5.1313*	0.0000	I(0)
东部	PR?	−5.0362*	0.0000	DPR?	−11.1800*	0.0000	I(0)
中部		−5.24775*	0.0000		−9.7743*	0.0000	I(0)
西部		−11.1178*	0.0000		−8.23182*	0.0000	I(0)

注:*表示在 1% 显著性水平下拒绝原假设,即以上序列的原序列在时间维度上都是平稳的。

从表5—9来看,东、中、西三大区域所建立的模型1各序列都是0阶单整序列,即原序列是平稳序列,满足协整检验的必要条件,因此对其进行面板数据的协整检验,结果见表5—12。

表5—10　东、中、西模型2的面板数据LLC平稳性检验结果

原序列	LLC-Statistic	prob	一阶差分	LLC-Statistic	prob	单整阶数
LNPA?	-2.4855*	0.0065	DLNPA?	-4.3965*	0.0000	I(0)
LNPA?	-2.7903*	0.0026	DLNPA?	-4.7581*	0.0000	I(0)
LNPA?	-9.7481*	0.0000	DLNPA?	-10.226*	0.0000	I(0)
LNER?	-4.1469*	0.0000	DLNER?	-6.2272*	0.0000	I(0)
LNER?	-3.1279*	0.0009	DLNER?	-3.6415*	0.0001	I(0)
LNER?	-4.9536*	0.0000	DLNER?	-11.415*	0.0000	I(0)
LNRD?	-2.8669*	0.0021	DLNRD?	-8.6538*	0.0000	I(0)
LNRD?	-3.8385*	0.0001	DLNRD?	-5.8407*	0.0000	I(0)
LNRD?	-6.6901*	0.0000	DLNRD?	-7.5321*	0.0000	I(0)
LNPG?	-5.8483*	0.0000	DLNPG?	-39.05*	0.0000	I(0)
LNPG?	-3.9799	0.0000	DLNPG?	-7.1927*	0.0000	I(0)
LNPG?	-18.313*	0.0000	DLNPG?	-8.8868*	0.0000	I(0)
LNLB?	-7.7164*	0.0000	DLNLB?	-12.299*	0.0000	I(0)
LNLB?	-2.8460*	0.0022	DLNLB?	-8.9905*	0.0000	I(0)
LNLB?	-4.0199*	0.0000	DLNLB?	-8.8384*	0.0000	I(0)

注：*表示在1%显著性水平下拒绝原假设,即以上序列的原序列在时间维度上都是平稳的。

从表5—10来看,东、中、西三大区域所建立的模型2各序列都是0阶单整序列,即原序列是平稳序列,满足协整检验的必要条件,因此对其进行面板数据的协整检验,结果见表5—12。

表5—11　东、中、西模型3的面板数据LLC平稳性检验结果

地区	原序列	LLC-Statistic	prob	一阶差分	LLC-Statistic	prob	单整阶数
东部	LNTFP?	-8.2500*	0.0000	DLNTFP?	-12.105*	0.0000	I(0)
中部	LNTFP?	-5.5413*	0.0000	DLNTFP?	-7.0312*	0.0000	I(0)
西部	LNTFP?	-7.3755*	0.0000	DLNTFP?	-8.8667*	0.0000	I(0)

续表

地区	原序列	LLC-Statistic	prob	一阶差分	LLC-Statistic	prob	单整阶数
东部		-6.2969*	0.0000		-9.1548*	0.0000	I(0)
中部	LNTECH?	-7.6973*	0.0000	DLNTECH?	-7.9032*	0.0000	I(0)
西部		-7.2448*	0.0000		-6.4798*	0.0000	I(0)
东部		-4.1469*	0.0000		-6.2272*	0.0000	I(0)
中部	LNER?	-3.1279*	0.0009	DLNER?	-3.6415*	0.0001	I(0)
西部		-4.9536*	0.0000		-11.415*	0.0000	I(0)
东部		-2.8669*	0.0021		-8.6538*	0.0000	I(0)
中部	LNRD?	-3.8385*	0.0001	DLNRD?	-5.8407*	0.0000	I(0)
西部		-6.6901*	0.0000		-7.5321*	0.0000	I(0)
东部		-7.7164*	0.0000		-12.299*	0.0000	I(0)
中部	LNLB?	-2.8460*	0.0022	DLNLB?	-8.9905*	0.0000	I(0)
西部		-4.0199*	0.0000		-8.8384*	0.0000	I(0)
东部		-8.5363*	0.0000		-2.9418*	0.0016	I(0)
中部	LNVA?	-3.9656*	0.0000	DLNVA?	-3.2778*	0.0005	I(0)
西部		-5.7411*	0.0000		-8.6480*	0.0000	I(0)

注：*表示在1%显著性水平下拒绝原假设，即以上序列的原序列在时间维度上都是平稳的。

从表5—11来看，东、中、西三大区域所建立的模型3.1和3.2各序列都是0阶单整序列，即原序列是平稳序列，满足协整检验的必要条件，因此对其进行面板数据的协整检验，结果见表5—12。

2. 面板数据的协整检验

以上面板数据的单位根检验结果显示，3个模型的原序列都是平稳的，即满足协整检验的必要条件，为建立变量之间的长期影响关系，就需要对面板数据进行协整检验，根据面板协整检验的理论方法，本章由于模型和研究对象较多，而截面相对较少，不能进行面板的Johansen检验，而Pedroni面板协整检验具有较多的统计量，相对而言Kao检验的原理和Pedroni原理相同，而检验结果相对容易比较，因此，本章采用Kao检验，其结果见表5—12。

表 5—12　东、中、西模型 1、2、3 的面板协整检验（Kao 检验）

地区	模型1 t-Statistic	模型1 Prob	模型2 t-Statistic	模型2 Prob	模型3.1 t-Statistic	模型3.1 Prob	模型3.2 t-Statistic	模型3.2 Prob
东部	-8.3204*	0.0000	-3.6983*	0.0001	-4.6799*	0.0000	-4.7128*	0.0000
中部	-3.7509*	0.0001	-1.9144**	0.0278	-3.5825*	0.0002	-2.1848**	0.0181
西部	-5.1228*	0.0000	-4.8681*	0.0000	-5.0335*	0.0000	-4.9027*	0.0000

注：*表示在1%的显著性水平下拒绝原假设，即存在协整关系，**表示在5%的显著性水平下拒绝原假设，即存在协整关系。

从表 5—12 的面板协整检验结果来看，模型 1、模型 2、模型 3.1 及模型 3.2 在东、中、西三个样本区域都是存在协整关系的，因此可以建立面板数据模型进行研究。

第三节　模型估计与结论

一　模型 1：环境规制对企业进入的影响

（一）模型设定形式检验

根据第四章模型设定形式检验，由于本章是从区域视角研究环境规制对工业产业绩效的影响，所以三大区域分开进行模型设定形式的检验，相关检验的统计量及结果见表 5—13。

表 5—13　　　　东、中、西模型 1 设定形式检验及结果

地区	S_1	S_2	S_3	F_1	F_1 临界值	F_2	F_2 临界值	模型形式
东部	0.0958	0.3145	2.3426	2.5107*	2.6659	20.6351	2.0325	变截距
中部	0.0494	0.2544	1.1891	2.0655*	2.4636	21.1113	2.3909	变截距
西部	0.1091	0.3924	1.2427	2.5557*	2.6659	20.6351	9.1420	变截距

注：*表示在1%显著性水平下不拒绝原假设。

从表 5—13 的检验结果来看，在 1% 的显著性水平下，东、中、西所对应的 F_1 统计量的值均小于 F_1 临界值，即不拒绝 4.3 中的 H_1 原假设，模型的设定形式都是变截距模型。

(二) 模型效应选择

在模型设定形式检验中得出三大区域都为变截距模型，然后通过 Hausman 检验和似然比检验（LR 检验），来检验三大区域的模型 1 是固定效应变截距模型还是随机效应变截距模型，检验结果见表 5—14。

表 5—14　　　　　模型 1 的固定效应与随机效应变截距模型检验

地区	hausman 检验			LR 检验			
	chi-sq. statistic	prob	效应	F 统计量	prob	LR 统计量	prob	效应
东部	14.0770*	0.0071	固定	54.167*	0.0000	198.79*	0.0000	固定
中部	6.3680	0.1730	随机	31.497*	0.0000	111.03*	0.0000	固定
西部	8.4410**	0.0767	随机	18.202*	0.0000	114.12*	0.0000	固定

注：*表示在5%的显著性水平下拒绝原假设，**表示在10%的显著性水平下拒绝原假设。

根据 5.3.2 的检验结果，东部地区的模型 1 经过 Hausman 检验和 LR 检验都为固定效应，中西部地区的检验结果却出现了不一致的情况，Hausman 检验中西部地区的模型应该为随机效应变截距模型，在 10% 的显著性水平下西部地区的 Hausman 检验也为固定效应，而 LR 检验结果均为固定效应模型，由于两个检验方法的原理不同，根据第四章固定效应和随机效应的性质，最终选择固定效应变截距模型。

(三) 模型估计

对我国东、中、西三大区域的模型 1 进行固定效应变截距模型估计，结果见表 5—15。

表 5—15　　　　　　　　　模型 1 估计结果

变量/地区	东部	中部	西部
	LNNU?	LNNU?	LNNU?
LNER?	-0.0976*	0.063**	0.025*
LNSI?	0.9155*	0.527*	0.365*
LNCA?	-0.691*	-0.745*	-0.781*
R-squared	0.986	0.962	0.998
F-statistic	567.518	138.187	1878.42
prob（F-statistic）	0.0000	0.0000	0.0000

注：*、**分别表示在1%、5%的水平上显著。

从表 5—15 的估计结果来看，由于三个地区的规模以上工业产业的利润率对企业进入的影响都不显著，故剔除利润率的变量，从所剩的变量参数估计值来看，东部地区环境规制仍然是企业进入的障碍，其参数估计值为 -0.0976，表明东部地区环境规制强度每增加 1%，企业进入的难度增大 0.0976%，而中西部地区的环境规制并没有成为规模以上工业行业企业进入的障碍，还有一定的促进作用，但其促进作用也相对较小，说明环境规制并没有阻止中、西部地区企业进入，出现这种差异一方面是东部地区产业转移和升级过程中，环境因素是主要的考虑因素，进入的企业也都是以节约资源的低能耗、高产出为特征的低污染行业，另一方面中、西部地区为了承接东部地区的产业转移，更多的是考虑产业的规模和资本等投入要素，环境因素还没有成为中西部地区企业进入的核心考量因素。相比较而言，中、西部地区必要资本量对企业进入的阻碍作用要大于东部地区（见表 5—15 中 lnca? 的系数大小），而在产业规模方面，三大区域产业规模对企业进入的促进作用差距不大，这就说明中、西部地区企业进入仍然需要解决资本投入问题。

（四）结论

1. 环境规制对企业进入的影响具有差异性

结合三大区域从 2005—2013 年的面板数据模型估计结果来看，我国东、中、西部环境规制对工业产业绩效的企业进入指标影响是不同的。东部地区，环境规制是企业进入的障碍因素。而在中西部地区，环境规制不仅没有阻碍规模以上工业行业的企业进入，而且还有一定的促进作用，结合现实经济发展可知，中西部地区在引进企业时主要以企业资本投入和规模为主要考量因素，目的是通过东部地区产业转移推动中西部地区的工业化进程。因此，环境因素并不是衡量企业能否进入的主要因素。

2. 规模效应方面，东部地区大于中西部地区

从产业规模对企业进入的影响来看，东部地区产业规模每扩大 1%，企业进入数量增加 0.9155%，中、西部地区分别为 0.527% 和 0.365%，说明东部地区的规模效应强于中西部地区，对企业更具有吸引力。

3. 中、西部地区的资本门槛效应大于东部地区

东、中、西部地区的必要资本量每增加 1%，企业数量分别减少

0.691%、0.745%和0.781%,说明西部地区规模以上工业企业进入门槛要高于东部和中部地区,一方面是因为西部地区缺乏良好的工业发展基础,另一方面转移到西部地区的主要以资源密集型和资本密集型产业为主,对于必要资本量相对较高。

二 模型2:环境规制对技术创新的影响

(一)模型设定形式检验

同理,模型2设定形式检验结果见表5—16。

表5—16 东、中、西部模型2设定形式检验及结果

地区	S1	S2	S3	F1	F1临界值	F2	F2临界值	模型形式
东部	0.190735	2.21572	12.03005	1.8928*	2.4951	19.5086	2.4692	变截距
中部	0.2501	4.0166	12.2931	2.7371*	3.006	15.7233	2.9716	变截距
西部	0.7203	4.2724	33.756	1.8081*	2.4951	14.4134	2.4692	变截距

注:*表示在1%显著性水平下不拒绝原假设。

从表5—16的检验结果来看,在1%的显著性水平下,东、中、西部所对应的F1统计量的值均小于F1临界值,即不拒绝第四章第三节中的H_1原假设,模型的设定形式都是变截距模型。

(二)模型效应选择

在模型设定形式检验中得出三大区域都为变截距模型,然后通过Hausman检验和似然比检验(LR检验),来检验三大区域的模型2是固定效应变截距模型还是随机效应变截距模型,检验结果见表5—17。

表5—17 模型2的固定效应与随机效应变截距模型检验

地区	Hausman检验			LR检验				
	chi-sq. statistic	prob	效应	F统计量	prob	LR统计量	prob	效应
东部	57.3471*	0.0000	固定	36.321*	0.0000	167.49*	0.0000	固定
中部	119.04*	0.0000	固定	17.069*	0.0000	80.528*	0.0000	固定
西部	138.88*	0.0000	固定	56.586*	0.0000	204.62*	0.0000	固定

注:*表示在5%的显著性水平下拒绝原假设,**表示在10%的显著性水平下拒绝原假设。

根据表5—17的检验结果，东、中、西部地区的模型2经过Hausman检验和LR检验都为固定效应，因此，最终选择固定效应变截距模型。

（三）模型估计

对我国东、中、西三大区域的模型2进行固定效应变截距模型估计，结果见表5—18。

表5—18　　　　　　　　　　模型2估计结果

变量/地区	东部	中部	西部
	LNPA?	LNPA?	LNPA?
LNER?	-0.3022***	3.6456*	1.3610**
$LN^2ER?$	0.0999*	0.0542	0.0726
LNRD?	0.2151**	0.3638**	-0.0268
LNPG?	1.5407*	1.9624*	1.3379*
LNLB?	-0.0250	0.2624**	0.1511
LNER*LNLB?	0.0382**	-0.3139*	-0.1427**
R-squared	0.9892	0.9296	0.9742
F-statistic	495.01	58.976	194.0303
prob（F-statistic）	0.0000	0.0000	0.0000

注：*、**、***分别表示在1%、5%、10%的水平上显著。

从表5—18的估计结果来看，东、中、西三个地区，环境规制对技术创新指标PA（专利申请数）的影响存在较大差异，东部地区环境规制对技术创新起到阻碍作用，而且环境规制与技术创新之间呈"U"形关系，随着环境规制强度的增强，技术创新水平先下降后上升，也就意味着环境规制长期是有利于技术创新的，中部和西部地区的环境规制对技术创新都起到了促进作用，根据本章第二节中关于东、中、西部地区环境规制强度比较，中、西部地区的环境规制强度大于东部地区，而中、西部地区环境规制与技术创新呈正向变化，也就说明环境规制是有利于促进技术创新的。而"U"形关系在中西部地区并不成立，说明环境规制并没有成为中西部地区技术创新的阻碍因素。R&D支出与技术创新呈正向关系，这在东、中部地区显著成立，而在西部地区并不显著，说明西部地区不仅仅是需要增加科技投入，可能还需要多方面投入以促进技术创新。人均 GDP 在三个地区对技术创新的促进作用相差不大，都起到了积极的促进作用。而在人力资本投入方面，只有中部地区是显著的，东部地区和西部地区并不显著。

（四）结论

（1）"波特假设"在中、西部地区得到验证。虽然东部地区的环境规制与技术创新呈反向关系，但两者之间呈"U"形关系，即从长期来看，环境规制对技术创新还是起到促进作用的，中部地区环境规制强度增加 1%，专利申请数增加 3.6456%，西部地区环境规划强度增加 1%，专利申请数增加 1.361%。因此，从技术创新的视角来看，环境规制有利于提高我国规模以上工业产业绩效。

（2）环境规制约束下，东部地区的人力资本投入对技术创新的促进作用存在"门槛效应"。东部地区，人力资本对技术创新的促进作用是通过环境规制与人力资本的交互影响而实现的，$LNER \times LNLB$？的参数估计值为 0.0382，表明人力资本对技术创新的促进作用受到环境规制强度的限制，人力资本单要素对技术创新的影响并不显著（见表 5—18）。而在中、西部地区这种门槛效应并不存在，人力资本投入仍然是技术创新的重要影响因素，但西部地区并不显著，这主要是 $LNER \times LNLB$？的交互作用较强，环境规制在一定程度上抵消了人力资本对技术创新的促进作用。

三 模型3：环境规制对全要素生产率的影响

（一）模型设定形式检验

同理，模型 3.1 和模型 3.2 设定形式检验结果见表 5—19 和表 5—20。

表5—19　　　东、中、西部模型3.1设定形式检验及结果

地区	S1	S2	S3	F1	F1 临界值	F2	F2 临界值	模型形式
东部	0.1645	0.7737	0.8495	1.3571*	2.4951	1.3079*	2.4692	变截距/混合
中部	0.0416	0.6020	0.6972	5.1267	3.006	2.1409*	2.9716	混合
西部	0.2808	1.1088	1.4928	1.0812*	2.4951	1.3565*	2.4692	变截距/混合

注：*表示在1%显著性水平下不拒绝原假设。

表5—20　　　　东、中、西部模型3.2设定形式检验及结果

地区	S1	S2	S3	F1	F1临界值	F2	F2临界值	模型形式
东部	0.0596	0.6738	0.7924	3.7797	2.4951	1.8650*	2.4692	混合
中部	0.0541	0.4266	0.4866	2.6224*	3.006	2.6097	2.9716	变截距/混合
西部	0.2297	0.9395	1.2302	1.1328*	2.4951	1.3687	2.4692	变截距/混合

注：*表示在1%显著性水平下不拒绝原假设。

从表5—19和表5—20的检验结果来看，根据模型设定形式检验方法，在1%的显著性水平下，东、中、西部所对应的模型3.1和模型3.2设定形式并不相同，东、西部地区模型3.1为变截距模型或混合模型，而中部地区为混合模型，东部地区模型3.2为混合模型，中、西部地区为变截距模型或混合模型。

（二）模型效应选择

确定了模型的设定形式，然后通过Hausman检验和似然比检验（LR检验），来检验三大区域的模型3的效应，即属于固定效应还是随机效应模型，检验结果见表5—21和表5—22。

表5—21　　　　模型3.1的固定效应与随机效应检验

地区	hausman检验			LR检验				
	chi-sq. statistic	prob	效应	F统计量	prob	LR统计量	prob	效应
东部	—	—	—	0.5446	0.8534	6.3668	0.7836	随机
中部	—	—	—					
西部	4.3071	0.7563	随机	2.3324*	0.0179	24.782*	0.0058	固定

注：*表示在5%的显著性水平下拒绝原假设，**表示在10%的显著性水平下拒绝原假设。

表5—22　　　　模型3.2的固定效应与随机效应检验

地区	hausman检验			LR检验				
	chi-sq. statistic	prob	效应	F统计量	prob	LR统计量	prob	效应
东部	—	—	—					
中部	10.269	0.1138	随机	1.1106	0.3643	12.5757	0.2484	随机
西部	4.3019	0.6359	随机	1.9864*	0.0452	21.475*	0.0018	固定

注：*表示在5%的显著性水平下拒绝原假设，**表示在10%的显著性水平下拒绝原假设。

根据表5—21和表5—22的检验结果，除了混合模型外，东、中、西部地区的模型3经过Hausman检验和LR检验，效应存在较大差异，因此，最终效应选择取决于估计结果的拟合度。

（三）模型估计

对我国东、中、西三大区域的模型3.1和模型3.2进行估计，结果见表5—23和表5—24。

表5—23　　　　　　　　　模型3.1估计结果

变量/地区	东部（混合）	中部（混合）	西部（混合）
	TFP?	TFP?	TFP?
LNER?	−0.1476	−0.8165*	−0.2312**
LN^{2}ER?	0.0629*	−0.0379**	0.027*
LNRD?	0.0484**	0.0292*	0.0041*
LNVA?	0.1331*	0.0038	0.0191***
LNLB?	−0.0851**	0.0545**	−0.0126
LNER×LNLB?	0.022**	0.0729*	0.0226**
R-squared	0.4923	0.5056	0.3495
F-statistic	—	—	—
prob（F-statistic）	—	—	—

注：*、**、***分别表示在1%、5%、10%的水平上显著。混合模型没有F统计量。

从表5—23的估计结果来看，东、中、西三个地区，环境规制对规模以上工业全要素生产率（TFP）的影响存在较大差异，东部地区环境规制与全要素生产率呈反向变动，但并不显著（见表5—23），所以环境规制与全要素生产率之间的"U"形关系并不显著存在，环境规制对全要素生产率的促进作用是通过环境规制与人力资本交互影响而实现的，LNER×LNLB?的估计参数为0.022，表明环境规制通过人力资本投入将会促进全要素生产率的提高，而环境规制强度与人力资本投入对全要素生产率的单独影响并不显著。这种交互影响在中西部地区也是存在的，表5—23中中西部地区环境规制与人力资本投入交互项的参数估计值为正，并且是显著的。从环境规制的二次项（LN^{2}ER）系数来看，中部地区环境规制与全要素生产率之间呈"倒 U"形关系,随着环境规制强度的增大,中部地区规模以上工业全要素生产率先上升后下降,而在西部地区两者之间呈"U"形,即随着环境规制强度的增强,规模以上工业全要素生产率先下降后上升,说明环境规制在我国东、中、西三个区域对规模以上工业全要素生产率的影响是有差异性的。但三个地区环境规制对全要素生产率的影响都是通过与人力资本投入的交互影响而实现的。

表5—24　　　　　　　　　模型3.1估计结果

变量\地区	东部（混合）	中部（混合）	西部（混合）
	TECH?	TECH?	TECH?
LNER?	-0.2642*	-0.3624**	0.6740*
LN^2ER?	0.0585*	0.0753*	-0.0541**
LNRD?	0.0477*	0.0331*	—
LNVA?	0.0659**	0.0038*	0.0294***
LNLB?	-0.0258	0.0308***	0.0709*
LNER×LNLB?	0.0314*	0.0310**	-0.0606**
R-squared	0.6923	0.6561	0.4495
F-statistic	—	—	—
prob（F-statistic）	—	—	—

注：*、**、***分别表示在1%、5%、10%的水平上显著。混合模型没有F统计量。西部地区的LNRD?不显著而予以剔除。

从表5—24的估计结果来看,东、中、西部地区的环境规制对技术进步的影响仍然通过人力资本投入与环境规制的交互项来实现,在影响程度上,东部地区较大,西部地区受人力资本交互影响较小,环境规制对技术进步的直接影响较大,环境规制强度每增加1%,技术进步将会提高0.674%；东中部地区的环境规制与技术进步呈"U"形关系,说明长期来看,环境规制有利于技术进步的提升,但在西部地区的长期效应还没有显现出来。在资本投入方面,东部地区的资本生产率和技术效率大于中西部地区。

（四）结论

（1）环境规制与全要素生产率的"波特假设"在东、中、西部地区都得到验证，但都是通过与人力资本投入的交互作用来实现的。从影响的大小来看，中部地区最大，环境规制与人力资本投入交互项每增强1%，全要素生产率增加0.0729%，东部和西部地区的影响程度相近，且均小于中部地区。因此，要消除环境规制对产业绩效的负面影响，必须进行必要的人力资本投入。

（2）环境规制与技术进步的"波特假设"在东、中、西部地区也得到验证，但作用机制不同。东中部地区环境规制对技术进步的促进作用是通过环境规制与人力资本投入的交互作用来实现的，而西部地区是环境规制对技术进步具有直接的影响作用，而且在西部地区环境规制对技术进步的促进作用大于东中部地区。

（3）资本投入和 R&D 投入在东部地区的效率最高。从表 5—23 来看，每增加 1% 的资本投入和 R&D 支出，东部地区的全要素生产率分别增加 0.0484% 和 0.1331%，远远大于中西部地区，尤其是资本投入方面，中西部地区的资本投入效率较低，这也是中西部地区产业绩效低下的原因之一，而资本投入对技术进步的影响系数也体现出东部地区的资本投入效率远远大于中西部地区。

第四节　结论

一　从企业进入来看，东、中、西部地区的环境规制对工业产业绩效的影响不确定

东部地区环境规制是企业进入的障碍因素，而在中西部地区，环境规制对企业进入具有一定的促进作用，符合环境规制与产业绩效的"波特假说"，究其原因，东部地区规模以上工业产业的规模效应大于中西部地区，具体分析见第三节，而在中西部地区由于较高的企业进入资本门槛，为了吸引企业进入，中西部地区在环境方面相对宽松，环境规制并没有成为企业进入的阻碍因素。

二　从技术创新来看，"波特假说"在中、西部地区是成立的，长期来看在东部地区也是成立的

从模型 2 的结果来看，环境规制对我国东、中、西三个地区的技术

创新都起到了积极的促进作用,只是作用的机制和大小存在差异,中部地区的影响最大,而东部地区并不是通过环境规制强度直接影响技术创新,而是通过环境规制与人力资本投入的交互作用来促进技术创新的,由此可见,环境规制对技术创新的促进作用需要投入大量的人力资本才能够实现。

三 从全要素生产率来看,环境规制与全要素生产率的"波特假说"在东、中、西部地区都成立

中部地区环境规制对全要素生产率的影响最大,而且也是通过环境规制与人力资本投入的交互作用来促进全要素生产率提高的,东部地区和西部地区环境规制对规模以上工业产业的全要素生产率的促进作用相对较小。西部地区主要是人力资本投入不足所致,加上资本投入效率低下,而东部地区主要是由于产业转型升级过程中,从起初就避开了环境规制可能带来的成本上升的产业类型,加上较高的投资效率,环境规制对全要素生产率的影响有限。

四 从技术进步来看,东、中、西三个地区都符合"波特假说",但影响机理不同

东、中部地区环境规制对技术进步的促进作用是通过环境规制与人力资本投入的交互作用来实现的,而西部地区环境规制对技术进步具有直接的影响作用,相反,交互作用并不显著,并且西部地区环境规制对技术进步的促进作用大于东、中部地区。其中一个原因就是东部地区的资本投入效率较中西部地区高,这也是未来中西部地区治理环境污染和发展经济所面临的突出问题。

第六章

环境规制对工业产业绩效的影响
——基于行业污染程度视角

每个产业的发展都会产生或多或少的污染物，有些产业的污染排放的强度大危害小，有些产业污染排放的强度小但危害大，不同的行业污染排放存在较大的差异，而环境规制政策的设计应根据不同产业不同污染排放强度和危害程度采取不同的规制工具与措施，以实现环境治理与产业绩效提高的"双赢"。

第一节 问题的提出

在经济发展和环境治理双重压力下，污染密集型产业的环境治理与产业发展已成为决策部门和学者考虑的一个重要问题，环境规制不仅存在区域的差异性（第五章），而且不同污染程度行业的规制强度应该也存在差异性，这样一来，环境规制强度对不同污染程度的产业绩效影响也应该是不同的，目前关于环境规制与不同污染密集程度产业之间关系的研究主要集中在环境规制对污染密集型产业的影响上，主要有以下三个方面的观点。

一是"不利论"。认为环境规制由于提高了污染密集型产业的生产费用而产生抑制效应，导致其产品竞争力下降，因此环境规制与污染密集型产业的产业绩效呈反向变动。Jorgenson 和 Wilcoxen 研究了美国环境规制对化工、石油、黑色金属以及纸浆和造纸等污染密集型产业绩效的影响，结果发现，环境规制导致美国 GNP 水平下降了 2.59%；Birdsall 和

Wheeler 通过对拉丁美洲污染密集型产业的研究发现，严格的环境规制导致污染密集型产业比重的增长速度加快；国内学者分析了环境规制对中国和欧盟之间贸易的影响，结果显示，欧盟相对严格的环境规制是中欧污染密集型产品顺差的主要原因，这也说明了环境规制对污染密集型产业发展的阻碍作用；王怡等人的研究表明环境规制与碳排放之间存在显著的正相关关系，李玉楠等基于 H–O–V 动态面板模型，研究了我国 4 个重污染行业环境规制对产业发展与出口的影响，结果发现环境规制强度的提高会抑制污染密集型产业的发展和出口。

二是"有利论"，即"波特假说"。环境规制可以促进污染密集型产业的技术创新，降低成本，提高产品质量和竞争力，有利于产业绩效的提高。Hamamoto 通过研究日本制造业环境规制与技术创新和生产率之间的关系，结果表明严格的环境规制带来研发投资的增加，从而对制造业全要素生产率的提高有积极的影响；黄平等对洞庭湖区域 2000—2007 年造纸及纸制品业的环境规制与企业技术创新之间的关系进行了实证分析，得出环境规制与技术创新之间存在相互促进、相互作用的关系；王凯等研究发现，环境规制强度对污染密集型产业存在短期制约，但长期来看能够实现环境保护和出口贸易增长的双赢。

三是"不确定论"。部分学者认为，环境规制对污染密集型产业的影响由于受多种因素的制约，其结果是不确定的。白雪洁等研究了我国 2004 年 30 个省区火电行业环境规制与产业绩效的关系，结果表明环境规制可以提高火电行业的整体效率水平，存在整体上的技术创新的激励效应，但并不适用于各个地区；江珂研究发现环境规制对于我国污染密集型产业的外商直接投资没有起到约束作用；张慧明建立的 DEA 模型研究了环境规制对我国重化工业技术创新及生产率的影响，结果较好地支持了"波特假说"，但也有极少数行业，环境规制强度并未提升其综合技术效率。

以上环境规制对产业绩效的影响主要是通过分析污染密集型产业，虽然没有得出一个确定性的结论，即环境规制是否能够通过技术创新激励来提升污染密集型产业的产业绩效，或者是阻碍污染密集型产业绩效的提高。一方面是因为污染密集型产业对环境规制强度的反应存在较大的差异；另一方面不同行业污染强度和危害性存在差异性，导致在排放量相同的情况下，可能会受到不同程度的规制，从而导致环境规制与产业绩效关系的差异。鉴于此，本章将第四章的 38 个工业行业按照污染程度的不同划分为重度污染行业、中度污染行业和轻度污染行业，通过建立与第四章相类似的不同污染程度的面板数据模型，从企业进入、技术创新和产业绩效三个方面来分析环境规制强度对不同污染程度规模以上工业行业的影响情况，得出环境规制对污染异质性行业影响的差异性，为制定不同污染程度行业的环境规制政策提供理论依据。

  关于工业行业污染程度的划分，目前主要有以下三种方法，划分结果见表6—1。第一是污染削减成本法，Tobey 通过研究美国工业产业，将污染削减成本占生产总成本 1.85% 以上的产业归为污染密集型产业；Low 和 Yeat 将污染控制成本占总销售额 1% 以上的产业界定为污染密集型产业。第二种是污染排放强度法，将单位产出污染物排放水平高的产业界定为污染密集型产业。Lucas 等以美国 15000 个工厂为样本，通过计算不同产业污染物的排放强度，确定污染密集型产业；赵细康对我国不同产业的污染排放强度也进行了测算，并确定了我国污染密集型产业。第三种是污染排放规模法，即用各产业污染排放量与总排放量进行比较，如果超过了一定的比重，就确定为污染密集型产业。Bartik 认为一个行业的大气污染排放量超过总排放量的 6%，就认为该行业是大气污染密集型产业；Randy 通过计算产业污染排放量，将累计排放量超过 60% 的产业确定为污染密集型产业；刘巧玲等将污染排放强度和污染排放规模两个指标结合起来，分别计算了各行业大气污染和水污染的污染密集指数，确定了我国工业行业大气污染密集型产业和水污染密集型产业；胡德宝等采用污染强度法将我国 39 个工业行业划分为重度、中度和轻度污染三个等级，研究了我国污染密集型产业转移情况。

表 6—1   污染密集型产业的识别方法及结果

作者	识别方法	污染密集型产业
Tobey	污染削减成本	采掘业、初级有色金属制造业、造纸业、钢铁制造业、化学制品业
Low 和 Yeat	污染削减成本	金属制造业、造纸业、化学品制造业、石油炼焦业、非金属矿物制造业

续表

作者	识别方法	污染密集型产业
Lucas	污染物排放强度	金属制造业、非金属矿物制造业、造纸业、纸浆业、化学品制造业
赵细康	污染物排放强度	电力供应业、采掘业、造纸及纸制品业、非金属矿物制造业、黑色金属冶炼及压延业
Bartik	污染物排放规模	纸浆和造纸业、工业无机化学品业、工业有机化学品业、印刷业、石油精炼业
Randy	污染物排放规模	工业有机化学品业、塑料制品业、金属罐业、木制家具业、印刷业
刘巧玲等	污染密集指数	电力热力生产供应业、造纸及纸制品业、非金属矿物制品业、农副食品加工业、化学原料及化学制品制造业
胡德宝等	污染物排放强度	煤炭开发和采洗业、黑色金属矿采选业、有色金属矿采选业、非金属矿采选业、造纸及纸制品业

注：以上只列出了污染密集型产业的前五位。

鉴于以上污染程度的划分方法，本章对我国38个工业行业的污染强度进行计算，将其划分为重度污染、中度污染和轻度污染，并建立面板数据模型来实证分析环境规制对不同污染程度行业的影响程度。

本章结合以上关于污染程度的划分方法，重点采用污染强度的定量测度，选取的污染排放量指标为：工业SO_2排放量、工业废水排放量和工业固体废弃物总量，并将能源使用量作为间接测度指标。由于行业的异质性，无法简单加总计算，因此，本章对各项指标进行标准化处理加权后得到各产业的污染强度。具体方法如下：首先计算各产业单位产值的污染排放量及能耗；其次对各指标进行标准化处理；再次对其指标得分按照污染强度的贡献度以30%、30%、30%、10%的权重来计算最后得分 α，计算结果见表6—2，其结果与其他相关研究（李玲，2012）也非常一致。

表 6—2　　　　　2013 年规模以上工业产业污染强度划分结果

污染强度系数	分类	二位数产业
α < 0.31	重度污染行业	煤炭开采和洗选业，石油和天然气开采业，黑色金属矿采选业，有色金属矿采选业，非金属矿采选业，造纸和纸制品业，石油加工、炼焦和核燃料加工业，化学原料和化学制品制造业，化学纤维制造业，非金属矿物制品业，黑色金属冶炼和压延加工业，有色金属冶炼和压延加工业，电力、热力生产和供应业，燃气生产和供应业①
0.04 < α < 0.31	中度污染行业	农副食品加工业，食品制造业，酒、饮料和精制茶制造业，纺织业，纺织服装、服饰业，皮革、毛皮、羽毛及其制品和制鞋业，文教、工美、体育和娱乐用品制造业，医药制造业，橡胶和塑料制品业，金属制品业②
α < 0.04	轻度污染行业	烟草制品业，木材加工和木、竹、藤、棕、草制品业，家具制造业，印刷和记录媒介复制业，通用设备制造业，专用设备制造业，交通运输设备制造业，电气机械和器材制造业，计算机、通信和其他电子设备制造业，仪器仪表制造业，其他制造业，废弃资源综合利用业，水的生产和供应业③

资料来源：根据 2014 年《中国统计年鉴》《中国环境年鉴》《中国能源统计年鉴》《中国工业经济统计年鉴》数据计算整理得到。

第二节　模型设定及数据分析

第三章简单阐述了环境规制对企业进入的影响，环境规制对企业进入的影响仍然符合第四章的结论，但如果按照规模以上工业污染程度的划分，环境规制对企业进入、技术创新和产业绩效的影响方向和大小是否存在差异，将是本章实证研究的重点。因此，本章的模型设定仍然是以第四章的模型为基础，划分为重度污染、中度污染和轻度污染三个视角分析环境规制对企业进入、技术创新和产业绩效的影响。

---

① 以上工业行业类别划分是根据国民经济行业分类与代码（GB/4754—2011）进行的分类。
② 同上。
③ 同上。

一 模型设定

根据第四章的模型设定，本章将第四章模型1、模型2、模型3从行业污染程度（重、中、轻）三方面加以分析，具体模型如下：

模型1：

$$LN(NU_{it}) = \beta_{0it} + \beta_{1it}LN(ER_{it}) + \beta_{2it}LN(SI_{it}) + \beta_{3it}LN(CA_{it}) + \beta_{4it}SA_{it} + \beta_{5it}PR_{it} + \varepsilon_{it} \quad (6—1)$$

模型2.1：

$$LN(PA_{it}) = \beta_0 + \beta_{1it}LN(ER_{it}) + \beta_{2it}LN(SI_{it}) + \beta_{3it}HF_{it} + \varepsilon_{it} \quad (6—2)$$

模型2.2：

$$LN(RD_{it}) = \beta_0 + \beta_{1it}LN(ER_{it}) + \beta_{2it}LN(SI_{it}) + \beta_{3it}HF_{it} + \varepsilon_{it} \quad (6—3)$$

模型3.1：

$$LN(AS_{it}) = \beta_{0it} + \beta_{1it}LN(ER_{it}) + \beta_{2it}LN^2(ER_{it}) + \beta_{3it}LN(SI_{it}) + \beta_{4it}HF_{it} + \varepsilon_{it} \quad (6—4)$$

模型3.2：

$$LN(LA_{it}) = \beta_{0it} + \beta_{1it}LN(ER_{it}) + \beta_{2it}LN^2(ER_{it}) + \beta_{3it}LN(SI_{it}) + \beta_{4it}HF_{it} + \varepsilon_{it} \quad (6—5)$$

二 数据分析

本章数据和模型都来自第四章，因此数据统计性质上与第四章相似，按照行业污染程度划分后，本章重点对环境规制强度在不同污染程度上的差异性进行分析（见表6—3）。

表6—3 规模以上工业不同污染程度行业的环境规制强度的统计描述

统计量	重度污染	中度污染	轻度污染
Mean	4.114744	1.323175	0.622534
Median	3.110386	0.991741	0.281292
Maximum	17.89128	6.868164	9.982523
Minimum	0.282875	0.087321	0.000626
Std. Dev.	3.405913	1.263968	1.311461
Skewness	1.57058	2.243441	4.838726

续表

统计量	重度污染	中度污染	轻度污染
Kurtosis	5.412218	9.768104	29.06218
Jarque-Bera	82.34984	247.2725	3767.84
Probability	0.0000	0.0000	0.0000
Sum	518.4577	119.0857	72.83646
Sum Sq. Dev.	1450.031	142.1878	199.5117

从表6—3来看，重度污染行业的环境规制强度均值远远大于中度污染和轻度污染行业，这也说明污染程度越高，就越需要更强的环境规制对其加以限制，以减少环境污染。

第三节 模型估计及结论

由于本章数据与第四章相类似，因此，数据的平稳性检验和协整检验不再需要重复进行，根据污染程度的划分直接对其模型进行估计，模型的设定形式和效应与第四章相一致。

一 模型估计

将模型6—1至模型6—5按照污染类型进行估计，对模型1、2、3建立固定效应变截距面板数据模型。

（一）模型1估计结果

表6—4　　　　　　　　模型1估计结果

变量/行业	重度污染	中度污染	轻度污染
	LNNU?	LNNU?	LNNU?
LNER?	0.1269***	0.1995***	-0.0765**
LNSI?	0.8844***	0.6391***	0.8341***
LNCA?	-0.8617***	-0.3406***	-0.6756***
SA?	0.0005	0.0006	-0.0047***
PR?	-0.0006	-0.0660***	-0.0559***
R-squared	0.9380	0.8813	0.9342
F-statistic	89.9647	39.7946	82.6902
prob（F-statistic）	0.0000	0.0000	0.0000

注：*、**、*** 分别表示在1%、5%、10%的水平上显著。

从表6—4的估计结果来看，对于不同程度的污染行业环境规制对企业进入的影响是不同的，重度和中度污染行业环境规制强度并没有成为企业进入的阻碍因素，相反，环境规制强度的增加，会进一步促进企业进入，这也说明如果仅仅依靠环境规制来限制重度和中度污染行业企业进入以减少环境污染，效果并不显著，因为这些行业除了污染程度高之外，垄断程度也相对较高，高垄断必然带来高利润，相比较环境规制产生的成本可以用垄断利润来加以弥补。因此，这些行业最为关心的是是否能够进入该行业，这从行业规模和必要资本量与企业进入的关系上就可以看出，与环境规制强度相比，产业规模与必要资本量对重度和中度污染行业的企业进入起到决定性的作用（见表6—4），尤其是重度污染行业，产业规模每增大1%，企业进入增加0.8844%，必要资本量每增加1%，将会阻止0.8617%的企业进入该行业。轻度污染行业，由于这些行业的垄断程度相对较低，对成本变化较为敏感，因此，环境规制强度增加，导致生产成本上升，就会阻碍一部分企业进入该行业，但影响程度较小。在所有的影响因素中，销售增长率和利润率对企业进入的影响作用都很小，甚至不显著（见表6—4），这与第四章提到的部分学者研究结果相同，表明利润率与企业进入之间的关系不显著。

（二）模型2估计结果

对模型2.1进行固定效应变截距估计结果如下（表6—5）。

表6—5　　　　　　　　模型2.1估计结果

变量/行业	重度污染	中度污染	轻度污染
	LNPA?	LNPA?	LNPA?
LNER?	0.2646 ***	0.1289 *	0.0415
LNSI?	1.3720 ***	0.1531 *	1.5821 ***
HF?	-3.2344 ***	4.8012	-3.5866 ***
R-squared	0.8675	0.6521	0.9211
F-statistic	44.6117	12.0272	78.6412
prob（F-statistic）	0.0000	0.0000	0.0000

注：*、**、***分别表示在1%、5%、10%的水平上显著。

从模型 2.1 的估计结果来看（表 6—5），环境规制对不同污染程度行业的技术创新（专利申请数）有不同的影响，对重度污染行业的技术创新作用最为明显，环境规制强度增加 1%，专利申请数将会增加 0.2646%，远远大于对中度污染行业 0.1289% 的促进作用，而轻度污染行业，环境规制对产业技术创新的影响作用并不显著（表 6—5），在 1%、5% 和 10% 的显著性水平下都没用通过 t 检验，可见，环境规制对轻度污染行业的技术创新没有实际的促进作用，这也是前期部分学者研究发现环境规制与技术创新之间关系不确定的原因之一，可能是在产业的选择上轻度污染行业占比太大导致的。在产业规模方面，学者们都一致认为产业规模对技术创新起到促进作用，与第四章的估计结果相一致，但在产业集中度方面，除了中度污染行业不显著之外，重度污染和轻度污染的产业集中度越高，表现出越不利于技术创新的结论，与第四章是相反的，可见随着产业类型的细分，其产业集中度与技术创新的关系在各行业中的差异性较大，在第四章提出产业集中度对技术创新性的影响时，有部分学者的研究结论就显示，产业集中度对技术创新出现了可正可否的影响结果。

对模型 2.2 进行固定效应变截距估计结果如下（表 6—6）。

表 6—6　　　　　　　　　　模型 2.2 估计结果

变量/行业	重度污染	中度污染	轻度污染
	LNRD?	LNRD?	LNRD?
LNER?	0.0502	0.2184 * **	−0.0420
LNSI?	1.3916 ***	0.6678 * **	1.2045 ***
HF?	−3.7518 ***	18.2300 ***	1.7392 **
R-squared	0.8226	0.7378	0.9544
F-statistic	31.5837	18.0588	113.8398
prob（F-statistic）	0.0000	0.0000	0.0000

注：*、**、*** 分别表示在 1%、5%、10% 的水平上显著。

从模型 2.2 的估计结果来看（表 6—6），环境规制对专利申请数的影响显著于对科研资本投入的影响，在重度污染和轻度污染行业中，环境规制对技术创新（科研资本投入）的影响都不显著，只有中度污染行业的环境规制对技术创新（科研资本投入）具有显著的促进作用，这也说明环境规制对产业技术创新的影响主要集中在专利申请方面，企业为了减少环境规制带来的成本上升，一般会通过技术改进来规避环境规制，而不是直接投入资本，这也是为什么在部分学者的研究结果中，环境规制对产业技术创新的影响不确定，究其原因可能是衡量产业技术创新的指标差异造成的。产业规模和产业集中度对产业技术创新的影响与模型2.1 的结果相似。

（三）模型 3 估计结果

对模型 3.1 进行固定效应变截距估计结果如下。

表 6—7 模型 3.1 估计结果

变量/行业	重度污染	中度污染	轻度污染
	LNAS？	LNAS？	LNAS？
LNER？	0.2853 ***	-0.0043	-0.4949 ***
LN^2ER？	-0.4364 ***	-0.1761 ***	-0.2317 ***
LNSI？	-0.1501 ***	-0.0542 **	-0.0830 ***
HF？	-0.0696	1.3624 *	1.3663 ** *
R-squared	0.4803	0.7412	0.6370
F-statistic	5.8718	16.7470	10.9655
prob（F-statistic）	0.0000	0.0000	0.0000

注：*、**、*** 分别表示在 1%、5%、10% 的水平上显著。

从模型 3.1 的估计结果来看（表 6—7），环境规制与工业产业绩效（总资产贡献率）都呈"倒 U"形，见图 6—1。

随着环境规制强度的增强，工业产业绩效（总资产贡献率）呈先上升后下降的"倒 U"形变化趋势，环境规制逐渐增强，起初有利于产业绩效的提高，这主要是通过技术创新降低生产成本从而提高总资产贡献率，而且在环境规制相对较低阶段，科研资本投入的效果较为明显，但随着规制强度增强，技术创新的边际产出递减，过高的环境规制强度将会导致产业绩效（总资产贡献率）下降，从 2005—2013 年，伴随着环境

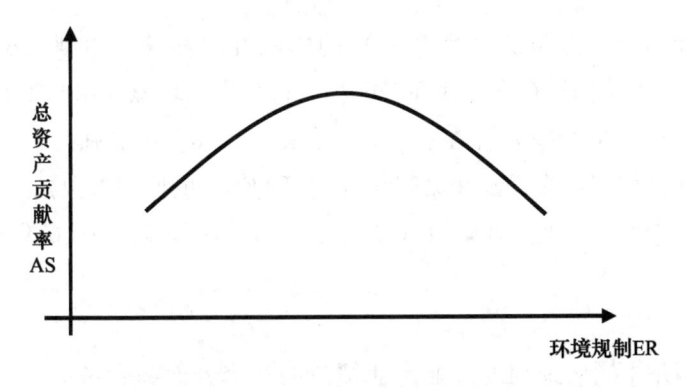

图 6—1 环境规制与产业绩效（总资产贡献率）的"倒 U"形曲线

规制强度的增加，我国规模以上工业行业的产业绩效（总资产贡献率）呈现出典型的"倒 U"形变化，而且随着工业行业污染程度越高，环境规制强度对产业绩效的"倒 U"形影响越明显。在非线性模型中，产业规模对产业绩效（总资产贡献率）的影响呈反向，但影响系数很小（表6—7），产业集中度在中度污染和轻度污染行业中对产业绩效（总资产贡献率）有明显的促进作用。

对模型 3.2 进行固定效应变截距估计结果如下。

表 6—8　　　　　　　　模型 3.2 估计结果

变量/行业	重度污染	中度污染	轻度污染
	LNLA?	LNLA?	LNLA?
LNER?	0.0417	0.0741	0.1343 **
LN^2ER?	−0.0194	−0.2683 ***	0.0702 *
LNSI?	0.0402	0.1573 ***	0.1148 ***
HF?	5.0840 ***	10.5682 ***	6.2056 ***
R-squared	0.6093	0.6355	0.6262
F-statistic	8.0566	10.1928	8.4741
prob（F-statistic）	0.0000	0.0000	0.0000

注：*、**、*** 分别表示在 1%、5%、10% 的水平上显著。

从模型 3.2 的估计结果来看（表 6—8），环境规制与工业产业绩效（全员劳动生产率）之间的关系不确定。在重度污染行业中，环境规制对工业产业绩效（全员劳动生产率）的影响并不显著，中度污染行业的"倒U"形关系仍然存在，而在轻度污染行业中，环境规制与工业产业绩效（全员劳动生产率）存在弱"U"形关系，环境规制强度对工业产业绩效的促进作用较为明显（见表6—8中LNER？的回归参数），产业规模与产业集中度对工业产业绩效（全员劳动生产率）都有积极的促进作用。

二 结论

将衡量不同污染程度工业产业绩效的三个方面综合考虑，即将企业进入、技术创新（专利申请数和科研资本投入）、产业绩效（总资产贡献率和全员劳动生产率）综合起来考虑，通过表6—4至表6—8分别分析不同污染程度行业环境规制强度对产业绩效的影响。

（一）重度污染行业环境规制有利于工业产业绩效的提高

重度污染行业环境规制强度对产业绩效的影响都是正向的（不显著的除外），即环境规制有利于重度污染行业产业绩效的提高，尤其对专利申请数和总资产贡献率有显著的促进作用，原因之一是重度污染行业大部分都是垄断性行业，企业规模较大，在技术创新和资本投入方面的优势明显。

（二）中度污染行业环境规制同样有利于工业产业绩效的提高

除了轻度污染行业环境规制对总资产贡献率和全员劳动生产率影响不显著之外，中度污染行业的环境规制强度与产业绩效之间仍呈正向关系，环境规制对产业技术创新具有积极的促进作用，但小于对重度污染行业技术创新的促进作用，尤其是专利申请数方面。

（三）轻度污染行业环境规制对工业产业绩效的影响不明显

从估计结果来看，轻度污染行业环境规制对工业产业绩效呈负向关系，但参数估计值都比较小，也就是说环境规制强度对轻度污染行业产业绩效的影响较小，主要是因为环境规制对轻度污染行业带来的生产成本上升较小，轻度污染行业并没有动力进行技术创新，或者为了规避环境规制而进行的技术创新成本可能远远大于由于环境规制带来的成本上升而不愿意进行技术创新。

（四）环境规制强度与产业绩效呈"倒U"形关系

用于衡量工业产业绩效的两个指标（总资产贡献率和全员劳动生产

率）与环境规制强度建立的非线性模型估计结果显示，环境规制与工业产业绩效之间呈"倒U"形关系（如图6—1），即环境规制对工业产业绩效的影响随着规制强度的增加呈先上升后下降的变化趋势，这在重度、中度和轻度污染行业中都（或部分）显著存在，尤其是环境规制强度与总资产贡献率之间的"倒U"形关系都是显著的，说明随着环境规制强度的增强，企业都会采取降低成本的措施保持产品价格或竞争力不变，这就必然会提高产业总资产贡献率或全员劳动生产率，但伴随着环境规制强度进一步上升，短期难以进行有效的技术创新等来规避环境规制带来的成本，加上高强度的环境规制需要更多的资金投入和人力资本，这样总资产贡献率和全员劳动生产率就会下降，最终呈现"倒U"形关系。

(五) 产业规模与产业绩效呈正向关系

产业规模与产业绩效之间呈正向关系。从表6—4至表6—8模型1、2、3的估计结果来看，产业规模越大，产业的企业数量越多，也越有利于产业技术创新，并对中度和轻度污染行业的全员劳动生产率具有正向的影响，但在模型3.1中对总资产贡献率却呈反向关系，产业规模的参数估计值相对较小，说明我国规模以上工业行业存在规模报酬递减的情况。相比较而言，重度污染行业最为明显，产业规模每增大1%，重度污染行业总资产贡献率下降0.1501%，中度污染和轻度污染行业规模报酬递减不是很明显。

(六) 产业集中度与产业绩效呈正向关系

产业集中度越大，表明市场的垄断程度越高，越有利于产业技术创新和产业绩效的提高。在模型2和模型3的估计结果中，重度污染行业产业集中度与技术创新和产业绩效之间既存在正向关系也存在反向关系，而在中度和轻度污染行业中，产业集中度与产业绩效呈正向关系，并且产业集中度对产业技术创新和产业绩效的促进作用远远大于环境规制等其他因素的影响。

第七章

环境规制对工业产业绩效的影响
——基于环境规制工具视角

通过前几章的实证分析，环境规制对产业绩效的影响在行业、区域、污染程度等方面都存在差异，这种差异性的影响对于制定因地制宜、因时制宜的环境规制政策具有重要的指导作用，但前几章都是将环境规制作为一个整体，并没有考虑规制工具的差异性带来规制效果的差异，即没有考虑不同的环境规制工具对工业产业绩效的影响及我国东、中、西部地区对环境规制工具的偏好和差异性。只有了解不同环境规制工具的特点和对工业产业绩效的不同影响程度，准确掌握不同环境规制工具的具体效果，才有可能做到环境保护与经济发展的"双赢"，尤其是区域之间，由于产业类型、生态环境、经济发展水平等差异，不同的环境规制工具将会带来不同的规制效果，因此，环境规制工具的选择与使用对制定环境规制政策具有重要的现实意义。

第一节 问题的提出与模型设定

目前环境规制对工业产业绩效的影响研究主要集中在环境规制对企业进入、技术创新及产业绩效（指标不同）的影响上，环境规制一般以环境规制强度来表示（第四章），而作为具体的环境规制工具，现实当中类型较多，根据其性质和特点分为市场激励型工具、命令控制型工具和公众参与型工具三种类型，公众参与型工具也称为隐性工具。而目前环境规制工具对工业产业绩效的影响，大多数学者都是通过环境规制工具对技术创新的影响来建立模型并进行实证分析，很少有人将环境规制工具与全要素生产率及技术进步之间的关系通过数理模型来分析。因此，本章分别建立环境规制工具与产业技术创新、产业全要素生产率及产业技术进步之间的关系模型，来实证分析各个环境规制工具的不同规制效应，比较不同环境规制工具在我国东、中、西三个区域对产业绩效影响的差异性，为各区域采取更有效的环境规制工具提供理论依据。

到目前为止，国内外研究不同环境规制工具对产业绩效影响的文献相对较少，主要以环境规制工具与产业技术创新关系为主要研究内容，而且大多数观点认为市场激励型工具比命令控制型工具更能促进技术创新。国内的研究起步较晚，研究结论主要有以下两个方面：一是市场激励型环境规制工具对技术创新的产业绩效和生态绩效都有显著的正向作用，而命令控制型环境规制工具对其影响不显著；贾瑞跃等运用 DEA 的 Malmquist 生产率指数法研究了我国 2003—2012 年各省区环境规制工具对技术进步的影响，其结果显示，命令控制型规制工具并不显著，而市场激励型和公众参与型的规制工具对技术进步有显著的推动作用。二是公众参与型工具对技术创新和产业绩效也不存在显著性的影响，王玲 (2012) 研究了环境规制、环境信访和环境污染治理三者之间的关系，结果显示，环境信访对工业三废的影响并不显著。但随着现代通信技术的发展和公众对环境问题关注度的提高，公众参与型的规制工具对环境污染治理和产业技术创新的产业绩效影响应该会趋于显著，像美国在水污染治理中，公众参与和监督就发挥了积极的显著作用，我国自 2015 年 1 月 1 日起实施的新环境保护法也明确赋予了公众参与环境污染治理的权利与义务，因此，除了对比研究市场激励型工具与命令控制型工具的有效性及区域差异性，更应关注公众参与型工具的有效作用，这也是本章研究的目的和出发点。

第二节 模型设定

一 模型1：环境规制工具与产业技术创新

根据第三章环境规制对产业绩效影响的直接效应，技术创新是衡量产业绩效的重要指标，因此本章通过建立环境规制工具与产业技术创新之间的面板数据模型,分析我国 2005—2013 年全国 30 个省区市及东、中、西部地区环境规制工具在规制效应方面的差异性,为我国制定有效的环境规制政策提供理论依据和现实指导。

技术创新的过程就是利用劳动、资本等投入创造出新知识的过程,因此本章技术创新的生产函数与普通的生产函数相类似,而目前常用的生产函数有线性函数、CES 生产函数、柯布—道格拉斯生产函数及其扩展形式,使用最多也最为成熟的是柯布—道格拉斯生产函数,因此本章采用柯布—道格拉斯生产函数构建环境规制工具与产业技术创新之间的关系模型,模型如下:

$$I = f(K, L, ER) \qquad (7-1)$$

式 7—1 中,I 表示产业技术创新的产出,本章用第五章的专利申请数(PA)来衡量,K 为技术创新的资本投入,用第五章的 R&D 支出来衡量,L 表示技术创新的劳动力投入,用第五章的人力资本投入 LB 来表示,ER 表示环境规制因素,本章将环境规制工具分为命令控制型(STS)、市场激励型(PW)和公众参与型(XF),因此本章环境规制与工业产业绩效的关系模型就扩展为环境规制工具与产业技术创新模型,具体形式采用柯布—道格拉斯生产函数,形式如下:

$$PA_{it} = \beta_0 RD_{it}^{\beta_{1it}} LB_{it}^{\beta_{2it}} STS_{it}^{\beta_{3it}} PW_{it}^{\beta_{4it}} XF_{it}^{\beta_{5it}} \qquad (7-2)$$

对式 7—2 两边取对数,以消除异常项对数据平稳性的影响,取对数后模型如下:

$$LNPA_{it} = \beta_0 + \beta_{1it} LNRD_{it} + \beta_{2it} LB_{it} + \beta_{3it} STS_{it} + \beta_{4it} PW_{it} + \beta_{5it} XF_{it} + \mu_{it} \qquad (7-3)$$

其中,i 代表地区,t 代表年份,β_0、β_{1it}、β_{2it}、β_{3it}、β_{4it}、β_{5it} 均为待估参数,μ_{it} 为随机干扰项,考虑到环境规制工具对技术创新的滞后性,模型 1 引入环境规制工具的滞后变量,具体滞后的阶数根据模型估计的显著性来决定。

模型中各变量的含义如下:

(1)专利申请数(PA):该指标与第五章的指标含义一致,仍采用规模以上工业产业专利申请数作为技术创新产出的衡量指标,也是衡量产业绩效的指标。

(2)R&D 支出(RD):作为技术创新的资本投入要素,仍然用规模以上工业 R&D 内部经费支出来衡量。

（3）人力资本（LB）：与第五章指标含义相同，用规模以上工业科技人员数量作为衡量技术创新投入的人力资本指标。

（4）"三同时"执行合格率（STS）："三同时"制度是我国首创的环境规制制度，具有命令控制型的特点，要求开发建设项目的主体工程与污染治理设施建设必须同时设计、同时施工、同时投产，是目前我国提高环境准入门槛、防止新污染产生的有力手段，对环境治理与保护起到了积极的作用，本章选取各省区市"三同时"执行合格率作为命令控制型环境规制工具指标。

（5）排污费（PW）：市场激励型工具主要是通过价格、收费、税收、补贴及信贷等市场手段来影响排污者的决策，排污费是目前我国最主要的市场激励型环境规制工具，因此用排污费来衡量我国市场激励型环境规制的力度，来考察与技术创新之间的影响关系。

（6）环境信访数（XF）：伴随着通信技术的发展，环境信访数作为一种隐性的环境规制工具日益重要，通过公众参与环境保护与治理，可以形成对污染主体和规制主体的倒逼机制，进而减少环境污染或加强环境规制强度，达到有效治理污染的目的。

二 模型2：环境规制工具与全要素生产率

环境规制工具的差异最终会影响产业的产出水平，而第五章基于 DEA 的 Malmquist 生产率指数计算的全要素生产率就是在环境约束下生产率的变化情况，环境规制工具的变化是否对规模以上工业产业全要素生产率产生影响，也是模型2将要证明的一个命题。

根据第五章环境规制与全要素生产率之间的关系模型，本章环境规制工具对规模以上工业产业全要素生产率的影响模型如下：

$$TFP = \beta_{0it} + \beta_{1it}LNVA_{it} + \beta_{2it}LNLB_{it} + \beta_{3it}LNTST_{it} \\ + \beta_{4it}LNPW_{it} + \beta_{5it}LNXF_{it} + \mu_{it} \quad (7-4)$$

模型2（式7—4）中变量 TFP、LNVA、LNLB 与第五章中变量含义相同，LNTST、LNPW 和 LNXF 与模型1变量含义相同。同样考虑到环境规制工具对全要素生产率影响的滞后性，模型2引入环境规制工具的滞后变量，具体滞后期的阶数根据模型估计的显著性来决定。

三 模型 3：环境规制工具与产业技术进步

第五章基于 DEA 的 Malmquist 生产率指数计算的技术进步指数也是衡量环境规制变化的重要指标，因此本章继续以第五章环境约束下的技术进步指数为因变量，建立环境规制工具与规模以上工业产业技术进步之间的关系模型，具体形式如下：

$$TECH = \beta_{0it} + \beta_{1it}LNRD_{it} + \beta_{2it}LNLB_{it} + \beta_{3it}LNTST_{it} \\ + \beta_{4it}LNPW_{it} + \beta_{5it}LNXF_{it} + \mu_{it} \quad (7—5)$$

同理，模型3（式7—5）中变量 TECH、LNRD、LNLB 与第五章中变量含义相同，LNTST、LNPW 和 LNXF 与模型1变量含义相同。

模型3已经有学者建立了关于 LNTST、LNPW 和 LNXF 三个变量的滞后模型，模型3同样引入环境规制工具的滞后变量，具体滞后期的阶数根据模型估计的显著性来决定。

第三节 数据分析及平稳性检验

本章仍选取 2005—2013 年中国 30 个省区市（西藏除外）的面板数据，时间跨度为 9 年，样本数据 270 个，数据来自《中国统计年鉴》《中国环境年鉴》《中国环境统计年鉴》以及《中国科技统计年鉴》。由于变量中的专利申请数（PA）、R&D 支出（RD）及人力资本投入（LB）三个变量与第五章完全相同，在此不再进行数据特征分析，下面只分析"三同时"执行合格率（TST）、排污费（PW）和环境信访数（XF）三个变量的数据特征。

一 数据统计描述

本章中的专利申请数（PA）、R&D 支出（RD）和人力资本投入（LB）在第五章已做过分析，在此不再阐述，以下重点分析"三同时"执行合格率（STS）、排污费（PW）和环境信访数（XF）的数据特征。

表7—1　　　　　　　　　　部分变量的描述性统计

地区/统计量	东部地区 STS?	东部地区 PW?	东部地区 XF?	中部地区 STS?	中部地区 PW?	中部地区 XF?	西部地区 STS?	西部地区 PW?	西部地区 XF?
Mean	96.7	72117.63	21124.69	96.01389	64990.92	10107.32	95.97576	39173.38	9471.657
Median	98.7	46673.2	13837	97.8	44861.95	7299	98.6	34796.3	4508
Maximum	100	203554.8	115392	100	287343.5	31035	100	108060.7	103792
Minimum	41.7	2581.5	125	79.1	19785.8	348	26.9	1799.3	50
Std. Dev.	7.338492	59890.12	24176.77	4.823163	51626.74	8002.017	8.756748	25668.76	13939.07
Skewness	-5.645788	0.546452	1.865197	-1.654265	2.392065	0.940574	-5.501946	1.048102	3.73763
Kurtosis	39.07147	2.108993	6.640997	5.21058	9.008572	2.977457	41.01581	3.635601	23.01237
Jarque-Bera	5893.183	8.201867	112.0874	47.49911	176.9725	10.62243	6460.937	19.792	1882.545
Probability	0.000000	0.016557	0.000000	0.000000	0.000000	0.004936	0.000000	0.000050	0.000000
Sum	9573.3	7139646	2091344	6913	4679346	727727	9501.6	3878165	937694
Sum Sq. Dev.	5277.64	3.52E+11	5.73E+10	1651.666	1.89E+11	4.55E+09	7514.702	6.46E+10	1.90E+10
Observations	99	99	99	72	72	72	99	99	99
Cross sections	11	11	11	8	8	8	11	11	11

从表7—1来看，在命令控制型环境规制方面，东、中、西部地区差距不大，"三同时"执行合格率都比较高，2005—2013年平均执行率最高的是东部地区，为96.7%，最低的西部地区也在95%以上；从市场激励型环境规制工具来看，东部地区2005—2103年排污费平均值远远大于中西部地区，说明东部地区更多利用市场激励型的规制工具；从公众参与型规制工具来看，东部地区的公众参与度也平均高于中西部地区，说明东部地区公众的环保意识更强。

二　面板数据单位根检验与协整检验

（一）面板数据的单位根检验

同理，平稳性检验仍只检验"三同时"执行合格率（STS）、排污费（PW）和环境信访数（XF），结果见表7—2。

表7—2 东、中、西模型1、2、3中的面板数据LLC平稳性检验结果

地区	模型	原序列	LLC-Statistic	prob	一阶差分	LLC-Statistic	prob	单整阶数
东部	模型1	LNSTS？	-6.85244*	0.0000	DLNSTS？	-12.2625*	0.0000	I（0）
中部			-24.2816*	0.0000		-8.9499*	0.0000	I（0）
西部			-11.1384*	0.0000		-6.6472*	0.0000	I（0）
全国			-26.6095*	0.0000		-15.6924	0.0000	I（0）
东部	模型2	LNPW？	-4.7078*	0.0000	DLNPW？	-9.1548*	0.0000	I（0）
中部			-4.8598*	0.0000		-10.2718*	0.0000	I（0）
西部			-6.8771*	0.0000		-4.9781*	0.0000	I（0）
全国			-9.4596	0.0000		-13.8748	0.0000	I（0）
东部	模型3	LNXF？	-4.3896*	0.0000	DLNXF？	-10.9296*	0.0000	I（0）
中部			-7.1493*	0.0009		-6.5524*	0.0001	I（0）
西部			-4.7447*	0.0000		-11.1024*	0.0000	I（0）
全国			-11.0692*	0.0000		-22.9455*	0.0000	I（0）

注：*表示在1%显著性水平下拒绝原假设，即以上序列的原序列在时间维度上都是平稳的。

面板数据单位根检验结果（表7—2）显示，变量LNSTS？、LNPW？和LNXF？与第五章的变量LNPA？、TFP？、LNVA？、LNLB？、TECH？、LNRD？具有相同的单整阶数，也就说明这些变量之间存在协整的可能性，接下来进行协整检验。

（二）协整检验

和第五章相类似，本章由于模型和研究对象较多，而截面相对较少，不能进行面板的Johansen检验，而Pedroni面板协整检验具有较多的统计量，相对而言Kao检验的原理和Pedroni原理相同，而检验结果相对容易比较，因此，本章仍采用Kao检验，其结果见表7—3。

表7—3　　　东、中、西模型1、2、3的面板协整检验（Kao检验）

地区	模型1 t-Statistic	模型1 Prob	模型2 t-Statistic	模型2 Prob	模型3 t-Statistic	模型3 Prob
东部	-3.8199*	0.0001	-2.6822*	0.0037	-2.7530*	0.0030
中部	-1.8446**	0.0325	-1.3170***	0.0939	-1.3551***	0.0877
西部	1.1606***	0.0745	-2.8597*	0.0021	-1.7366**	0.0251
全国	-2.4569*	0.0076	-4.0073*	0.0000	-7.8609	0.0000

注：*表示在1%的显著性水平下拒绝原假设，即存在协整关系，**表示在5%的显著性水平下拒绝原假设，***表示在10%的显著性水平下拒绝原假设，即存在协整关系。

从表7—3的协整检验结果来看，东、中、西部及全国的模型1、2、3各变量之间存在长期的协整关系，因此建立的模型关系是成立的，接下来就对模型1、2、3进行估计。

第四节　模型估计与结论

一　环境规制工具对技术创新的影响

（一）模型设定形式检验

同理，根据第四章模型设定形式检验，本章继续从区域视角研究环境规制工具对产业技术创新的影响，所以三大区域分开进行设定形式的检验，相关检验的统计量及结果见表7—4。

表7—4　　　　　　模型1设定形式检验及结果

地区	S1	S2	S3	F1	F1临界值	F2	F2临界值	模型形式
东部	0.3264	2.0150	3.7335	2.0744*	2.1762	6.2911	2.1385	变截距
中部	0.2364	1.0659	4.4853	2.0450*	2.0639	10.8419	2.0109	变截距
西部	0.2465	0.4293	1.2427	2.1092*	2.4387	13.6351	2.2314	变截距
全国	1.2103	12.189	22.287	5.6303	1.5760	9.0061	1.5577	变系数

注：*表示在1%显著性水平下不拒绝原假设。

从表7—4的检验结果来看，在1%的显著性水平下，东、中、西所对应的 F1 统计量的值均小于 F1 临界值，即不拒绝方程式 4—14 中的 H_1 原假设，模型 1 的设定形式全都是变截距模型，而全国面板数据的模型 1 为变系数模型。

（二）模型效应选择

在模型设定形式检验中得出三大区域都为变截距模型，全国为变系数模型，然后通过 Hausman 检验和似然比检验（LR 检验），来检验三大区域及全国的模型 1 是固定效应变截距模型还是随机效应变截距模型，检验结果见表 7—5。

表 7—5　　　　模型 1 的固定效应与随机效应变截距模型检验

地区	Hausman 检验			LR 检验			
	chi-sq. statistic	prob	效应	F 统计量	prob	LR 统计量	prob	效应
东部	57.3471*	0.0000	固定	36.321*	0.0000	167.49*	0.0000	固定
中部	119.04*	0.0000	固定	17.069*	0.0000	80.528*	0.0000	固定
西部	138.88*	0.0000	固定	56.586*	0.0000	204.62*	0.0000	固定
全国	5.3508	0.3746	随机	7.0790*	0.0000	61.085*	0.0000	固定

注：*表示在5%的显著性水平下拒绝原假设，**表示在10%的显著性水平下拒绝原假设。

从表 7—5 的检验结果看，东、中、西部地区的模型 1 经过 Hausman 检验和 LR 检验都为固定效应，而全国模型 1 的 Hausman 检验为随机效应，LR 检验为固定效应，最终模型效应的选择以最终估计的显著性来判断。

（三）模型估计

对我国东、中、西三大区域及全国的模型 1 进行估计，结果见表 7—6。

表 7—6　　　　　　　　模型 1 估计结果

变量/地区	东部	中部	西部	全国
	LNPA?	LNPA?	LNPA?	LNPA?
LNRD?	0.3179	-0.3373	0.1502*	0.0741*
LNLB?	-0.0379	1.2621***	1.8957*	1.1844*

续表

变量/地区	东部	中部	西部	全国
	LNPA？	LNPA？	LNPA？	LNPA？
LNSTS？	0.0288	3.2433 ***	3.2081 *	0.4527 **
LNPW？	0.2597 ***	0.5892 *①	-0.0841	0.2087 **
LNXF？	-0.2801 ***	-0.1300	0.0248	-0.0416 **
LNSTS？（-1）	0.1232	3.7576 ***	1.4498 *	0.2386 **
LNPW？（-1）	-0.0511	0.6609	-0.3312 **	0.0293
LNXF？（-1）	-0.0291	-0.2141 ***	-0.0259	-0.0489 *
LNSTS？（-2）	-0.5007 ***	1.6899	0.6786	0.2407 ***
LNPW？（-2）	0.0944	-0.3176	-0.2633	-0.1042
LNXF？（-2）	-0.1161 ***	-0.0461	0.0332	-0.0327 **
LNSTS？（-3）	0.0695	1.7463 ***	0.3244 **	0.3835 **
LNPW？（-3）	0.2381 ***	-0.5509	-0.0161	0.0328
LNXF？（-3）	-0.2008 ***	-0.0893	0.0239	-0.0125
R-squared	0.9928	0.9845	0.9961	0.9962
F-statistic	238.4900	39.8392	255.54	588.68
prob（F-statistic）	0.0000	0.0000	0.0000	0.0000

注：*、**、*** 分别表示在1%、5%、10%的水平上显著。混合模型没有F统计量。

以上为模型1的面板数据模型估计结果，为了便于比较规制工具区域的差异性，分别估计了全国及东、中、西部地区各规制工具参数估计值，由于环境规制工具实施的滞后性，因此取滞后期为1—3年，从估计结果看，滞后期两年较为显著，说明环境规制工具对产业技术创新的影响滞后1—2年，具体参数含义见如下结论。

（四）结论

（1）就全国来看，命令控制型规制工具对产业技术创新的影响大于市场激励型和公众参与型。从模型1的估计结果看（表7—6），命令控制型规制工具即"三同时"执行合格率每提升1%，专利申请数增加0.4527%，且存在1—3年的滞后期，仍存在较高的影响；市场激励型规

---

① 中部地区模型1中的lnpw？滞后期不显著，因此只有原序列对因变量lnpa？进行估计。

制工具即排污费对产业技术创新的影响相对低于命令控制型规制工具，对技术创新也起着正向的影响，而公众参与型规制工具即环境信访数对产业技术创新的影响作用较小，而且起到了阻碍的作用，这主要是与全社会对环境保护的意识不强和公众监督的平台缺乏有关。

（2）从区域来看，东部地区主要以市场激励型规制工具为主，而且对产业技术创新影响较为明显，市场激励型工具的时效性强于命令控制型，在即期就能起到作用，而命令控制型在东部地区对产业技术创新的影响并不显著（表7—6），公众参与型工具也是起到阻碍产业技术创新的作用。中部地区和西部地区情况较为相似，都是命令控制型工具对产业技术创新起主要作用，而且滞后1—3期仍然存在显著影响，在市场激励型工具方面，只有中部地区即期存在显著的正向影响，西部地区市场激励型工具只有滞后一期对产业技术创新有较为显著的影响，且阻碍产业技术创新，说明中西部地区在环境规制方面的市场化程度较低。

（3）从规制工具来看，命令控制型工具仍占主导，公众参与度不高。除了东部地区，中西部地区和全国平均来看，目前环境规制工具仍然以命令控制型为主，其对产业技术创新的促进作用远远大于市场激励型工具，说明我国环境污染控制仍然存在行政命令的特点，市场化程度低，公众参与度不高，不但提高了环境污染治理成本，也不利于对环境治理的有效监督。

二 环境规制工具对工业产业全要素生产率的影响

（一）模型设定形式检验

同理，模型2的设定形式检验结果如表7—7。

表7—7　　　　　　　模型2设定形式检验及结果

地区	S1	S2	S3	F1	F1临界值	F2	F2临界值	模型形式
东部	0.7711	1.1883	1.3075	0.3570*	2.1762	0.3825*	2.1385	变截距/混合
中部	0.4633	0.7709	0.8112	0.4553*	2.0639	0.4291*	2.0109	变截距/混合
西部	0.8619	1.5203	1.7980	0.5042*	2.4387	0.5973*	2.2314	变截距/混合
全国	1.9937	3.5028	4.1102	0.4698*	1.5760	0.5491*	1.5577	变截距/混合

注：*表示在1%显著性水平下不拒绝原假设。

从表 7—7 的检验结果来看，在 1% 的显著性水平下，东、中、西部及全国所对应的 F1、F2 统计量的值均小于各自的临界值，即不拒绝方程式 4—14 中的 H_1 和 H_2 原假设，模型 2 的设定形式应为变截距或混合模型，具体形式将根据模型回归结果的显著性检验来确定。

（二）模型效应选择

在模型设定形式检验中得出三大区域及全国都为变截距或混合模型，然后通过 Hausman 检验和似然比检验（LR 检验），来检验三大区域及全国的模型 2 是固定效应还是随机效应模型，检验结果见表 7—8。

表 7—8　　　　模型 2 的固定效应与随机效应检验

地区	Hausman 检验			LR 检验				
	chi-sq. statistic	prob	效应	F 统计量	prob	LR 统计量	prob	效应
东部	4.5200	0.4722	随机	0.8380	0.5936	9.5227	0.4833	随机
中部	2.0706	0.8393	随机	0.4406	0.8725	3.6691	0.8170	随机
西部	8.3738	0.1368	随机	1.5164	0.1481	16.612**	0.0834	固定
全国	13.399*	0.0199	固定	1.4053**	0.0891	43.181*	0.0438	固定

注：* 表示在 5% 的显著性水平下拒绝原假设，** 表示在 10% 的显著性水平下拒绝原假设。

根据表 7—8 的检验结果，东、中、西部地区的模型 2 经过 Hausman 检验和 LR 检验都为随机效应，而全国模型 2 为固定效应。

（三）模型估计

对我国东、中、西三大区域及全国的模型 2 进行估计，结果见表 7—9。

表 7—9　　　　模型 2 估计结果

变量/地区	东部	中部	西部	全国
	TFP?	TFP?	TFP?	TFP?
LNVA?	0.5364**	-0.3582	-0.4828	-0.2073
LNLB?	0.1065	0.0503	-0.0739	0.0573*
LNSTS?	0.1324	0.6467	-1.8461**	0.2559*
LNPW?	0.0946	-0.1379	-0.3677***	0.0699***

续表

变量/地区	东部 TFP?	中部 TFP?	西部 TFP?	全国 TFP?
LNXF?	-0.1255**	0.0913	-0.0977***	-0.0431
LNSTS?（-1）	0.2740**	0.8076***	-2.4551*	0.1110
LNPW?（-1）	-0.2029**	0.0612	-0.2938*	-0.0832***
LNXF?（-1）	-0.0556	0.0830	-0.0469***	0.0591**
LNSTS?（-2）	-0.2448***	-0.2933	-0.8361	0.0483
LNPW?（-2）	0.0323	0.1178	0.0029	-0.0585***
LNXF?（-2）	0.0364***	0.0866*	0.0304	0.0668*
LNSTS?（-3）	0.3190*	1.3126*	0.4239*	0.3450*
LNPW?（-3）	0.1667***	0.4178**	0.2245*	0.0736***
LNXF?（-3）	-0.1122*	0.0920**	-0.0416	-0.0125
R-squared	0.6252	0.6519	0.8770	0.4955
F-statistic	2.8498	2.3184	7.1320	3.1073
prob（F-statistic）	0.0015	0.0216	0.0000	0.0000

注：*、**、***分别表示在1%、5%、10%的水平上显著。混合模型没有F统计量。

以上为模型2的面板数据模型估计结果，同模型1类似，模型2仍加入了规制工具1—3期的滞后变量，结果显示，全国及东、中、西部地区的三期滞后项都显著，具体结果见结论分析。

（四）结论

（1）就全国来看，命令控制型规制工具对规模以上工业全要素生产率的影响远远大于市场激励型和公众参与型，"三同时"执行率每提高1%，规模以上工业产业全要素生产率提高0.2559%，而且到第三期对产业全要素生产率的影响达到最大，这与模型1中得到的结论相类似，市场激励型规制工具对全要素生产率的影响相对较小，排污费每提高1%，全要素生产率只提高了0.0699%，且呈递减趋势，说明命令控制型的环境规制工具时滞性较长，而市场激励型的时效性较高。公众参与型工具对全要素生产率在全国范围内起到积极的促进作用，但存在滞后期，这也说明公众参与度的提高，不仅可以有效监督环境治理，也有利于提高工业产业全要素生产率。

(2) 就区域来看，不同的规制工具对各区域的全要素生产率有不同的影响，但都存在 1—3 期的滞后期，东部地区命令控制型规制工具对全要素生产率仍起到积极的促进作用，而且大于市场激励型工具。市场激励型工具对全要素生产率的影响滞后 2—3 期，而且在短期内抑制全要素生产率的提高，从第三期开始才促进全要素生产率，公众参与型工具仍然阻碍着全要素生产率的提高。中部地区命令控制型规制工具对全要素生产率的影响大于东部地区，且随着时间的推移影响程度越来越大，而市场激励型工具并没有迅速体现出来，到了第三期，市场激励型规制工具对全要素生产率才起到了积极的促进作用，但影响程度小于命令控制型工具。与东部地区不同，公众参与型工具对中部地区的全要素生产率起到促进作用，虽然影响较小，但说明公众参与型工具在未来对环境治理和提高产业绩效的倒逼作用日益重要。西部地区三种规制工具在即期及滞后 1—2 期对全要素生产率的影响都是显著为否，说明西部地区环境治理与经济发展尤其是工业发展之间的协调仍是未来西部地区发展的重点，但从中长期来看，命令控制型工具和市场激励型工具对西部地区工业全要素生产率仍具有积极的促进作用。

(3) 就规制工具来看，命令控制型工具仍然是影响全要素生产率的重要因素，尤其是在中西部地区，且存在一定的滞后期。市场激励型工具的作用在东部地区比较明显，而在中西部地区作用发挥得并不突出；公众参与型工具目前对产业全要素生产率仍没起到促进作用，相比命令控制型和市场激励型工具，其对全要素生产率的影响也较小。

三　环境规制工具对工业产业技术进步的影响

(一) 模型设定形式检验

同理，模型 3 的设定形式检验结果如表 7—10。

表 7—10　　　　　　　　模型 3 设定形式检验及结果

地区	S1	S2	S3	F1	F1 临界值	F2	F2 临界值	模型形式
东部	0.3043	1.0997	1.1853	1.7251*	2.1762	1.5023*	2.1385	变截距/混合
中部	0.2744	0.5343	0.5491	0.6495*	2.0639	0.5721*	2.0109	变截距/混合

续表

地区	S1	S2	S3	F1	F1 临界值	F2	F2 临界值	模型形式
西部	0.7373	1.2480	1.5198	0.4572*	2.4387	0.5837*	2.2314	变截距/混合
全国	0.4375	1.9209	3.5589	1.1045*	1.5760	3.6903	1.5577	变截距

注：*表示在1%显著性水平下不拒绝原假设。

从表7—10的检验结果来看，在1%的显著性水平下，东、中、西部地区模型2的设定形式应为变截距或混合模型，全国的模型形式为变截距模型。

（二）模型效应选择

同理，继续检验模型3的效应，结果见表7—11。

表7—11　　　　模型3的固定效应与随机效应检验

地区	Hausman 检验			LR 检验		
	chi-sq. statistic	prob	效应	F 统计量	prob	LR 统计量	prob	效应
东部	3.9025	0.5635	随机	0.6457	0.7705	7.4174	0.7705	随机
中部	1.5772	0.9040	随机	0.2332	0.9755	1.9654	0.9617	随机
西部	3.0332	0.6949	随机	1.8072**	0.0718	19.5026*	0.0343	固定
全国	3.6374	0.6027	随机	6.9097*	0.0000	166.48*	0.0000	固定

注：*表示在5%的显著性水平下拒绝原假设，**表示在10%的显著性水平下拒绝原假设。

从表7—11的检验结果来看，东、中部地区的模型3经过Hausman检验和LR检验都为随机效应，而西部地区和全国模型2仍需要看估计结果的显著性。

（三）模型估计

对我国东、中、西部三大区域及全国的模型3进行估计，结果见表7—12。

表7—12　　　　　　　模型3估计结果

变量/地区	东部	中部	西部	全国
	TECH?	TECH?	TECH?	TECH?
LNRD?	0.8484*	−0.8854	0.0115	−0.0444
LNLB?	−0.0213	0.7499***	0.4317**	0.1034*

第七章　环境规制对工业产业绩效的影响　/　199

续表

变量/地区	东部 TECH?	中部 TECH?	西部 TECH?	全国 TECH?
LNSTS?	0.0116	6.7168**	-0.2542	0.0323
LNPW?	-0.2448***	0.2678	-0.6208*	-0.0449*
LNXF?	0.1897*	-0.1932*	0.0667*	-0.0053
LNSTS?(-1)	0.0093	3.6412*	-1.8231	-0.3225*
LNPW?(-1)	-0.2827**	0.3596*	-02022***	0.0185*
LNXF?(-1)	0.1421*	0.3095*	-0.0947*	-0.0068
LNSTS?(-2)	0.1611***	1.9062	-1.9604**	0.0972**
LNPW?(-2)	0.0543	0.2934*	-0.2329***	0.0213***
LNXF?(-2)	0.0803*	-0.2098*	0.1861*	-0.0160*
LNSTS?(-3)	0.4620*	1.8976	0.7540*	-0.0299
LNPW?(-3)	0.0586	-0.5037	0.2464***	-0.0112
LNXF?(-3)	0.0379	0.2329**	0.0299	0.0223*
R-squared	0.6673	0.9858	0.6400	0.8865
F-statistic	3.4259	24.127	2.0626	17.4938
prob（F-statistic）	0.0002	0.0000	0.0311	0.0000

注：*、**、***分别表示在1%、5%、10%的水平上显著。混合模型没有F统计量。

以上为模型3的面板数据模型估计结果，与模型1和模型2类似，模型3仍加入了规制工具1—3期的滞后变量，结果显示，全国及东、中、西部地区的三期滞后项都显著，具体结果见结论分析。

（四）结论

（1）就全国来看，三类环境规制工具即期对规模以上工业产业的技术进步都没有起到积极的促进作用，而是阻碍着产业技术进步，但从滞后项的参数估计值来看（表7—12），命令控制型和市场激励型工具对产业技术进步都有一定的促进作用，公众参与型工具在滞后三期对产业技术进步也起到了促进作用，但命令控制型工具仍然起到主导作用，在时效性上，市场激励型工具更有效。因此，从长远来看，环境规制工具的综合使用不但能够减少环境污染，还能促进产业技术进步。

（2）就区域来看，东部地区对产业技术进步起主要影响作用的环境规制工具仍然是市场激励型，并且呈反向影响，命令控制型工具存在3期的滞后性，与产业技术进步呈正向关系，公众参与型工具在东部地区对产业技术进步的正向作用较为明显,这与东部地区发达的经济水平和公众参与环保意识有关;中部地区与东部地区情况不同,三类规制工具与产业技术进步都呈正向关系,而且命令控制型工具对产业技术进步的促进作用远远大于市场激励型和公众参与型;西部地区却经历了先抑后促的过程,也就是短期内,命令控制型与市场激励型工具都阻碍着产业技术进步,经过2—3年,这些规制工具的促进作用就开始显现,说明西部地区针对环境规制的技术升级较慢。

(3)就规制工具,从全国平均水平来看,命令控制型工具仍然是环境规制的核心工具,但从产业绩效上,市场激励型工具更能促进产业绩效的提高,但作为我国目前最重要的规制工具,命令控制型的作用不容忽视,而公众参与型工具愈加重要,尤其是在东部地区,不但能起到环境规制的目的,还能促进产业技术进步,提高产业绩效。

四 结论

从专利申请数、规模以上工业全要素生产率及产业技术进步三个方面综合分析规制工具对工业产业绩效的影响,为有效利用适当的规制工具,实现工业发展与环境保护的双赢提供理论支撑。

(一)命令控制型工具仍然是我国环境规制的主要工具

除东部地区外,命令控制型工具对产业技术创新、全要素生产率及技术进步的影响都大于市场激励型工具,且存在1—3年的滞后期,这与我国较高的"三同时"执行合格率有关(见附表7—1),全国及东、中、西部地区2005—2013年的平均值都在95%以上,不但有效减少了我国环境污染,也对我国工业产业绩效的提高起到了重要的作用,具体来看,命令型工具对产业技术创新和产业全要素生产率的影响较为显著,而对产业技术进步的作用不明显。

(二)市场激励型工具的作用日益重要

市场激励型工具是解决目前环境污染问题的有效方法之一,也是除了命令控制型工具之外最有效的方法,尤其是在市场化程度较高的东部地区,市场激励型工具对产业技术创新、工业全要素生产率及产业技术进步影响较大,虽然在短期内可能降低产业绩效(短期内与全要素生产率和产业技术进步呈反向关系),但从中长期来看,市场激励型工具仍有利于产业绩效的提高,且时效性大于命令控制型工具,中西部地区应该提高环境规制的市场化程度,加强市场激励型工具的应用,以促进环境保护与工业产业绩效的提高。

(三)公众参与型工具的作用有限,但重要性不容忽视

公众参与型工具在全国及东、中、西部地区对产业绩效的影响差异性较大,而且对产业绩效的三个指标影响程度和方向存在差异性,也就是说公众参与型工具对产业绩效的影响不确定,从区域上来看,公众参与型工具对东部地区的产业绩效具有一定的促进作用,但在中西部地区,仍然阻碍着产业绩效的提高,这与我国中西部地区公众参与度较低及参与平台缺失有关,从长期来看,公众参与型工具对产业绩效的促进作用愈加明显,今后我国及各地区应加强公众参与型工具的应用。

第八章

结　　语

第一节　研究结论

本书使用 S-SCP 的分析框架，分析了环境规制对我国工业产业绩效影响的传导机制，并通过面板数据模型实证检验了环境规制对工业产业绩效的影响，由于环境规制对产业绩效的影响在行业、区域、工具等方面存在差异。因此，本书从四个视角实证分析了环境规制对我国工业产业绩效的影响，主要结论如下。

一　从规模以上工业行业的平均水平来看，环境规制有利于工业产业绩效的提高

本书对环境规制对企业进入、技术创新和产业绩效（总资产贡献率和全员劳动生产率）等影响工业产业绩效传导机制进行了实证分析，结果发现，环境规制对我国规模以上工业产业绩效具有积极的促进作用（见第四章的实证结果）。虽然环境规制是我国工业企业进入的阻碍因素，但对工业产业技术创新、工业产业全员劳动生产率及总资产贡献率都有正向影响。因此，总体来看，环境规制对我国工业产业绩效呈正向影响。

二　从东、中、西三大区域来看，环境规制对产业绩效影响大小和方向存在差异性

东部地区虽然环境规制对全要素生产率和全员劳动生产率具有正向的促进作用，但小于环境规制对技术创新的负效应，因此，总的来看，环境规制对东部地区产业绩效影响呈负效应。中部地区和西部地区环规制无论对企业进入还是技术创新和全要素生产率都起到正向的促进作用，而且中部地区的促进作用大于西部地区。这也为中西部地区进行环境规制尤其是保护西部地区生态环境具有重要现实意义。

三 从工业行业污染程度来看，环境规制对产业绩效的影响也存在差异性

本书将工业行业从污染程度划分为重度污染、中度污染和轻度污染，并分析了环境规制对不同污染程度工业行业产业绩效的影响，环境规制对产业绩效的促进作用存在于重度和中度污染行业中，即环境规制有利于重度污染和中度污染工业行业产业绩效的提高，但对轻度污染行业产业绩效的影响不显著，在影响大小上，对重度污染行业的影响程度最大，尤其是在技术创新方面，环境规制影响最为显著，这将有利于通过环境规制强度的变化来促使重度污染行业进行技术创新，并实现环境污染治理的目的。

四 从规制工具来看，命令控制型工具仍然是我国环境规制的主要工具

由于规模以上工业行业的复杂性，环境规制工具对产业绩效的影响只考虑在全国及东、中、西部区域之间的差异性。就全国来看，命令控制型工具仍然是当前影响我国工业产业绩效的主要工具，其平均贡献率大于市场激励型和公众参与型；但分区域来看，东部地区主要以市场激励型为主，并且从长期来看有利于产业绩效的提高，而中西部地区主要以命令控制型为主，对产业技术创新具有积极的促进作用，但对技术进步作用不明显；公众参与型工具在全国及东、中、西各区域对产业绩效都具有显著影响，而且其对产业绩效的促进作用在东部地区已经开始显现，对中西部地区仍然起阻碍作用，不过从对产业绩效的显著性影响来看，随着网络通信技术的发展，公众参与型工具由于其越来越低的成本和较高的透明度将会是未来重要的规制工具之一。

由于环境规制对产业绩效影响的分析视角不同，其结果也大不相同，在复杂的环境规制与工业产业绩效关系中，通过一两个行业或地区很难得出两者之间确定性的关系，因此多视角分析对于制定合理的环境规制

政策具有重要的参考价值和现实意义。

第二节 政策建议

一 适当提高环境规制强度的同时，应该分区域、分行业和根据污染程度来制定差异性的规制政策

从实证分析结果来看，环境规制对我国规模以上工业产业绩效的影响在区域、行业、污染程度等方面存在较大的差异性，因此环境规制政策的制定也应该因地制宜、"应业制宜"、"应度制宜"，东部地区环境规制对产业绩效的影响虽然呈负效应，但面对日益严重的环境污染问题和产业转型升级的压力，东部地区仍然需要更加严格的环境规制，以促进产业技术升级和转型；而中西部地区环境规制对产业绩效有正向影响，因此制定较为严格的环境规制政策不但有利于环境保护，还会促进中西部地区工业产业绩效的提高，实现"双赢"，并且较为严格的环境规制也可避免中西部地区成为新的"避污天堂"。污染程度的差异性也使环境规制对产业绩效的影响不同，对重度污染行业的影响大于中度和轻度污染行业，但重度污染行业都是石油化工、煤炭、钢铁等战略性资源密集型行业，只能通过技术改进来减少污染，从第六章的实证分析来看，环境规制对产业绩效的影响随着污染程度的降低而降低，因此加强重度污染行业的环境规制不但有利于环境治理和技术创新，也有利于资源密集型行业转型升级和技术创新。

二 根据行业和区域特点，选择最大程度激励产业技术创新和促进产业绩效提高的规制工具

从第七章的实证结果来看，规制工具对产业绩效的影响存在较大的差异性，尤其是区域的差异性。就全国来看，环境规制工具中，命令控制型工具仍然是影响产业绩效的主要工具，但在不同区域中，这三类工具存在较大差异，东部地区以市场激励型为主，中西部地区以命令控制型为主，公众参与型工具对产业绩效的影响较小，但显著性逐渐增强。因此，在东部地区继续加强市场激励型工具的设计使用，通过创新市场激励型规制工具，发挥市场对环境污染治理和产业绩效的影响作用，而

在中西部地区除了继续加强命令控制型工具的核心作用之外，应逐步引入市场工具，降低行政命令对环境污染和产业绩效的干预，提高中西部地区的市场化程度，为市场激励型工具的使用创造条件。由于公众参与型工具在东部地区对环境污染治理和产业绩效的促进作用已经开始显现，因此，利用互联网时代先进的通信技术，构建公众参与型工具的平台对于今后我国工业产业技术创新和绩效提高具有重要的现实意义。

三 充分发挥市场激励型工具的灵活性，减少环境规制对生产成本和产业绩效的不利影响

从第七章的实证分析来看，我国命令控制型工具对产业绩效的影响较大，这也是我国长期以来实行严格的命令控制型工具的结果，虽然对环境污染控制效果明显，但其激励作用小于筹集资金的作用，而且使用命令控制型工具存在一定的滞后期，对产业绩效的影响具有不确定性。为此，目前应该积极稳妥地推进以市场激励型工具为主导的环境规制政策工具的改革实践，使工业产业在达到污染控制目标的同时，尽量减少对产业生产成本和产业绩效的不利影响。

参考文献

[1] 张红凤、张细松等著：《环境规制理论研究》，北京大学出版社2012年版。

[2] 马云泽：《规制经济学》，经济管理出版社2008年版。

[3] ［英］约翰·穆勒：《功利主义》，徐大建译，商务印书馆2014年版。

[4] ［英］亚当·斯密：《国富论》，郭大力等译，上海三联出版社2009年版。

[5] ［英］亚当·斯密：《道德情操论》，韩巍译，中国城市出版社2008年版。

[6] 张维迎：《产权政府与信誉》，上海三联书店2001年版。

[7] 马云泽：《规制经济学》，经济管理出版社2008年版。

[8] 赵玉民、朱方明、贺立龙：《环境管制的界定、分类与演进研究》，《中国人口·资源与环境》2009年第6期。

[9] 许庆瑞、吕燕、王伟强：《中国企业环境技术创新研究》，《中国软科学》1995年第5期。

[10] 覃伟芳、廖瑞斌：《环境规制、产业效率与产业集聚》，《经济问题研究》2015年第3期。

[11] 黄德春、刘志彪：《环境规制与企业自主创新——基于波特假设的企业竞争优势构建》，《中国工业经济》2006年第3期。

[12] 赵红：《环境规制对企业技术创新影响的实证研究——以中国30个省份大中型工业企业为例》，《软科学》2008年第6期。

[13] 李强、聂锐：《环境规制与区域技术创新——基于中国省际面板数据的实证分析》，《中南财经政法大学学报》2009年第4期。

[14] 马海良、黄德春、姚惠泽:《技术创新、产业绩效与环境规制——基于长三角的实证分析》,《软科学》2012 年第 1 期。

[15] 李玲、陶锋:《中国制造业最优环境规制强度的选择——基于绿色全要素生产率的视角》,《中国工业经济》2012 年第 5 期。

[16] 王杰、刘斌:《环境规制与企业全要素生产率——基于中国工业企业数据的经验分析》,《中国工业经济》2014 年第 3 期。

[17] Porter M. E., Linde C. (1995), "Toward A New Conception of the Environment-competitiveness Relationship", *Journal of Economic Perspectives*, Vol. 9, No. 4.

[18] Jaffe A. B., Palmer J. K. (1997), "Environmental Regulation and Innovation: A Panel Data Study", *Review of Economics*, Vol. 79, No. 6.

[19] Conrad K, Wastl D. (1995), "The Impact of Environmental Regulation on Production in German Industries", *Empirical Economics*, Vol. 20, No. 8.

[20] Domazlicky B. R., Weber W. L. (2004), "Does Environmental Protection Lead to Slower Productivity Growth in the Chemical Industry", *Environmental and Resource Economics*, Vol. 28, No. 2.

附　　录

附表 4—1　2005—2013 年规模以上 38 个工业行业企业数量（NU）　　单位：个

行　　业	2005	2006	2007	2008	2009	2010	2011	2012	2013
煤炭开采和洗选业	5787	6797	7537	9212	8798	9016	7695	7869	7975
石油和天然气开采业	174	175	184	299	323	310	271	134	138
黑色金属矿采选业	2087	2495	2899	3984	4004	4262	3482	3497	3554
有色金属矿采选业	1529	1862	2183	2539	2457	2443	2086	2077	2108
非金属矿采选业	2242	2601	3004	3953	4267	4633	3252	3377	3524
其他采矿业	14	16	24	26	27	39	19	21	20
农副食品加工业	14575	16356	18140	22800	24550	25612	20895	22356	23080
食品制造业	5553	6056	6644	8108	8735	9152	6870	7306	7531
酒、饮料和精制茶制造业	3519	3914	4422	5411	5904	6371	4874	5311	5529
烟草制品业	190	179	150	156	158	151	148	135	135
纺织业	22569	25345	27914	33133	32412	33384	22945	20435	20776
纺织服装、服饰业	11865	13072	14770	18237	18265	18547	11750	14788	15212
皮革、毛皮、羽毛及其制品和制鞋业	6227	6859	7452	8622	8520	8854	6081	7806	8003
木材加工和木、竹、藤、棕、草制品业	5397	6374	7852	10314	10765	11366	8193	8498	8766
家具制造业	3074	3603	4110	5386	5576	5934	4255	4559	4716
造纸和纸制品业	7461	7892	8376	10011	9937	10270	7073	7128	7213
印刷和记录媒介复制业	4826	5029	5083	6481	6618	6850	3789	4189	4321

续表

行 业	2005	2006	2007	2008	2009	2010	2011	2012	2013
文教、工美、体育和娱乐用品制造业	3378	3633	4087	4797	4752	4827	2992	6920	7198
石油加工、炼焦和核燃料加工业	1990	2160	2149	2416	2337	2324	1974	2036	2064
化学原料和化学制品制造业	18716	20715	22981	28224	28793	29504	22600	23694	24211
医药制造业	4971	5368	5748	6524	6807	7039	5926	6387	6525
化学纤维制造业	1306	1402	1556	2029	1944	1939	1750	1873	1904
橡胶和塑料制品业	15075	16857	19071	24133	24614	25889	16680	16356	16692
非金属矿物制品业	20111	21936	24278	30524	32544	34793	26530	29121	30468
黑色金属冶炼和压延加工业	6649	6999	7161	8012	7773	7881	6742	10880	11034
有色金属冶炼和压延加工业	5163	5863	6701	8200	8041	8200	6765	6954	7168
金属制品业	13802	15573	18008	24547	24771	25703	16573	18557	18934
通用设备制造业	19981	22905	26757	36919	37374	39699	25877	22032	22495
专用设备制造业	10260	11615	13409	18685	19147	20083	13889	15068	15374
交通运输设备制造业	11315	12586	14091	18808	19441	20718	15012	16031	16458
电气机械和器材制造业	15366	16905	19322	25727	26443	27537	20084	21055	21368
计算机、通信和其他电子设备制造业	8868	9709	11220	14347	14284	14838	11364	12328	12669
仪器仪表制造业	3723	4084	4526	5620	5716	5828	3896	3802	3866
其他制造业	5131	5764	6416	7692	7797	7937	4885	1554	1598
废弃资源综合利用业	438	529	652	1087	1165	1302	1077	1192	1274
电力、热力生产和供应业	5527	5731	5565	6242	6332	6558	5287	5614	5772
燃气生产和供应业	484	526	591	856	909	970	875	990	1027
水的生产和供应业	2492	2476	1735	2052	2064	2109	1153	1259	1268

附表4—2　　2005—2013年规模以上38个工业行业环境规制强度（ER）　　单位：千元/元

行　业	2005	2006	2007	2008	2009	2010	2011	2012	2013
煤炭开采和洗选业	1.7066	2.2338	1.2622	1.2129	1.0447	0.8770	1.1757	0.6675	0.6888
石油和天然气开采业	2.3388	2.4858	2.5571	2.2837	2.2963	1.8908	1.8911	2.1270	2.7197
黑色金属矿采选业	3.2387	9.9522	4.4887	3.1069	2.1023	1.5335	2.1295	1.8414	1.9946
有色金属矿采选业	5.6659	4.8679	3.8388	3.8387	4.6949	3.2532	8.5203	2.5593	2.4376
非金属矿采选业	2.1940	1.1541	1.3092	1.4345	1.6841	0.7661	0.5022	0.7993	0.7363
其他采矿业	5.6096	21.4247	10.6146	10.9883	4.2509	3.7776	2.5695	3.0880	6.4236
农副食品加工业	0.9069	1.1218	0.8204	0.6245	0.8358	0.6429	0.5850	0.4645	0.4580
食品制造业	2.2481	1.9364	1.6646	1.4803	1.4608	1.9288	1.5217	0.2665	0.2850
酒、饮料和精制茶制造业	2.3612	2.4902	5.1911	1.9910	1.5836	1.4930	2.0236	0.9533	0.9577
烟草制品业	0.3187	0.3692	0.3092	0.2813	0.3461	0.2937	0.3320	0.1491	0.1501
纺织业	2.2240	4.1516	2.1396	2.2847	2.5049	2.9125	1.9995	6.8682	6.7903
纺织服装、服饰业	0.5264	0.6436	0.5740	0.5181	2.7067	2.0251	1.7259	0.1397	0.0984
皮革、毛皮、羽毛及其制品和制鞋业	1.0822	1.8835	1.0807	1.0865	0.9035	0.7981	0.7307	0.3783	0.3388
木材加工和木、竹、藤、棕、草制品业	0.6147	0.8188	0.4144	0.7069	0.3896	0.2859	0.4502	0.3061	0.2998
家具制造业	0.5985	0.2068	0.2204	0.1646	0.4201	0.1638	0.0997	0.0423	0.0430
造纸和纸制品业	9.2444	7.7148	8.3773	7.1186	7.4938	7.7193	7.2545	13.5684	12.9787
印刷和记录媒介复制业	0.2591	0.2223	0.2293	0.1606	0.1854	1.3938	0.2059	0.0662	0.0835
文教、工美、体育和娱乐用品制造业	0.2158	0.0873	0.1137	0.0977	0.1252	0.0998	0.2567	0.1839	0.1687
石油加工、炼焦和核燃料加工业	2.8533	3.4421	3.5319	2.8434	3.5167	3.0014	3.3090	9.3440	9.7750
化学原料和化学制品制造业	3.8534	3.9218	3.7079	3.0512	3.2157	2.5076	2.7746	4.1752	4.2680
医药制造业	1.8856	2.5658	2.2634	1.9388	2.3315	1.5231	1.3124	0.5700	0.3362
化学纤维制造业	2.5799	4.1495	3.1957	2.9142	3.1139	2.7734	1.9017	0.6599	0.6944

续表

行　业	2005	2006	2007	2008	2009	2010	2011	2012	2013
橡胶和塑料制品业	0.3589	0.3190	0.3282	0.3587	0.3247	0.3149	0.3541	1.2248	1.2852
非金属矿物制品业	4.7594	5.6676	3.9254	7.9409	2.9105	3.5395	3.3566	5.5563	5.1090
黑色金属冶炼和压延加工业	4.8879	5.7141	5.2100	4.7522	2.4799	5.9344	6.4636	9.6686	9.7190
有色金属冶炼和压延加工业	3.8633	4.4295	3.3474	3.0436	3.4866	2.7741	2.3587	1.3649	1.4590
金属制品业	1.4541	2.8376	2.0294	1.2099	1.0258	0.8882	1.5362	0.7111	0.8600
通用设备制造业	0.2173	0.2091	0.2228	0.2609	0.2391	0.1996	0.5035	0.1557	0.1613
专用设备制造业	0.4467	0.2429	0.2387	0.1929	0.2081	0.1562	0.1397	0.0807	0.0965
交通运输设备制造业	0.3314	0.4036	0.3326	0.2572	0.2906	0.3277	0.2591	0.2658	0.2909
电气机械和器材制造业	0.5137	0.1244	0.1457	0.1155	0.1109	0.1164	0.3582	0.1508	0.1686
计算机、通信和其他电子设备制造业	0.3080	0.2989	0.5583	0.4101	0.4122	0.5604	0.4795	0.8200	0.4823
仪器仪表制造业	0.9180	0.8713	0.8843	0.5550	0.5795	0.2833	0.1256	0.1568	0.1030
其他制造业	0.2234	0.2062	0.1790	0.2663	0.2528	0.1651	0.2390	1.1867	1.8539
废弃资源综合利用业	0.1984	0.2264	0.2989	0.2766	0.3340	0.3375	6.5432	0.4267	0.5205
电力、热力生产和供应业	4.0104	7.3626	8.0062	10.1514	11.7467	11.2639	17.8913	14.5573	14.0869
燃气生产和供应业	1.7483	1.1433	1.0014	1.1040	0.5185	0.4964	0.2829	0.3950	0.3208
水的生产和供应业	9.9825	2.8129	1.8252	4.5572	5.1292	4.7847	1.0634	0.0006	0.0036

附表4—3　2005—2013年规模以上38个工业行业产业规模（SI）　　单位：亿元

行　业	2005	2006	2007	2008	2009	2010	2011	2012	2013
煤炭开采和洗选业	5630.35	7107.10	9024.71	14372.34	16021.72	21538.61	28296.02	30240.63	30647.99
石油和天然气开采业	6275.71	7688.54	8260.96	9486.11	7474.29	9819.15	12774.55	11800.53	12152.78
黑色金属矿采选业	960.08	1353.41	2077.81	3600.22	3610.81	5803.16	7679.56	8416.39	8553.57
有色金属矿采选业	1118.65	1638.20	2229.97	2634.33	2713.75	3695.82	4892.88	5573.71	5656.90

续表

行 业	2005	2006	2007	2008	2009	2010	2011	2012	2013
非金属矿采选业	739.73	1007.03	1336.09	1818.51	2229.22	2994.72	3772.32	4173.30	4354.96
其他采矿业	8.30	5.11	10.82	10.23	13.51	30.48	16.19	22.83	23.57
农副食品加工业	10405.56	12722.34	17134.78	23373.92	27362.87	34228.93	43272.65	51601.59	53272.71
食品制造业	3697.50	4612.91	5920.08	7461.37	9001.45	11049.45	13795.29	51601.59	53190.74
酒、饮料和精制茶制造业	3020.69	3825.15	4962.96	6068.51	7259.52	8915.26	11542.05	15573.50	16212.74
烟草制品业	2881.30	3213.93	3791.72	4440.62	4908.78	5846.40	6839.57	13233.13	13533.13
纺织业	12408.20	15012.96	18322.13	20908.03	22486.61	27972.91	32068.29	7940.39	8072.89
纺织服装、服饰业	4849.34	5986.04	7404.41	9161.78	10163.81	11992.48	13193.69	31776.73	32687.83
皮革、毛皮、羽毛及其制品和制鞋业	3390.05	4062.49	5037.08	5757.81	6268.44	7724.80	8728.17	17200.28	17634.36
木材加工和木、竹、藤、棕、草制品业	1771.78	2360.35	3432.00	4662.56	5610.58	7208.90	8772.10	11145.78	11497.28
家具制造业	1398.35	1834.04	2369.84	3003.72	3363.30	4305.23	4976.72	10283.81	10637.96
造纸和纸制品业	4063.31	4952.35	6226.18	7651.68	8110.39	10246.30	11815.18	5647.49	5714.84
印刷和记录媒介复制业	1408.36	1664.98	2068.90	2627.34	2901.92	3501.26	3793.34	12559.01	12954.76
文教、工美、体育和娱乐用品制造业	1453.40	1724.09	2047.92	2429.68	2580.37	3073.59	3142.11	4533.55	4715.68
石油加工、炼焦和核燃料加工业	11886.98	15018.66	17745.55	22292.05	21207.27	28901.13	36525.65	10076.59	10215.17
化学原料和化学制品制造业	16035.90	20016.00	26203.18	33054.85	35996.92	46854.79	59478.30	39023.35	39874.83
医药制造业	4003.14	4764.23	6003.96	7481.92	9021.74	11168.50	14262.31	66432.85	67868.22
化学纤维制造业	2564.28	3151.73	4006.79	3876.63	3779.85	4868.20	6507.62	16935.68	17215.98
橡胶和塑料制品业	7091.70	8917.29	11346.10	13815.19	15378.06	19402.16	22489.79	6613.10	6748.95
非金属矿物制品业	8966.17	11447.79	15196.73	20376.74	24279.04	31326.46	39285.23	24299.94	25423.94
黑色金属冶炼和压延加工业	21035.94	25121.41	33405.39	43925.06	41737.49	51167.55	63136.66	44156.17	44781.17
有色金属冶炼和压延加工业	7786.85	12708.93	17748.66	20345.16	20085.55	27557.16	35091.06	68173.89	70271.85

续表

行　业	2005	2006	2007	2008	2009	2010	2011	2012	2013
金属制品业	6440.93	8347.94	11214.28	14653.98	15620.82	19649.67	22882.48	37551.56	38314.45
通用设备制造业	10331.81	13451.55	17962.89	23998.78	26714.99	34262.90	39992.18	28970.62	29579.43
专用设备制造业	5894.54	7724.74	10294.86	14002.60	16350.95	20878.51	25354.42	37813.12	38581.03
交通运输设备制造业	15616.71	19941.96	26549.42	32867.03	40793.04	54512.62	62256.41	66172.62	67935.19
电气机械和器材制造业	13564.89	17776.96	23398.19	29643.84	32558.56	42057.21	50141.59	54195.48	55001.14
计算机、通信和其他电子设备制造业	26403.64	32362.74	38538.18	42928.17	43680.24	54190.95	62567.28	69480.88	71402.76
仪器仪表制造业	2736.76	3471.54	4238.64	4824.93	4976.78	6267.36	7444.16	6620.71	6732.16
其他制造业	1997.70	2478.85	3300.83	3956.91	4346.26	5511.61	7031.40	2038.25	2095.96
废弃资源综合利用业	282.63	408.64	670.60	1096.91	1423.39	2270.27	2555.69	2870.82	3068.31
电力、热力生产和供应业	17746.03	21518.15	26367.78	29749.94	33316.91	40449.23	47164.67	51273.58	52716.62
燃气生产和供应业	517.25	732.57	999.13	1490.03	1799.92	2383.88	3110.92	3277.82	3400.32
水的生产和供应业	561.87	695.88	777.21	884.19	984.99	1107.59	1148.45	1278.01	1287.15

附表4—4　2005—2013年规模以上38个工业行业必要资本量（CA）　单位：万元

行　业	2005	2006	2007	2008	2009	2010	2011	2012	2013
煤炭开采和洗选业	15022.43	16286.52	18394.87	21122.17	27040.34	33209.47	49299.90	56941.21	60848.90
石油和天然气开采业	388033.33	466036.00	539716.30	428313.71	460994.74	538453.23	693180.81	1312882.84	1366574.64
黑色金属矿采选业	5592.72	5835.91	6850.95	7981.85	8302.12	14043.01	20548.99	23373.75	26368.35
有色金属矿采选业	6335.12	7835.93	8306.60	9020.48	10373.10	12621.65	17055.85	20023.64	21919.12
非金属矿采选业	3044.11	3283.12	3228.86	3364.58	3588.09	4062.81	6521.68	7767.69	8431.75
其他采矿业	4192.86	1356.25	1416.67	1565.38	1955.56	4161.54	6678.95	6314.29	7150.00
农副食品加工业	3945.58	4233.49	4850.13	4814.55	5435.81	6532.72	9440.16	10491.20	11558.23
食品制造业	5857.82	6091.41	6646.25	6467.75	7046.40	7899.27	12389.53	13700.63	14972.13
酒、饮料和精制茶制造业	9985.19	10406.34	11086.79	10989.17	11161.33	12325.90	19370.50	21044.70	23112.70

续表

行业	2005	2006	2007	2008	2009	2010	2011	2012	2013
烟草制品业	171672.63	196722.35	251195.33	283878.21	312663.29	363181.46	416841.22	524765.93	590834.81
纺织业	4589.47	4658.50	4920.35	4628.79	5038.31	5628.44	8713.59	10022.01	10427.31
纺织服装、服饰业	2687.54	3005.40	3086.76	3101.32	3255.44	3788.26	6356.00	6752.26	7244.68
皮革、毛皮、羽毛及其制品和制鞋业	3140.26	3276.37	3554.67	3508.57	3868.39	4413.19	7005.59	7172.35	7615.61
木材加工和木、竹、藤、棕、草制品业	2480.51	2535.28	2608.42	2661.05	2767.99	3116.16	4635.01	5226.29	5829.91
家具制造业	3359.73	3665.08	4029.00	3604.23	3813.83	4447.37	6937.67	7777.71	8564.69
造纸和纸制品业	6245.81	6747.97	7300.78	7440.59	8135.63	9401.45	15458.42	16642.44	17940.07
印刷和记录媒介复制业	3673.50	3924.74	4441.65	4078.20	4315.49	4695.46	8306.44	9025.40	9966.35
文教、工美、体育和娱乐用品制造业	3003.43	3227.75	3343.26	3325.68	3474.96	3791.03	5984.36	7350.90	8219.05
石油加工、炼焦和核燃料加工业	32616.93	35114.72	43735.64	48422.64	55558.02	67423.19	95595.09	102842.73	112773.26
化学原料和化学制品制造业	8108.49	8923.90	9756.19	9767.40	11053.28	13141.27	19875.69	22529.79	24618.97
医药制造业	11164.41	11431.50	12032.97	12081.48	13723.12	15792.58	22309.33	24688.45	28321.67
化学纤维制造业	18846.94	19517.83	22251.74	16589.50	17436.01	21685.40	29925.49	30632.35	32819.17
橡胶和塑料制品业	4237.92	4387.76	4570.46	4277.47	4530.04	5154.68	8696.50	9874.81	10657.44
非金属矿物制品业	5156.73	5441.82	5754.80	5873.20	6397.66	7348.42	11266.10	12158.87	13191.05
黑色金属冶炼和压延加工业	28501.50	33029.90	40633.21	43930.35	52759.24	58348.24	77165.71	53477.46	56768.47
有色金属冶炼和压延加工业	12724.17	14604.93	17023.10	17232.78	20464.62	24753.82	35048.77	40422.29	44452.79
金属制品业	3455.49	3787.65	4161.49	3906.95	4422.13	5118.19	9166.40	10460.15	11297.16
通用设备制造业	4947.73	5108.42	5556.70	5271.37	5983.67	6956.16	11536.80	14294.48	15604.78
专用设备制造业	6229.17	6604.89	7429.88	7245.65	8068.15	9740.30	16400.04	17522.91	19259.19
交通运输设备制造业	14236.01	15578.27	17876.63	16559.68	19595.56	23159.11	36198.27	36862.42	40295.83
电气机械和器材制造业	7199.46	7820.79	8493.78	8064.62	9161.07	11518.30	18713.33	20098.52	21703.05

续表

行业	2005	2006	2007	2008	2009	2010	2011	2012	2013
计算机、通信和其他电子设备制造业	20369.01	21115.40	21725.67	18828.28	20818.75	25421.08	36528.36	37660.46	40073.26
仪器仪表制造业	5979.29	6566.80	6932.99	6783.97	7949.60	8868.60	15597.38	15373.41	16836.86
其他制造业	2662.21	2887.84	3318.28	3206.15	3571.94	4195.51	8366.45	11069.69	12353.32
废弃资源综合利用业	2885.16	3702.84	4175.92	5050.14	6406.01	7093.39	12180.04	11845.81	12253.30
电力、热力生产和供应业	71242.01	81062.47	96109.25	99708.33	109107.69	116995.14	158541.04	164005.18	172998.93
燃气生产和供应业	24507.23	27865.21	27624.53	25720.68	37176.68	30751.24	39516.69	45167.58	51144.40
水的生产和供应业	11624.20	14525.53	22184.96	21414.04	24040.70	26264.34	48992.45	51505.08	57679.42

附表4—5 2005—2013年规模以上38个工业行业销售增长率（SA） （%）

行业	2005	2006	2007	2008	2009	2010	2011	2012	2013
煤炭开采和洗选业	42.20	26.19	28.57	59.65	13.48	35.84	33.05	8.39	-4.83
石油和天然气开采业	36.68	26.65	9.07	30.08	-28.44	34.25	21.33	-9.45	0.22
黑色金属矿采选业	35.55	39.10	50.55	75.43	-0.75	70.03	32.26	7.94	12.22
有色金属矿采选业	40.85	53.09	30.59	20.84	5.66	34.17	28.48	14.70	8.95
非金属矿采选业	29.77	35.35	30.43	40.67	22.77	34.30	24.57	12.51	14.67
其他采矿业	38.31	-47.43	128.44	-0.61	45.89	114.36	-51.51	43.60	2.97
农副食品加工业	27.41	22.46	34.95	37.56	17.22	25.50	26.48	18.92	14.10
食品制造业	31.76	25.54	27.19	27.52	18.77	25.59	24.63	14.12	14.72
酒、饮料和精制茶制造业	27.67	28.46	27.24	22.90	21.63	22.78	28.47	15.07	12.08
烟草制品业	10.78	11.34	17.75	13.97	14.35	15.55	18.46	13.57	9.52
纺织业	23.48	20.94	21.37	14.10	8.42	25.10	14.86	-0.15	12.16
纺织服装、服饰业	25.72	23.64	24.12	23.70	11.75	18.22	10.22	30.81	11.37
皮革、毛皮、羽毛及其制品和制鞋业	24.80	21.06	23.75	14.60	9.64	23.99	13.03	28.83	10.87
木材加工和木、竹、藤、棕、草制品业	31.61	33.73	44.29	37.76	20.82	27.53	22.86	16.71	17.00

续表

行　业	2005	2006	2007	2008	2009	2010	2011	2012	2013
家具制造业	23.97	31.84	29.05	27.14	11.73	28.38	14.91	14.62	13.98
造纸和纸制品业	24.82	22.56	24.41	21.94	6.67	27.49	15.73	5.88	7.76
印刷和记录媒介复制业	18.92	19.23	23.35	27.17	10.79	20.72	9.11	19.85	16.67
文教、工美、体育和娱乐用品制造业	21.90	18.52	19.12	18.95	6.47	19.09	2.38	227.95	17.13
石油加工、炼焦和核燃料加工业	33.75	25.10	19.29	26.09	-6.14	37.95	27.17	5.70	3.25
化学原料和化学制品制造业	27.47	25.72	30.31	25.77	8.98	30.73	26.65	12.74	12.65
医药制造业	32.54	17.39	26.45	24.05	22.76	25.64	26.86	19.70	18.78
化学纤维制造业	35.54	22.51	26.60	-2.45	-2.18	32.14	32.40	1.46	7.97
橡胶和塑料制品业	21.40	25.47	26.77	22.15	10.68	27.24	16.31	7.07	13.06
非金属矿物制品业	24.27	28.26	32.08	35.75	18.36	29.84	25.67	11.95	16.58
黑色金属冶炼和压延加工业	26.28	19.33	35.56	30.71	-3.84	24.11	20.95	8.57	6.65
有色金属冶炼和压延加工业	32.20	63.76	39.46	15.35	1.61	38.93	26.37	11.93	12.77
金属制品业	28.13	30.26	33.27	31.05	6.54	26.73	16.85	26.66	12.98
通用设备制造业	25.85	30.54	34.00	33.64	11.74	29.15	16.74	-5.27	12.47
专用设备制造业	21.00	30.20	32.89	37.51	16.74	29.33	22.27	10.18	11.65
交通运输设备制造业	15.67	29.40	32.28	23.56	24.84	33.99	14.66	6.10	15.08
电气机械和器材制造业	22.93	32.07	31.53	26.54	10.25	30.15	18.97	8.72	11.91
计算机、通信和其他电子设备制造业	18.96	23.14	18.03	10.67	2.40	24.75	15.07	10.96	9.65
仪器仪表制造业	25.03	27.87	20.25	15.34	1.83	28.01	18.12	-10.88	15.40
其他制造业	24.83	26.67	32.18	22.09	9.52	29.27	26.19	-71.17	11.30
废弃资源综合利用业	42.29	52.42	58.97	69.72	25.44	63.91	11.06	10.41	14.36

续表

行业	2005	2006	2007	2008	2009	2010	2011	2012	2013
电力、热力生产和供应业	21.59	19.60	18.06	15.28	11.72	20.04	16.11	11.96	3.97
燃气生产和供应业	21.37	33.04	29.11	39.99	18.60	32.71	27.91	4.78	23.17
水的生产和供应业	10.61	23.59	11.34	18.00	9.72	18.29	2.11	12.21	10.82

附表4—6　2005—2013年规模以上38个工业行业利润率（PR）　　　　　　（%）

行业	2005	2006	2007	2008	2009	2010	2011	2012	2013
煤炭开采和洗选业	10.88	10.15	11.86	16.56	13.32	15.25	14.85	11.20	7.33
石油和天然气开采业	49.35	47.63	42.23	41.93	24.08	28.52	33.15	34.73	31.31
黑色金属矿采选业	15.90	13.75	17.65	20.56	13.48	15.14	16.11	13.58	11.22
有色金属矿采选业	18.65	21.29	19.85	16.45	13.14	15.52	17.05	14.23	10.42
非金属矿采选业	9.31	8.90	9.80	10.91	8.93	9.87	10.52	9.58	8.47
其他采矿业	13.97	5.59	6.02	7.19	5.77	7.81	10.29	11.93	6.64
农副食品加工业	4.68	5.47	6.27	6.30	6.32	7.39	6.97	6.45	5.48
食品制造业	5.96	6.66	7.25	7.63	8.57	9.47	9.21	9.00	8.54
酒、饮料和精制茶制造业	7.49	7.97	9.03	9.65	10.29	11.11	11.28	11.93	10.98
烟草制品业	13.42	14.03	16.52	16.33	14.18	13.13	12.86	14.23	14.82
纺织业	3.67	3.93	4.59	4.93	5.12	6.18	6.19	5.88	5.60
纺织服装、服饰业	4.49	4.82	5.39	5.84	6.27	7.11	7.35	6.64	5.95
皮革、毛皮、羽毛及其制品和制鞋业	4.63	5.03	5.62	6.31	6.94	8.16	8.23	7.44	6.68
木材加工和木、竹、藤、棕、草制品业	4.71	5.24	6.61	7.17	6.86	7.74	7.97	7.44	6.97
家具制造业	5.03	5.19	5.41	5.22	6.07	6.69	7.13	6.85	6.27
造纸和纸制品业	5.06	5.58	6.44	6.10	6.63	7.25	6.55	6.10	5.48
印刷和记录媒介复制业	6.67	6.98	7.54	7.59	8.30	8.91	9.19	8.61	7.80
文教、工美、体育和娱乐用品制造业	3.86	3.69	4.18	3.75	5.09	6.06	5.69	5.91	5.38

续表

行　业	2005	2006	2007	2008	2009	2010	2011	2012	2013
石油加工、炼焦和核燃料加工业	-1.33	-1.57	1.34	-4.93	4.73	4.66	1.48	0.90	1.40
化学原料和化学制品制造业	6.07	5.83	7.28	6.47	6.34	7.99	7.69	6.16	5.46
医药制造业	8.28	7.83	9.35	11.41	11.04	11.82	11.27	10.62	9.93
化学纤维制造业	2.21	2.27	4.77	2.02	4.30	7.25	5.61	3.54	3.14
橡胶和塑料制品业	4.72	4.83	5.70	5.41	6.48	7.08	6.71	6.54	6.33
非金属矿物制品业	4.43	5.31	6.98	7.46	8.04	9.30	9.25	7.77	7.29
黑色金属冶炼和压延加工业	5.02	5.40	6.66	4.52	4.41	5.05	4.09	2.53	2.36
有色金属冶炼和压延加工业	5.51	7.04	7.10	5.28	5.29	6.56	6.46	4.75	3.46
金属制品业	5.16	5.13	5.48	5.85	6.19	7.49	7.19	6.83	6.16
通用设备制造业	6.14	6.39	7.00	7.09	7.14	8.19	8.00	7.26	6.77
专用设备制造业	5.37	6.06	7.49	7.25	7.43	8.92	8.42	7.36	6.60
交通运输设备制造业	3.72	4.47	6.09	6.36	7.57	9.07	8.73	7.57	7.19
电气机械和器材制造业	4.74	4.80	5.63	6.49	7.06	7.62	6.91	6.32	5.70
计算机、通信和其他电子设备制造业	3.39	3.50	3.75	3.84	4.07	5.34	4.60	4.41	4.17
仪器仪表制造业	5.81	5.86	6.65	6.52	7.67	8.45	8.21	8.37	8.16
其他制造业	4.82	5.14	5.28	5.79	6.17	6.67	6.41	5.99	5.22
废弃资源综合利用业	4.12	5.92	5.62	5.95	5.82	6.76	7.35	6.48	4.60
电力、热力生产和供应业	5.15	6.13	6.30	1.69	3.57	4.74	3.70	4.63	5.72
燃气生产和供应业	0.67	1.59	5.45	6.97	8.94	9.66	9.38	8.92	8.71
水的生产和供应业	-1.98	1.44	2.09	-0.06	-0.03	1.34	3.09	2.35	3.37

附表4—7　2005—2013年规模以上38个工业行业R&D支出（RD）　　单位：万元

行　业	2005	2006	2007	2008	2009	2010	2011	2012	2013
煤炭开采和洗选业	710173	949250	1174512	1605122	937871	1087472	1451311	1578772	1565542
石油和天然气开采业	429523	463977	637170	829920	637222	881075	821291	862396	806879
黑色金属矿采选业	13410	22388	37589	99610	20059	31002	41268	61057	77399
有色金属矿采选业	52565	67732	88307	141517	84196	66202	139231	221444	217517
非金属矿采选业	30419	31876	67022	114569	23419	27265	72678	76883	71520
其他采矿业	9	23	44	60	31	36	74	81	90
农副食品加工业	243321	331640	451278	872649	527522	478254	920658	1357189	1729827
食品制造业	184567	252496	362796	627235	402799	388737	626131	868614	985302
酒、饮料和精制茶制造业	585423	490013	579252	781148	449619	460381	693436	800503	827430
烟草制品业	208673	180478	253309	286605	128580	138549	159702	198001	221056
纺织业	636445	740662	985366	1337249	811743	846399	1360233	1380288	1584878
纺织服装、服饰业	156366	203527	255771	310015	168772	165556	289534	555911	692870
皮革、毛皮、羽毛及其制品和制鞋业	62981	95197	115795	176249	98661	103530	154417	274395	338923
木材加工和木、竹、藤、棕、草制品业	59820	68263	91305	189042	103504	56274	144700	187244	271582
家具制造业	30724	46137	71598	112413	69282	40365	90341	145284	224650
造纸和纸制品业	297758	458984	515922	629175	368105	366697	558877	758050	877917
印刷和记录媒介复制业	68667	66973	114880	170774	109723	103068	190130	245817	303888
文教、工美、体育和娱乐用品制造业	51168	59786	66577	172214	107124	73566	136993	341220	495880
石油加工、炼焦和核燃料加工业	424737	402260	597413	612626	370907	438266	625447	816378	893194
化学原料和化学制品制造业	1963355	2277589	3050478	4609985	2663068	2475264	4699215	5535955	6603728
医药制造业	768073	947865	1169417	1840704	1345385	1226262	2112462	2833055	3476553
化学纤维制造业	275089	377000	556172	616971	357555	409735	587560	634412	667897
橡胶和塑料制品业	524673	711496	989532	1414290	856406	932855	1357658	1728669	1994578

续表

行 业	2005	2006	2007	2008	2009	2010	2011	2012	2013
非金属矿物制品业	513207	578129	709677	1461132	815449	813327	1397206	1635706	2150329
黑色金属冶炼和压延加工业	2904555	3547168	4961275	6585616	3117999	4021200	5126475	6278473	6330374
有色金属冶炼和压延加工业	699868	1163023	1464857	2057573	1150618	1188581	1901947	2711533	3011081
金属制品业	339235	417143	639307	1080863	658571	618559	1112914	1874425	2300165
通用设备制造业	1400301	1932448	2434535	3932625	2720500	2373243	4066679	4746047	5478932
专用设备制造业	970517	1383041	2037610	3327529	2502059	2348941	3656608	4249367	5123164
交通运输设备制造业	3654219	4573352	5376042	7433307	4902174	5821997	7852546	9133643	10523169
电气机械和器材制造业	2154758	2825732	3745777	5728693	4003274	4250969	6240088	7041558	8153895
计算机、通信和其他电子设备制造业	4168109	5077379	6363013	7989515	6011283	6862561	9410520	10646938	12525008
仪器仪表制造业	321461	383438	579604	1026540	745507	573806	1208653	1237248	1492889
其他制造业	80232	140480	141867	182218	141044	136326	242662	192459	145262
废弃资源综合利用业	11462	16572	27195	44484	57724	92068	103643	116423	124432
电力、热力生产和供应业	401989	463978	611681	997500	324941	319459	428121	467875	584488
燃气生产和供应业	15167	9596	9099	12429	2112	10309	12316	20008	35789
水的生产和供应业	30474	17497	20187	43058	14499	12543	18307	33417	39293

附表4—8　2005—2013年规模以上38个工业行业专利申请数（PA）　　单位：件

行 业	2005	2006	2007	2008	2009	2010	2011	2012	2013
煤炭开采和洗选业	250	375	425	720	1034	1314	1917	2372	2857
石油和天然气开采业	774	1023	1113	1156	1472	1654	2337	2129	2628
黑色金属矿采选业	21	15	30	54	64	90	301	547	588
有色金属矿采选业	13	48	78	91	133	135	193	204	254
非金属矿采选业	10	22	45	105	89	59	145	273	387

续表

行　业	2005	2006	2007	2008	2009	2010	2011	2012	2013
其他采矿业	6	23	34	56	74	46	127	249	312
农副食品加工业	179	457	440	1622	3068	1908	4350	5927	7344
食品制造业	630	1274	1011	1983	3220	1875	3870	4716	5421
酒、饮料和精制茶制造业	1085	835	928	1466	2397	1961	2174	3699	3863
烟草制品业	240	171	344	601	666	766	1145	1581	2634
纺织业	1297	1968	4663	8356	8826	6388	12711	12082	11457
纺织服装、服饰业	487	355	546	1513	2351	1907	3565	6951	6347
皮革、毛皮、羽毛及其制品和制鞋业	124	179	294	782	1533	1003	2008	3247	3538
木材加工和木、竹、藤、棕、草制品业	100	341	302	853	1758	594	1914	2442	2603
家具制造业	141	281	964	1848	2557	1581	3298	3897	4826
造纸和纸制品业	137	161	265	715	1255	1247	2243	3445	3278
印刷和记录媒介复制业	138	114	288	742	1486	521	1281	1970	2867
文教、工美、体育和娱乐用品制造业	1286	1253	1442	2738	4175	1995	4463	9050	10885
石油加工、炼焦和核燃料加工业	411	242	204	331	595	558	1055	1441	1600
化学原料和化学制品制造业	2155	2508	2870	6986	12081	5743	18436	23143	27165
医药制造业	2708	2383	3056	6010	8601	5767	11115	14976	17124
化学纤维制造业	155	306	452	581	904	1609	2231	2142	3177
橡胶和塑料制品业	724	915	1339	2016	8058	4311	10549	12651	15427
非金属矿物制品业	1482	1825	2178	4436	8789	5192	9136	11711	15369
黑色金属冶炼和压延加工业	1143	1837	2787	3677	5295	5813	8381	12112	13874
有色金属冶炼和压延加工业	1088	1509	2062	3728	4457	3335	6519	8026	9022
金属制品业	2008	1590	1989	5876	8849	5355	12699	16722	18318

续表

行　业	2005	2006	2007	2008	2009	2010	2011	2012	2013
通用设备制造业	3484	4390	5538	12682	23070	13922	33060	42136	49305
专用设备制造业	2880	3418	4877	14056	21629	13467	32022	43050	53037
交通运输设备制造业	6251	8273	11668	15047	23969	23700	38829	47433	57377
电气机械和器材制造业	9528	8775	12215	24746	36576	28978	57713	74811	78154
计算机、通信和其他电子设备制造业	12838	19886	27894	34885	49225	46209	71890	82406	88960
仪器仪表制造业	805	1340	1912	6796	10925	5131	14059	82496	88960
其他制造业	339	641	1048	2075	3449	1825	3396	15404	19507
废弃资源综合利用业	14	12	15	23	16	31	65	87	79
电力、热力生产和供应业	302	266	619	1959	3058	2891	6716	13515	17537
燃气生产和供应业	16	13	11	31	11	22	63	105	84
水的生产和供应业	42	20	8	68	121	51	197	283	294

附表4—9　2005—2013年规模以上38个工业行业产业集中度（HF）　　　　（%）

行　业	2005	2006	2007	2008	2009	2010	2011	2012	2013
煤炭开采和洗选业	0.0694	0.0676	0.0652	0.0606	0.0619	0.0591	0.0577	0.0193	0.0192
石油和天然气开采业	0.0940	0.0990	0.0977	0.0971	0.0954	0.0954	0.0912	0.0003	0.0003
黑色金属矿采选业	0.0230	0.0200	0.0181	0.0193	0.0146	0.0193	0.0212	0.0575	0.0587
有色金属矿采选业	0.0410	0.0408	0.0344	0.0300	0.0283	0.0302	0.0290	0.0340	0.0348
非金属矿采选业	0.0205	0.0210	0.0156	0.0143	0.0119	0.0113	0.0123	0.0569	0.0581
其他采矿业	0.0304	0.0016	0.0005	0.0004	0.0004	0.0020	0.0032	0.0726	0.0762
农副食品加工业	0.0113	0.0093	0.0083	0.0056	0.0056	0.0060	0.0057	0.0458	0.0467
食品制造业	0.0133	0.0128	0.0099	0.0092	0.0075	0.0076	0.0062	0.0345	0.0354
酒、饮料和精制茶制造业	0.0276	0.0235	0.0221	0.0204	0.0194	0.0177	0.0187	0.0276	0.0293
烟草制品业	0.0990	0.0993	0.0995	0.0993	0.0993	0.0994	0.0993	0.0001	0.0002

续表

行业	2005	2006	2007	2008	2009	2010	2011	2012	2013
纺织业	0.0075	0.0062	0.0048	0.0033	0.0027	0.0026	0.0027	0.0514	0.0518
纺织服装、服饰业	0.0022	0.0017	0.0018	0.0014	0.0014	0.0016	0.0015	0.0454	0.0467
皮革、毛皮、羽毛及其制品和制鞋业	0.0007	0.0007	0.0005	0.0008	0.0004	0.0004	0.0004	0.0435	0.0447
木材加工和木、竹、藤、棕、草制品业	0.0097	0.0077	0.0039	0.0031	0.0025	0.0023	0.0021	0.0681	0.0683
家具制造业	0.0040	0.0038	0.0030	0.0022	0.0024	0.0029	0.0018	0.0516	0.0519
造纸和纸制品业	0.0142	0.0117	0.0078	0.0088	0.0078	0.0083	0.0069	0.0391	0.0400
印刷和记录媒介复制业	0.0204	0.0178	0.0165	0.0142	0.0134	0.0128	0.0120	0.0449	0.0459
文教、工美、体育和娱乐用品制造业	0.0023	0.0021	0.0017	0.0018	0.0012	0.0012	0.0012	0.0439	0.0448
石油加工、炼焦和核燃料加工业	0.0802	0.0756	0.0758	0.0727	0.0711	0.0714	0.0684	0.0130	0.0140
化学原料和化学制品制造业	0.0316	0.0303	0.0272	0.0241	0.0209	0.0201	0.0194	0.0334	0.0345
医药制造业	0.0277	0.0219	0.0204	0.0172	0.0143	0.0153	0.0140	0.0265	0.0277
化学纤维制造业	0.0226	0.0213	0.0187	0.0127	0.0112	0.0104	0.0088	0.0392	0.0397
橡胶和塑料制品业	0.0098	0.0080	0.0072	0.0072	0.0064	0.0062	0.0063	0.0463	0.0474
非金属矿物制品业	0.0135	0.0119	0.0110	0.0113	0.0096	0.0100	0.0104	0.0507	0.0512
黑色金属冶炼和压延加工业	0.0488	0.0453	0.0446	0.0439	0.0416	0.0419	0.0388	0.0301	0.0315
有色金属冶炼和压延加工业	0.0356	0.0345	0.0336	0.0315	0.0303	0.0318	0.0318	0.0293	0.0300
金属制品业	0.0076	0.0074	0.0076	0.0069	0.0063	0.0059	0.0060	0.0506	0.0519
通用设备制造业	0.0231	0.0214	0.0196	0.0166	0.0158	0.0133	0.0127	0.0405	0.0424
专用设备制造业	0.0304	0.0267	0.0259	0.0252	0.0250	0.0229	0.0207	0.0664	0.0707
交通运输设备制造业	0.0519	0.0514	0.0504	0.0458	0.0469	0.0475	0.0452	0.0066	0.0064
电气机械和器材制造业	0.0111	0.0106	0.0092	0.0085	0.0086	0.0088	0.0088	0.0341	0.0349

续表

行　业	2005	2006	2007	2008	2009	2010	2011	2012	2013
计算机、通信和其他电子设备制造业	0.0133	0.0078	0.0069	0.0088	0.0089	0.0084	0.0086	0.0082	0.0092
仪器仪表制造业	0.0105	0.0093	0.0088	0.0101	0.0105	0.0104	0.0105	0.0372	0.0389
其他制造业	0.0062	0.0068	0.0070	0.0065	0.0069	0.0078	0.0092	0.0410	0.0424
废弃资源综合利用业	0.0036	0.0073	0.0089	0.0133	0.0165	0.0068	0.0059	0.0450	0.0463
电力、热力生产和供应业	0.0897	0.0908	0.0913	0.0918	0.0918	0.0923	0.0931	0.0010	0.0011
燃气生产和供应业	0.0608	0.0590	0.0518	0.0502	0.0457	0.0445	0.0450	0.0060	0.0088
水的生产和供应业	0.0767	0.0711	0.0690	0.0690	0.0665	0.0684	0.0682	0.0073	0.0079

附表 4—10　　2005—2013 年规模以上 38 个工业行业总资产贡献率（AS）　　（%）

行　业	2005	2006	2007	2008	2009	2010	2011	2012	2013
煤炭开采和洗选业	14.3550	13.7118	15.0729	21.5190	17.7877	20.9074	21.8442	16.6468	11.9817
石油和天然气开采业	57.5296	57.9495	46.4318	47.3257	18.1781	25.4698	31.4868	32.1918	27.9781
黑色金属矿采选业	21.0341	20.9456	28.6321	34.2472	21.8364	23.2361	26.4725	22.3391	19.4861
有色金属矿采选业	31.3192	35.4683	34.6661	25.9726	19.5910	26.1368	32.5531	27.6171	21.1038
非金属矿采选业	16.9482	17.4942	20.4567	22.1734	20.7806	23.8272	27.0873	24.6048	22.6363
其他采矿业	26.9165	20.7373	25.0000	25.7985	18.5606	19.6550	15.2088	28.8084	20.2183
农副食品加工业	12.3470	13.8977	16.2745	18.5061	17.6007	20.9100	21.5753	21.1229	18.5256
食品制造业	12.8383	14.2542	16.3562	17.5681	19.3190	22.0102	23.0587	22.9096	22.1765
酒、饮料和精制茶制造业	13.2498	14.7666	16.6139	17.2726	19.0875	20.6887	22.6473	23.3551	21.1588
烟草制品业	26.7253	28.0883	33.6954	32.0023	28.0419	28.7999	30.3356	32.4948	31.4894
纺织业	9.5172	10.3282	11.5653	12.6689	12.5652	15.5456	16.9654	16.5736	16.8300
纺织服装、服饰业	12.2768	12.9001	14.5516	15.8612	17.2671	19.4093	20.4215	19.5106	18.1176
皮革、毛皮、羽毛及其制品和制鞋业	13.1761	15.0241	16.9037	19.5733	20.2645	23.9128	26.3395	23.5801	21.8628

续表

行　业	2005	2006	2007	2008	2009	2010	2011	2012	2013
木材加工和木、竹、藤、棕、草制品业	12.0398	13.5960	17.0678	19.1273	20.0175	23.1479	26.8461	27.0130	25.9590
家具制造业	10.6034	11.5620	11.7741	13.9298	14.7034	17.1689	19.0845	18.2757	17.0179
造纸和纸制品业	9.3620	10.4965	12.3191	11.8954	11.5781	12.8908	12.3273	12.3332	11.3796
印刷和记录媒介复制业	10.3332	11.1802	12.4703	13.8388	13.9692	15.4770	20.3780	17.2136	16.3647
文教、工美、体育和娱乐用品制造业	9.4435	9.8828	10.1552	10.5915	12.5883	14.8590	16.3349	19.4015	18.1725
石油加工、炼焦和核燃料加工业	4.7132	2.2630	10.3388	9.9642	15.1553	17.2478	10.3595	9.9392	9.0593
化学原料和化学制品制造业	12.4016	11.8935	14.5850	13.5707	12.4077	15.2587	16.4356	13.9472	12.9003
医药制造业	12.1647	12.1981	15.3629	17.8778	17.9221	19.2821	19.8372	19.7403	18.9775
化学纤维制造业	5.7662	6.7121	9.5331	7.4254	9.3638	13.5807	12.5997	9.7693	9.0265
橡胶和塑料制品业	9.5685	10.1451	12.1775	12.8450	14.1696	15.9271	16.3727	16.2084	15.9926
非金属矿物制品业	9.6556	11.3457	14.5288	15.7723	15.7915	18.3851	19.8402	17.0608	16.6654
黑色金属冶炼和压延加工业	12.1359	12.3105	14.3757	10.9896	8.0014	9.4214	9.2155	7.9893	7.0778
有色金属冶炼和压延加工业	13.0086	18.4484	18.4277	12.9562	10.7108	13.6856	15.1136	12.3050	9.7860
金属制品业	11.9173	12.3596	13.1051	14.6437	13.6909	16.6094	16.4439	16.0051	15.1645
通用设备制造业	11.5046	12.7337	13.6256	14.0750	13.5548	15.6673	16.4444	14.6294	13.8246
专用设备制造业	9.3852	10.9782	12.6466	12.3562	12.5842	14.6237	14.9158	29.9531	29.7711
交通运输设备制造业	8.2109	9.3803	11.0633	11.3914	13.0463	15.6870	15.6106	7.0092	6.7835
电气机械和器材制造业	10.4896	11.5340	13.0752	15.0839	14.7064	15.4884	14.4936	14.0417	13.0349
计算机、通信和其他电子设备制造业	7.8927	8.7519	8.9240	9.4601	9.1180	11.2081	11.4768	11.9163	10.1345
仪器仪表制造业	11.1334	12.2090	13.5480	13.4966	12.9179	15.8067	15.7700	16.1000	16.0919
其他制造业	12.3208	13.3970	14.1831	16.0593	15.2185	17.6650	17.4203	12.9070	11.2684

续表

行业	2005	2006	2007	2008	2009	2010	2011	2012	2013
废弃资源综合利用业	12.5821	13.9626	17.3761	15.5388	15.0543	22.5908	20.9241	21.0996	17.6371
电力、热力生产和供应业	7.9040	8.8671	9.2894	5.9992	6.2118	6.9703	6.9311	8.1951	8.5842
燃气生产和供应业	3.6648	4.9928	8.5017	10.2580	7.8672	12.4186	13.6058	11.1265	11.2586
水的生产和供应业	1.8500	2.8653	3.1758	3.0240	2.7314	3.3931	3.7617	3.5741	3.9583

附表4—11　2005—2013年规模以上38个工业行业全员劳动生产率（LA）　　单位：元/人·年

行业	2005	2006	2007	2008	2009	2010	2011	2012	2013
煤炭开采和洗选业	65510	74688	101282	153283	153723	201204	257681	193383	132443
石油和天然气开采业	510711	587357	711462	652856	488465	660014	899029	619318	410120
黑色金属矿采选业	100354	123055	189007	261496	235919	295522	407345	199373	149581
有色金属矿采选业	101941	161917	176614	183210	172650	232780	353000	249390	216697
非金属矿采选业	63501	79803	110948	122238	134387	173558	240200	177404	214766
其他采矿业	119000	106190	125769	113464	54499	163927	262900	327589	182695
农副食品加工业	125186	143744	175319	193900	208223	241398	309448	186403	193563
食品制造业	113309	128630	137863	146901	174320	185149	230358	145562	151160
酒、饮料和精制茶制造业	151142	175258	186464	197661	213924	235840	292673	231503	193387
烟草制品业	1133953	1174000	1568415	1789633	1925951	2196378	2843199	3314526	2446212
纺织业	57733	64485	78465	87311	95757	113759	142846	92953	133165
纺织服装、服饰业	55116	63658	54688	62098	67876	82784	107465	88672	76555
皮革、毛皮、羽毛及其制品和制鞋业	43954	45050	57607	63704	72440	84396	103873	82433	73639
木材加工和木、竹、藤、棕、草制品业	68377	82338	97032	103420	120289	145650	192522	117747	131102
家具制造业	56474	57606	70839	77009	91652	103997	131619	84433	89896
造纸和纸制品业	109931	124800	126034	136010	143629	169653	203654	170048	176235

续表

行　业	2005	2006	2007	2008	2009	2010	2011	2012	2013
印刷和记录媒介复制业	81829	92047	95598	105170	114844	133488	172000	102829	108422
文教、工美、体育和娱乐用品制造业	34809	38870	46478	47800	55564	64262	76488	60402	35786
石油加工、炼焦和核燃料加工业	280648	306894	384050	284383	742363	835814	786986	796160	668877
化学原料和化学制品制造业	137359	153181	193027	208394	218283	266301	350028	194838	227795
医药制造业	94455	143853	166492	190322	204107	224791	266444	168738	173219
化学纤维制造业	84056	141857	178682	152327	168442	207947	254903	134151	169584
橡胶和塑料制品业	133470	89601	99375	105453	120411	135405	171780	125580	220327
非金属矿物制品业	75754	95270	108142	125900	144959	175818	231289	137906	150119
黑色金属冶炼和压延加工业	213316	245861	295869	346016	290019	314596	417000	283032	269050
有色金属冶炼和压延加工业	141162	228574	286530	250807	218423	274731	357561	18359	205362
金属制品业	88474	97973	110078	120923	133389	155145	196214	135103	130611
通用设备制造业	99552	113900	121403	137027	150321	173918	219972	135770	171882
专用设备制造业	77972	100488	119581	126274	147232	173981	213655	153349	149683
交通运输设备制造业	125632	152747	170696	178776	216435	253624	275000	156463	192529
电气机械和器材制造业	111367	123805	134783	151291	164724	182544	214678	138014	157698
计算机、通信和其他电子设备制造业	148475	153569	134790	135696	137580	148666	164776	114526	120493
仪器仪表制造业	92725	106535	108745	111022	129658	140849	171238	108656	150880
其他制造业	48372	56502	67029	73909	84178	97601	140569	45841	274739
废弃资源综合利用业	127179	111610	244051	163950	228500	347807	375768	178875	216079
电力、热力生产和供应业	215047	221182	343590	303227	315950	396103	489278	445343	354233

续表

行业	2005	2006	2007	2008	2009	2010	2011	2012	2013
燃气生产和供应业	67998	86554	193117	292455	364766	482632	582663	327876	333119
水的生产和供应业	74547	88984	88482	88428	95552	97815	130135	111398	109367

附表5—1　2005—2013年我国及东、中、西部规模以上工业企业数（NU）　　　单位：个

区域	省区	2005	2006	2007	2008	2009	2010	2011	2012	2013
东部	北京	6300	6400	6397	7205	6890	6884	3746	3692	3641
	天津	6144	6301	6361	7950	8326	7947	5013	5342	5511
	河北	9936	10634	10870	12447	13096	13927	11570	12360	13968
	辽宁	11510	14754	16556	21876	23364	23832	16914	17347	17305
	上海	14809	14404	15099	18792	17906	16684	9962	9772	9796
	江苏	32224	36319	41841	65495	60817	64136	43368	45859	48787
	浙江	40275	45686	51604	58816	59971	64364	34698	36496	39561
	福建	12396	13755	15178	17212	18154	19227	14116	15333	16120
	山东	27540	31936	36145	42629	45518	44037	35813	37625	40467
	广东	35157	37494	42260	52574	52188	53389	38305	37790	41184
	海南	616	595	488	548	494	497	358	377	388
中部	山西	4441	4668	4472	4415	4023	4240	3675	3905	3979
	吉林	2774	3249	3984	5257	5936	6181	5158	5286	5376
	黑龙江	2887	2956	3172	4392	4408	4596	3377	3911	4398
	安徽	5277	6523	8111	11392	14122	16277	12432	14514	16193
	江西	4403	5333	6028	7367	7539	7908	6481	7217	8126
	河南	10867	11895	13510	18700	18105	19548	18328	19237	20573
	湖北	6813	7546	8996	12067	14027	16106	10633	12441	14650
	湖南	8022	8999	10201	12391	13311	13844	12477	12785	13598
西部	重庆	2943	3208	3916	6119	6412	7130	4778	4985	5559
	四川	7959	8995	10709	13725	13267	13706	12085	12719	12998
	贵州	2585	2594	2296	2676	2791	2963	2329	2752	3576
	云南	2362	2602	2698	3320	3489	3599	2773	3211	3551
	陕西	2997	3375	3372	4025	4480	4564	3684	4284	4751
	甘肃	1733	1733	1841	1940	1987	2000	1371	1735	1992

续表

区域	省区	2005	2006	2007	2008	2009	2010	2011	2012	2013
西部	青海	404	435	471	515	523	555	386	423	522
	宁夏	685	761	745	901	969	975	764	865	1044
	新疆	1445	1481	1575	1859	2018	2465	1738	1959	2224
	广西	3687	4051	4408	5427	5678	6583	5046	5239	5495
	内蒙古	2447	3075	3364	3993	4465	4611	4175	4244	4404
全国		271835	301961	336768	426113	434364	452872	325609	343769	369813

附表5—2　2005—2013年我国及东、中、西部规模以上工业环境规制强度（ER）

单位：千元/元

区域	省区	2005	2006	2007	2008	2009	2010	2011	2012	2013
东部	北京	1.6012	1.2452	0.8540	0.7616	0.3157	0.1430	0.0762	0.2126	0.2488
	天津	2.7333	1.7672	1.4994	1.3678	1.4017	0.9938	0.7381	0.5420	0.5704
	河北	2.3327	1.4393	1.2733	0.9179	0.5644	0.3568	0.6251	0.5613	1.1314
	辽宁	3.4698	3.7366	1.3244	0.8365	0.7136	0.4168	0.2823	0.2491	0.5352
	上海	0.5613	0.3222	0.7486	0.4189	0.2866	0.3154	0.1982	0.3673	0.1630
	江苏	1.2126	0.6864	1.0246	0.5968	0.3759	0.2048	0.2916	0.3287	0.4474
	浙江	0.8826	0.8788	0.6071	0.3726	0.4843	0.2382	0.3234	0.4912	0.9410
	福建	4.3622	2.0207	1.1283	1.0497	0.7887	0.7160	0.5329	0.8178	1.1634
	山东	2.0181	1.5630	1.3737	1.3900	0.7353	0.5526	0.6372	0.5929	0.6565
	广东	1.0569	0.7191	0.8561	0.6346	0.3431	0.3713	0.1797	0.2997	0.3038
	海南	0.8093	3.4383	0.3919	0.3464	0.3384	0.3215	1.7465	2.6836	2.0083
中部	山西	4.2113	6.3768	5.9934	5.4071	4.2888	2.3285	1.8063	1.9480	3.3499
	吉林	1.3787	0.8730	1.2889	1.1419	0.8164	0.4908	0.3945	0.2918	0.4321
	黑龙江	0.9941	1.0857	1.6848	1.2686	1.3897	0.5340	0.9015	0.3206	1.5429
	安徽	1.0128	0.9387	1.4665	1.0605	0.8375	0.3222	0.3673	0.4455	1.2554
	江西	2.4650	1.6405	1.3542	0.6048	0.4090	0.4641	0.3731	0.1902	0.6308
	河南	2.0038	1.8085	1.6822	0.9615	0.5654	0.3623	0.4628	0.2922	0.7481
	湖北	2.4943	2.0389	2.0061	1.2281	1.8552	1.3136	0.3399	0.4587	0.6606
	湖南	2.9913	2.8396	1.5940	1.2621	1.0046	0.7365	0.3729	0.6371	0.7266

续表

区域	省区	2005	2006	2007	2008	2009	2010	2011	2012	2013
西部	重庆	1.5678	1.1615	2.3626	1.7276	1.0626	0.8640	0.4281	0.2983	0.5097
	四川	3.2856	2.6102	1.8578	1.3438	0.5434	0.3164	0.5592	0.3659	0.5454
	贵州	3.6255	5.0277	1.8732	3.4361	2.7545	1.6958	2.5144	2.0202	2.5562
	云南	2.6192	2.8185	2.0452	2.0968	1.9044	1.7009	1.8243	2.2458	2.4303
	陕西	3.8227	1.6912	1.7487	1.4692	2.5353	3.1008	1.7209	1.6635	2.3005
	甘肃	3.4156	5.6195	4.7435	3.3118	3.3802	3.1223	1.7866	3.2182	2.4415
	青海	0.9851	1.2589	0.9905	1.0640	2.8380	0.6695	1.5472	1.0696	1.3194
	宁夏	2.6821	4.7905	4.4633	6.9362	3.1657	2.1915	1.6212	2.3392	4.8257
	新疆	2.1094	1.7064	2.0362	2.1263	3.7525	1.2783	1.6103	1.0765	2.6049
	广西	4.1516	2.6809	4.0916	2.6002	1.7901	1.0147	0.7041	0.5728	1.0507
	内蒙古	0.8781	4.3755	2.9398	2.6244	1.7161	1.0110	1.7766	1.0517	3.1168
全国		1.8554	1.5570	1.3892	1.0968	0.8256	0.5798	0.5368	0.5501	0.8511

附表5—3 2005—2013年我国及东、中、西部规模以上工业产业规模（SI）

单位：亿元

区域	省区	2005	2006	2007	2008	2009	2010	2011	2012	2013
东部	北京	6799.85	8142.83	9509.17	10304.16	10904.37	13526.57	14357.44	15446.65	17186.6
	天津	6816.56	8461.42	10038.99	12302.63	12845.13	16571.45	20708.75	23166.7	26012.36
	河北	10782.11	13248.76	16923.59	22408.1	23434.08	30437.94	38934.99	42097.83	45232.82
	辽宁	10649.01	13929.05	17895.25	24105.81	27543.97	35441.68	41100.74	47945.5	51734.67
	上海	15591.72	18392.6	21949.97	24800.47	23847.88	29838.11	32084.82	31559.6	31945.81
	江苏	32119.62	40802.21	52415.83	66537.7	71970.22	90804.96	106320.6	118705.5	132721.5
	浙江	22600.91	28489.9	35209.54	39717.51	39969.91	50196.32	55155.05	57615.75	61280.59
	福建	7918.8	9701.15	12231.53	14838.96	16316.29	21410.83	26757.69	29059.02	33003.96
	山东	29982.17	38172.55	49020.58	60731.24	70148.15	82652.14	98005.94	113114.3	128488.7
	广东	35045.52	43623.54	54054.36	63547.23	66292.14	83646.51	92612.39	93754.37	106853.7
	海南	468.18	622.08	992.41	1089.6	1052.92	1354.09	1576.49	1799.06	1747.45
中部	山西	4698.93	5764.7	7629.04	9790.22	9016.77	12006.55	15470.89	16594.75	16585.8
	吉林	3737.6	4559.88	6230.62	8220	9707.39	12911	16636.2	19627.62	21690.9
	黑龙江	4588.8	5359.69	6060.62	7494.84	7146.78	9269.34	11191.76	12253.34	13415.89
	安徽	4486.83	5811.99	7763.58	10875.85	12929.06	18277.48	25261.69	28584.11	32913.47

续表

区域	省区	2005	2006	2007	2008	2009	2010	2011	2012	2013
中部	江西	2933.46	4180.26	6105.97	8376.92	9667.31	13741.58	17754.18	20757.09	24603.16
	河南	10320.95	13676.49	20100.82	25595.5	27282.22	34532.45	46177.36	50770.49	58779.98
	湖北	5937.38	7301.67	9403.07	13146.93	15164.52	21118.44	27325.7	32473.97	38107.78
	湖南	4721.59	6103.3	8383.83	11402.12	13318.89	18731.35	26022.13	28185.44	32157.78
西部	重庆	2495.3	3163.2	4235.63	5637.71	6657.73	8970.37	11534.52	12812.47	15475.67
	四川	6098.97	7777.57	10821.18	14421.9	17700.55	22634.86	29779.58	30227.87	34544.52
	贵州	1634.46	2004.32	2436.79	2969.3	3248.35	4014.54	5248.66	6170.82	7650.47
	云南	2577.47	3338.22	4225.66	4896.85	4982.23	6247.87	7527.74	8783.33	9831.22
	陕西	3320.83	4360.57	5549.48	7254.63	8125.14	10853.25	13786.45	16307.31	18151.04
	甘肃	1950.15	2428.47	3142.95	3576.13	3647.72	4691.45	5896.07	6555.95	7460.39
	青海	474.08	617.43	798.92	1049.3	1037.31	1455.89	1800.55	2045.69	2308.34
	宁夏	660.31	832.61	1036.73	1306.63	1373.22	1866.09	2389.24	2956.58	3429.23
	新疆	2086.25	2650.5	3277.99	4180.02	3824	5226.66	6599.69	7348.44	8447.8
	广西	2498.53	3230.4	4446.72	5759.32	6542.47	9150.03	12246.51	14950.7	17437.82
	内蒙古	2924.4	4050.65	5697.22	8351.82	10387.17	13095.32	17458.77	18038.06	20108.84
全国		246946.4	310828.6	397626.7	494733.7	536134.1	684735.2	827797	909797.2	1019405

附表5—4　2005—2013年我国及东、中、西部规模以上工业必要资本量（CA）　　　单位：万元

区域	省区	2005	2006	2007	2008	2009	2010	2011	2012	2013
东部	北京	20364.75	22256.88	25348.60	23320.50	28360.96	33048.49	67596.77	77500.43	84594.15
	天津	10331.90	11314.11	13094.26	13020.39	15154.56	18351.97	34687.77	37413.22	40624.55
	河北	9534.72	10580.17	12623.35	13868.20	15777.85	17910.35	25659.08	27157.91	26916.61
	辽宁	10340.68	9584.44	10289.03	10075.38	10843.10	12200.73	18574.73	20049.44	22343.29
	上海	10740.73	12445.22	13680.87	12106.40	13735.78	16516.35	29566.65	31887.93	34295.42
	江苏	7909.90	8398.08	9084.68	7377.96	8813.34	10311.53	17583.97	18437.04	19331.15
	浙江	5117.14	5449.28	5926.28	6044.40	6628.67	7346.15	14601.30	15249.39	15276.72
	福建	5519.01	5938.75	6692.05	6794.63	7350.71	8352.16	13163.89	13947.68	15495.34
	山东	8036.03	8290.13	8837.99	9201.37	10117.47	12208.21	16982.32	18899.05	20148.46
	广东	7701.48	9033.32	9423.09	8702.05	9642.42	11730.30	17588.15	18879.03	19341.31
	海南	12845.45	16153.78	23224.39	22039.60	26141.50	32623.34	48824.30	53664.72	58969.85

续表

区域	省区	2005	2006	2007	2008	2009	2010	2011	2012	2013
中部	山西	15863.75	18992.07	24365.65	30470.37	38340.82	43646.08	60371.43	64896.49	71223.67
	吉林	16246.86	16773.13	15121.99	14314.59	14361.62	16495.96	23068.79	26290.16	29162.87
	黑龙江	17923.35	19250.44	20740.20	17820.86	20101.25	22783.22	35294.14	33810.13	32323.26
	安徽	9602.24	9557.99	9706.77	8885.34	8618.98	9786.99	15402.76	15707.35	15998.38
	江西	6946.04	6884.32	7778.35	8715.83	9310.16	10922.42	15755.78	16582.60	17299.86
	河南	8427.38	9269.59	10205.77	9260.35	10863.63	12005.02	15849.64	18284.98	21111.08
	湖北	12745.33	12847.28	13458.47	12788.12	13702.87	12973.00	21767.96	21604.10	20910.57
	湖南	5748.69	6203.11	6697.39	7147.28	7644.14	9418.48	12401.52	13910.25	14745.21
西部	重庆	10506.15	11231.48	11268.56	9071.79	10041.03	11359.06	19508.37	22293.60	24216.78
	四川	9936.70	10207.98	10916.25	11358.45	13599.59	16463.42	21608.28	23872.07	27880.87
	贵州	10576.60	12391.63	15336.19	17063.15	18151.81	20115.19	30015.37	30168.20	28914.93
	云南	16783.74	18481.86	21623.87	21641.90	23428.26	26704.89	39862.71	40725.54	44649.11
	陕西	16969.87	18163.02	22224.29	24610.96	27051.92	32183.83	46782.33	48065.27	48004.95
	甘肃	14327.99	18530.35	20165.34	23182.94	26625.77	32436.75	55908.17	52714.76	52321.89
	青海	28353.71	31786.21	34945.65	40634.37	48289.87	55020.00	87728.50	95553.66	91836.78
	宁夏	16249.64	17070.30	20764.16	22884.13	27622.39	33776.00	52934.55	56187.17	54162.84
	新疆	19633.22	22788.79	27532.19	30406.51	31903.22	32097.24	53538.26	59566.97	64439.07
	广西	8163.76	8651.91	10802.45	11021.04	12047.50	13166.41	20185.22	22446.19	24294.01
	内蒙古	18781.73	18230.63	22331.63	25267.47	26093.93	31861.59	44087.23	51258.79	55350.59
全国		9004.88	9644.11	10483.10	10121.86	11365.88	13091.60	20754.86	22352.84	23545.71

附表5—5　2005—2013年我国及东、中、西部规模以上工业必要销售利润率（PR）　　（%）

区域	省区	2005	2006	2007	2008	2009	2010	2011	2012	2013
东部	北京	5.68	5.96	6.66	4.94	6.10	6.94	7.17	7.50	6.86
	天津	7.74	7.88	7.53	5.83	6.28	8.96	9.16	8.88	8.34
	河北	6.42	6.74	7.42	6.10	5.97	6.77	6.56	5.86	5.90
	辽宁	3.31	3.21	4.75	3.21	4.96	6.58	5.86	5.05	5.78
	上海	5.75	5.69	5.66	3.71	5.63	7.17	6.57	6.30	6.91
	江苏	4.31	4.65	5.26	5.98	5.72	6.56	6.61	6.08	6.27
	浙江	4.79	4.81	5.04	4.12	5.31	6.28	6.00	5.40	5.81

续表

区域	省区	2005	2006	2007	2008	2009	2010	2011	2012	2013
东部	福建	5.19	6.07	7.32	6.05	6.76	8.17	7.88	6.93	6.72
	山东	7.21	6.91	6.89	6.32	6.37	7.30	7.11	6.79	6.60
	广东	4.87	5.09	5.72	5.16	6.36	7.42	6.32	5.82	6.11
	海南	7.79	10.03	7.66	7.49	10.57	10.59	9.67	7.86	7.87
中部	山西	5.46	6.02	7.26	6.26	5.05	7.54	7.63	5.58	3.34
	吉林	3.88	4.63	7.65	4.88	5.57	6.67	7.02	6.13	5.76
	黑龙江	22.39	21.95	19.60	19.26	11.29	12.62	12.63	10.69	8.65
	安徽	4.82	4.33	4.57	5.53	6.41	7.96	6.66	6.47	6.24
	江西	3.86	4.65	4.93	5.96	5.41	6.38	6.54	6.69	6.67
	河南	6.36	8.27	10.25	9.01	8.65	9.13	8.67	7.68	7.57
	湖北	6.24	6.21	6.90	6.95	7.13	7.89	6.89	6.33	6.48
	湖南	4.13	4.57	5.85	5.88	5.80	7.77	7.12	6.44	6.43
西部	重庆	4.60	4.90	5.67	5.45	5.38	5.74	5.80	5.01	5.82
	四川	5.44	5.81	6.60	5.91	6.43	7.21	7.35	7.43	6.53
	贵州	4.49	5.69	7.18	6.22	5.93	8.09	9.08	10.51	8.65
	云南	8.87	9.24	9.02	6.25	7.32	9.43	8.39	6.56	6.28
	陕西	12.13	11.96	12.55	14.02	10.43	13.50	14.33	12.60	11.85
	甘肃	3.01	4.24	6.73	2.92	4.37	4.50	4.08	3.66	3.46
	青海	15.73	17.23	17.34	16.96	9.16	11.94	12.94	8.94	7.13
	宁夏	3.26	3.15	4.78	2.93	6.03	7.34	7.24	4.40	5.22
	新疆	18.02	21.36	19.90	17.56	12.11	15.52	14.21	11.83	9.81
	广西	5.47	6.00	6.85	4.08	4.90	8.35	7.32	6.33	5.92
	内蒙古	7.71	8.29	11.12	9.11	9.49	12.61	12.60	10.65	9.98
全国		5.96	6.22	6.79	6.11	6.37	7.60	7.29	6.66	6.58

附表5—6　2005—2013年我国及东、中、西部规模以上工业专利申请数（PA）　　　单位：个

区域	省区	2005	2006	2007	2008	2009	2010	2011	2012	2013
东部	北京	22572	26555	31680	43508	50236	57296	77955	92305	123336
	天津	22572	26555	31680	43508	50236	57296	77955	92305	123336
	河北	6401	7220	7853	9128	11361	12295	17595	23241	27619

续表

区域	省区	2005	2006	2007	2008	2009	2010	2011	2012	2013
东部	辽宁	15672	17052	19518	20893	25803	34216	37102	41152	45996
	上海	32741	36042	47205	52835	62241	71196	80215	82682	86450
	江苏	34811	53267	88950	128002	174329	235873	348381	472656	504500
	浙江	43221	52980	68933	89931	108482	120742	177066	249373	294014
	福建	9460	10351	11341	13181	17559	21994	32325	42773	53701
	山东	28835	38284	46849	60247	66857	80856	109599	128614	155170
	广东	72220	90886	102449	103883	125673	152907	196272	229514	264265
	海南	498	538	632	873	1040	1019	1489	1824	2359
中部	山西	1985	2824	3333	5386	6822	7927	12769	16786	18859
	吉林	4101	4578	5251	5536	5934	6445	8196	9171	10751
	黑龙江	6050	6535	7242	7974	9014	10269	23432	30610	32264
	安徽	3516	4679	6070	10409	16386	47128	48556	74888	93353
	江西	2815	3171	3548	3746	5224	6307	9673	12458	16938
	河南	8981	11538	14916	19090	19589	25149	34076	43442	55920
	湖北	11534	14576	17376	21147	27206	31311	42510	51316	50816
	湖南	8763	10249	11233	14016	15948	22381	29516	35709	41336
西部	重庆	6260	6471	6715	8324	13482	22825	32039	38924	49036
	四川	10567	13109	19165	24335	33047	40230	49734	66312	82453
	贵州	2226	2674	2759	2943	3709	4414	8351	11296	17405
	云南	2556	3085	3108	4089	4633	5645	7150	9260	11512
	陕西	4166	5717	8499	11898	15570	22949	32227	43608	57287
	甘肃	1759	1460	1608	2178	2676	3558	5287	8261	10976
	青海	216	325	387	431	499	602	732	844	1099
	宁夏	516	671	838	1087	1277	739	1079	1985	3230
	新疆	1851	2256	2270	2412	2872	3560	4736	7044	8224
	广西	2379	2784	3480	3884	4277	5117	8106	13610	23251
	内蒙古	1455	1946	2015	2221	2484	2912	3841	4732	6388
全国		476264	573178	693917	828328	976686	1222286	1633347	2050649	2377000

附表5—7　　2005—2013年我国及东、中、西部规模以上工业R&D支出（RD）　　单位：万元

区域	省区	2005	2006	2007	2008	2009	2010	2011	2012	2013
东部	北京	755061	907235	964622	1593262	1137030	1061357	1648538	1889578	2130618
	天津	732327	1012430	1353150	2332613	1238392	1392212	2107772	2554075	3000377
	河北	690149	854283	1050493	1367951	933016	1078941	1586189	1956804	2327418
	辽宁	1296757	1367151	1923865	2551263	1654323	1913437	2747063	3039183	3331303
	上海	2082720	2288463	2739746	3457332	2365150	2377472	3437627	3742714	4047800
	江苏	3588771	4692611	6459996	9495955	5707105	5513458	8998944	10697345	12395745
	浙江	1722909	2197883	2801658	4923508	3301031	2723447	4799069	5821316	6843562
	福建	700433	890599	1040457	1668065	1144347	1161171	1943993	2367980	2791966
	山东	2913990	3606901	4818097	6440128	4567136	5269241	7431254	8979676	10528097
	广东	2973616	3852034	5254938	7098468	5523733	6268811	8994412	10684602	12374791
	海南	45808	49596	48152	71601	22616	18334	57760	75664	93567
中部	山西	551878	967847	1262462	1576714	603934	675657	895891	1066795	1237698
	吉林	502032	530888	592805	693150	329615	355405	488723	593430	698136
	黑龙江	383799	494212	611538	820700	627240	728451	438042	694189	950335
	安徽	858763	1078887	1423476	1998520	907544	1040238	1628304	2052775	2477246
	江西	315320	439807	575021	792594	582649	589366	769834	938139	1106443
	河南	794147	1224981	1576236	1979685	1334943	1485875	2137236	2545323	2953410
	湖北	719392	829750	1016226	1807024	1205733	1429050	2107553	2612770	3117987
	湖南	453062	615852	801778	1465937	1096144	1137692	1817773	2260880	2703987
西部	重庆	475408	594261	787272	1113973	564856	672418	943975	1166087	1388199
	四川	1115685	1055773	1307960	1765526	817664	809767	10446666	6067784	1688902
	贵州	159004	226118	252278	380575	187695	217797	275217	308879	342541
	云南	153360	243734	318815	505946	151147	180687	299279	376779	454278
	陕西	441533	590469	728926	1214046	582497	710176	966768	1184124	1401480
	甘肃	160989	229587	332039	381584	189931	208652	257916	329330	400743
	青海	57129	64165	78240	116492	41322	60210	81965	85753	89540
	宁夏	66889	90518	146464	155960	77591	73020	118879	143187	167494
	新疆	141122	177084	219096	378287	140932	167254	223352	268805	314257
	广西	356482	279387	403236	627716	37757113	358915	586791	701927	817063
	内蒙古	224698	305521	348260	631400	390612	474299	701635	403021	104406
全国		25433232	31758025	41237301	59416498	37757113	40153965	59938055	71561030	83184005

附表 5—8　　2005—2013 年我国及东、中、西部地区人均 GDP（PGDP）　　单位：元

区域	省区	2005	2006	2007	2008	2009	2010	2011	2012	2013
东部	北京	45444	49505	60096	64491	66940	73856	81658	87475	94648
	天津	35783	40961	47970	58656	62574	72994	85213	93173	100105
	河北	14782	16894	19662	22986	24581	28668	33969	36584	38909
	辽宁	18983	21802	26057	31739	35149	42355	50760	56649	61996
	上海	51474	57310	62041	66932	69165	76074	82560	85373	90993
	江苏	24560	28685	33837	40014	44253	52840	62290	68347	75354
	浙江	27703	31684	36676	41405	43842	51711	59249	63374	68805
	福建	18646	21152	25582	29755	33437	40025	47377	52763	58145
	山东	20096	23546	27604	32936	35894	41106	47335	51768	56885
	广东	24435	28077	33272	37638	39436	44736	50807	54095	58833
	海南	10871	12650	14923	17691	19254	23831	28898	32377	35663
中部	山西	12495	14106	17805	21506	21522	26283	31357	33628	34984
	吉林	13348	15625	19383	23521	26595	31599	38460	43415	47428
	黑龙江	14434	16268	18580	21740	22447	27076	32819	35711	37697
	安徽	8670	10044	12039	14448	16408	20888	25659	28792	32001
	江西	9440	10679	13322	15900	17335	21253	26150	28800	31930
	河南	11346	13279	16012	19181	20597	24446	28661	31499	34211
	湖北	11431	13150	16386	19858	22677	27906	34197	38572	42826
	湖南	10426	11830	14869	18147	20428	24719	29880	33480	36943
西部	重庆	10982	12437	16629	20490	22920	27596	34500	38914	43223
	四川	9060	10546	12963	15495	17339	21182	26133	29608	32617
	贵州	5052	5750	7878	9855	10971	13119	16413	19710	23151
	云南	7835	8961	10609	12570	13539	15752	19265	22195	25322
	陕西	9899	11762	15546	19700	21947	27133	33464	38564	43117
	甘肃	7477	8749	10614	12421	13269	16113	19595	21978	24539
	青海	10045	11753	14507	18421	19454	24115	29522	33181	36875
	宁夏	10239	11784	15142	19609	21777	26860	33043	36394	39613
	新疆	13108	14871	16999	19797	19942	25034	30087	33796	37553
	广西	8788	10240	12277	14652	16045	20219	25326	27952	30741
	内蒙古	16331	20047	26521	34869	39735	47347	57974	63886	67836
全国		14259	16602	20337	23912	25963	30567	36018	39544	43320

附表5—9　　2005—2013年我国及东、中、西部规模以上工业科技人员数（LB）

单位：个

区域	省区	2005	2006	2007	2008	2009	2010	2011	2012	2013
东部	北京	38165	42874	50520	93313	53086	60254	67421	75543	79368
	天津	3194	35458	45044	74199	41010	55373	69736	80972	93313
	河北	66670	71262	73801	427129	50333	62164	73995	85498	94021
	辽宁	99707	98239	100689	121778	69192	72710	76228	84369	95912
	上海	58166	67979	83739	104792	79769	90034	100298	108347	116806
	江苏	202539	205034	258684	394884	292015	327254	362492	447951	510930
	浙江	113488	139600	154748	311948	184929	216543	248156	297465	337155
	福建	37174	46745	53610	84886	59897	77420	94942	120671	130227
	山东	164853	178394	209300	273131	178650	215335	252020	303862	326793
	广东	160304	208456	285076	402183	299008	357513	416017	519212	530551
	海南	1698	1864	2041	4104	1467	1852	2237	3866	4678
中部	山西	66762	77401	80491	90936	40963	41129	41294	44116	46544
	吉林	26648	30635	35221	45463	18154	21430	24706	31593	32841
	黑龙江	60490	60624	64534	67237	36422	42757	49092	48392	51198
	安徽	44067	50814	66486	108719	53976	68545	83114	110739	127627
	江西	34386	36259	38396	47691	29583	31740	33896	33966	46599
	河南	88610	108765	121383	155451	93537	109031	124525	140786	168212
	湖北	60811	69722	73497	102863	69180	83483	97785	112554	128952
	湖南	50040	57859	61232	89350	52036	65091	78146	92547	99002
西部	重庆	33599	38607	45285	55190	33065	36778	40490	46048	53781
	四川	72488	82861	95374	123143	58356	59112	59868	78406	92424
	贵州	16116	19766	21921	24798	9517	10913	12309	16509	20026
	云南	12169	14882	17435	27317	12104	15147	18190	19116	20323
	陕西	57876	62412	63956	71807	36917	39123	41329	55794	67210
	甘肃	21033	23555	24902	30887	13403	13618	13832	17334	17565
	青海	3888	4121	4835	5394	2348	2470	2592	2889	2940
	宁夏	4770	5579	6791	9222	5009	5520	6030	7310	8638
	新疆	10096	11148	11546	16718	7472	8155	8838	9195	9633
	广西	18872	19191	26763	31407	15782	21033	26283	29795	30205
	内蒙古	21552	22391	24257	30939	16627	18721	20815	26378	32210
	全国	1679221	1892497	2201557	3091848	1914274	2230528	2546782	3051455	3375912

附表5—10　2005—2013年我国及东、中、西部规模以上工业全要素生产率（TFP）

区域	省区	2005	2006	2007	2008	2009	2010	2011	2012	2013
东部	北京	1.034	1.015	1.097	1.104	1.123	1.182	1.075	1.067	1.057
	天津	1.177	1.065	1.029	1.083	0.874	1.052	1.054	0.993	0.989
	河北	1.077	0.995	1.002	0.996	0.858	1.012	1.086	0.928	0.954
	辽宁	1.212	1.073	1.080	1.039	0.957	1.109	1.303	1.019	0.943
	上海	1.102	1.088	1.077	0.874	0.972	1.147	1.068	0.923	1.009
	江苏	1.057	1.038	1.001	1.079	0.900	1.055	1.067	0.983	1.009
	浙江	0.912	1.072	1.048	1.034	0.884	1.129	1.089	0.990	0.996
	福建	1.028	0.974	1.014	1.046	0.976	1.051	1.061	0.984	1.021
	山东	1.050	1.020	0.981	1.039	0.940	0.969	1.027	0.959	0.958
	广东	1.074	1.034	1.063	1.039	0.952	0.987	1.082	1.023	0.959
	海南	0.996	1.075	0.989	0.943	0.942	0.855	1.883	0.870	0.812
中部	山西	0.979	0.894	0.957	0.949	0.827	0.969	1.023	0.906	0.895
	吉林	1.120	1.077	1.125	1.017	1.010	1.042	1.340	0.983	0.964
	黑龙江	1.139	1.055	0.969	1.040	0.830	1.074	1.647	0.909	1.084
	安徽	1.048	0.979	0.988	0.962	0.955	1.072	1.116	0.972	0.998
	江西	1.049	1.046	0.968	0.829	1.026	1.031	1.073	0.907	0.925
	河南	1.177	1.017	1.000	1.004	0.916	1.002	0.963	0.880	0.819
	湖北	1.061	1.059	0.981	0.996	0.977	1.159	1.200	1.036	0.947
	湖南	1.069	1.014	0.987	0.976	0.925	1.000	1.104	0.961	0.975
西部	重庆	1.019	1.026	0.996	0.975	0.958	0.973	1.083	0.908	0.787
	四川	1.054	1.036	0.948	0.973	0.944	1.060	1.134	0.957	0.977
	贵州	0.736	0.891	0.904	0.772	0.899	0.880	1.050	0.763	0.832
	云南	0.991	0.968	0.984	1.061	0.852	1.023	1.212	0.958	0.884
	陕西	1.114	1.045	0.968	1.000	0.865	1.149	1.039	1.096	1.136
	甘肃	1.259	0.937	1.033	0.923	0.857	0.989	1.233	0.875	0.881
	青海	1.323	1.013	1.067	1.012	0.944	1.051	1.171	0.958	0.873
	宁夏	1.027	0.956	0.946	0.839	0.833	1.124	1.449	0.902	0.893
	新疆	0.995	1.224	0.978	1.025	0.898	1.031	1.649	0.917	0.862
	广西	1.003	0.957	0.812	0.891	0.848	0.889	0.966	0.933	0.939
	内蒙古	1.088	1.083	0.992	1.083	1.009	1.019	1.340	0.947	0.906
	全国	1.042	1.019	1.039	1.026	0.951	1.058	1.239	0.993	0.971

附表5—11　　2005—2013年我国及东、中、西部规模以上工业技术进步（TECH）

区域	省区	2005	2006	2007	2008	2009	2010	2011	2012	2013
东部	北京	1.133	1.109	1.137	1.349	1.118	1.170	1.239	0.979	0.916
	天津	1.140	1.140	1.107	1.067	1.002	1.001	1.074	0.939	0.966
	河北	1.114	1.029	0.997	1.024	0.955	1.019	1.120	0.926	0.965
	辽宁	1.150	1.116	1.053	1.055	0.982	0.995	1.222	0.942	0.969
	上海	1.102	1.088	1.085	1.375	1.118	1.164	1.097	0.973	0.930
	江苏	1.148	1.103	1.056	1.064	0.987	1.010	1.088	0.940	0.980
	浙江	1.148	1.096	1.030	1.062	0.974	1.022	1.107	0.940	0.993
	福建	1.142	1.039	0.978	1.043	0.951	1.019	1.117	0.970	1.008
	山东	1.140	1.037	0.965	1.047	0.963	1.028	1.129	0.940	0.992
	广东	1.144	1.060	0.986	1.055	0.964	1.025	1.117	0.940	0.997
	海南	0.956	1.126	0.840	0.953	0.869	0.917	1.757	0.870	0.897
中部	山西	1.028	0.978	0.938	0.911	0.920	0.916	1.035	0.865	0.908
	吉林	1.075	1.117	1.010	1.044	0.962	1.002	1.314	0.949	0.964
	黑龙江	1.139	1.055	0.969	1.040	0.932	1.012	1.557	0.909	1.084
	安徽	1.116	1.020	0.999	0.999	0.922	1.009	1.133	0.981	1.009
	江西	1.085	1.012	0.972	0.973	0.911	0.985	1.073	0.936	0.950
	河南	1.147	1.017	1.000	1.004	0.916	1.002	1.076	0.954	0.968
	湖北	1.121	1.031	0.959	1.034	0.935	1.011	1.144	0.950	0.987
	湖南	1.069	1.020	0.981	0.976	0.925	1.000	1.104	0.961	0.975
西部	重庆	1.028	1.027	0.986	0.975	0.958	0.973	1.083	0.908	0.954
	四川	1.073	1.009	0.965	0.983	0.934	1.003	1.105	0.961	0.996
	贵州	0.736	0.891	0.904	0.772	0.899	0.880	1.050	0.763	0.832
	云南	1.102	1.042	0.985	1.018	0.949	1.006	1.130	0.887	0.919
	陕西	1.065	1.036	0.991	1.011	0.971	1.008	1.095	0.916	0.964
	甘肃	1.025	1.021	0.979	0.938	0.917	0.932	1.163	0.855	0.889
	青海	1.038	1.167	0.943	1.022	0.885	0.992	1.280	0.904	0.922
	宁夏	0.896	0.935	0.815	0.865	0.898	1.011	1.449	0.902	0.893
	新疆	0.996	1.223	0.978	1.025	0.898	1.031	1.649	0.917	0.910
	广西	1.003	0.957	0.812	0.891	0.848	0.889	1.021	0.938	0.961
	内蒙古	1.088	1.083	0.992	1.083	1.009	1.019	1.340	0.947	0.906
	全国	1.051	1.037	1.042	1.079	0.945	1.121	1.291	1.016	0.949

附表5—12　　2005—2013年我国及东、中、西部规模以上工业资本投入（VA）　　单位：亿元

区域	省区	2005	2006	2007	2008	2009	2010	2011	2012	2013
东部	北京	7254.43	8357.47	9994.12	11371.98	12283.18	14564.26	14957.92	17500.36	18790.87
	天津	5731.2	6454.36	7469.2	9118.28	11309.66	13203.75	15677.42	18023.92	20060.94
	河北	8702.02	10283.97	12261.52	15073.43	18239.81	21918.7	25712.48	29287.26	32108.29
	辽宁	10823.52	12930.17	15036.78	19462.7	22380.31	25514.07	27102.3	29052.46	32570.5
	上海	12930.17	15036.78	19462.7	22380.31	25514.07	27102.3	29052.46	32570.5	32342.13
	江苏	28522.6	35373.04	44411.14	48723.37	60095.6	67495.17	74223.29	82451.51	88118.62
	浙江	22197.42	26933.27	31556.11	35265.61	41620.29	44495.83	47831.85	51203.03	53938.07
	福建	6200.37	7378.8	8893.5	10189.64	11769.3	14244.83	16200.76	18543.65	20846.7
	山东	19716.39	23544.68	28477.01	34152.59	39507.8	46618.57	52936.69	60752.76	69523.05
	广东	25129.04	30264.36	35702.83	40755.38	45608.52	56747.5	59951.7	61973.12	68836.71
	海南	712.67	888.47	1005.55	1057.01	1060.65	1271.85	1333.4	1518.7	1847.17
中部	山西	6466.34	7969.29	9671.86	11549.55	13022.06	15838.63	18988.1	20649.75	22322.61
	吉林	3882.84	4533.97	5238.77	6429.72	7203.98	8965.55	10311.22	11872.87	13531.4
	黑龙江	4942.24	5406.11	6257.31	7191.56	8299.37	9741.25	10732.6	11652.74	12447.69
	安徽	4486.57	5526.59	6877.66	8817.96	10768.6	13971.48	16480.49	19495.88	22074.74
	江西	2731.17	3312.21	4175.38	5868.08	6173.04	7779.35	9173.54	10687.75	12429.62
	河南	8413.23	10079.2	12333.72	15123.58	17610.65	21229.7	26105.4	31538.52	38734.67
	湖北	7509.88	8409.86	10582.41	13402.19	16708.49	18574.83	20549.95	22980.67	25883.08
	湖南	4089.26	4878.29	5945.56	7493.36	8928.14	11505.36	13487.44	15361.01	17120.77
西部	重庆	2704.01	3156.14	3848.64	4885.05	5551.75	7023.43	7979.48	9397.63	11385.58
	四川	6873.28	8005.91	10036.62	12710.33	15523.17	18933.98	21474.95	25400.25	29347.16
	贵州	2479.91	2927.01	3044	3942.08	4562.37	5318.25	5112.54	6872.95	8402.91
	云南	3297.66	4108.5	5075.56	5665.01	6882.4	8294.89	9091.55	10409.99	12551.16
	陕西	4626.55	5564.98	6838.51	8714.85	10752.44	11757	15193.16	18061.3	16936.94
	甘肃	2275.22	2945.26	3309.15	3887.55	4631.49	5853.97	6518.08	7639.92	8745.64
	青海	1070.78	1275.1	1417	1878.83	2116.41	2589.48	2841.37	3207.49	3791.42
	宁夏	1018.42	1201.84	1387.89	1821.01	2020.66	2579.71	3373.95	4109.71	4606.97
	新疆	2631	3136.8	3963.97	4583.04	5721.73	6969.29	7803.94	9359.99	11647.07
	广西	2696.4	3178.36	4272.49	5257.02	6148.92	7762.67	8856.02	10282.13	11437.23
	内蒙古	4021.47	4956.87	6255.38	8521.56	9862.78	12564.47	15130.19	17729.68	19578.93
	全国	216983.3	257500.2	309961.4	374873.5	430394.3	517325.1	580976.8	652151.6	729722

附表6—1　　　　按污染程度划分的规模以上工业行业[①]

污染程度	行　业
重度污染	煤炭开采和洗选业
	石油和天然气开采业
	黑色金属矿采选业
	有色金属矿采选业
	非金属矿采选业
	造纸和纸制品业
	石油加工、炼焦和核燃料加工业
	化学原料和化学制品制造业
	化学纤维制造业
	非金属矿物制品业
	黑色金属冶炼和压延加工业
	有色金属冶炼和压延加工业
	电力、热力生产和供应业
	燃气生产和供应业
中度污染	农副食品加工业
	食品制造业
	酒、饮料和精制茶制造业
	纺织业、纺织服装、服饰业
	皮革、毛皮、羽毛及其制品和制鞋业
	文教、工美、体育和娱乐用品制造业
	医药制造业
	橡胶和塑料制品业（2005—2012年需合并）
	金属制品业
轻度污染	烟草制品业
	木材加工和木、竹、藤、棕、草制品业
	家具制造业
	印刷和记录媒介复制业
	通用设备制造业
	专用设备制造业

① 第六章的原始数据和第四章一样，只是将38个工业行业按照污染程度进行了分类。

续表

污染程度	行业
轻度污染	交通运输设备制造业（2012—2013年汽车、铁路、船舶航空航天合并）
	电气机械和器材制造业
	计算机、通信和其他电子设备制造业
	仪器仪表制造业
	其他制造业
	废弃资源综合利用业
	水的生产和供应业

附表7—1 2005—2013年我国及东、中、西部"三同时"执行合格率（STS） （%）

区域	省区	2005	2006	2007	2008	2009	2010	2011	2012	2013
东部	北京	100	99.6	90.4	99.8	93.5	95.2	99.9	99.8	96.4
	天津	100	100	100	100	100	100	99.9	100	100
	河北	95.7	97.8	99	99.6	99.7	99.7	98	98.3	97.1
	辽宁	97.5	99.6	100	89.3	86.7	95.7	99.3	96.7	98
	上海	100	100	100	99.4	100	100	99.9	99.9	99.6
	江苏	90	99.7	99.2	98.4	99.7	99.6	98.5	96.8	96.1
	浙江	99.4	98	98.1	97.5	99.5	99.5	99.1	95.5	96.9
	福建	98.2	98.7	99	97.3	99.4	96.3	90.6	89.5	89.7
	山东	99	98.8	98.4	99.9	41.7	60	99.3	98.2	94.4
	广东	95.5	94.4	91.7	97.5	99	95.3	94.8	95.6	95.3
	海南	96.4	97.6	98.8	96.1	97	98.6	99.9	99.3	99.6
中部	山西	90.2	81.6	94.5	99.6	99.6	99.2	99.9	99.7	98.2
	吉林	100	89.4	100	100	99.9	94.8	99.6	99.3	99
	黑龙江	100	100	100	100	92.1	95.9	99.4	98.8	97.8
	安徽	92.2	95.9	96	96.6	99.4	99	97.7	97.4	96.8
	江西	86.7	87.2	90.8	96.4	95.9	99.1	98.4	96.4	89.1
	河南	97.6	94.1	100	94	99.5	99.8	98.5	98.9	99.1
	湖北	82.9	85.1	98.6	99.3	99.4	99.5	96.7	97.8	96.1
	湖南	88.8	91.4	98.2	98.1	79.1	91.9	97.5	95.2	96.4

续表

区域	省区	2005	2006	2007	2008	2009	2010	2011	2012	2013
西部	重庆	100	98.6	100	100	98	100	97.3	100	98.8
	四川	91	97.1	98.5	100	100	100	99.3	99	97.3
	贵州	72	81.4	92.2	100	100	100	100	99.8	99
	云南	89.2	95.4	100	100	100	100	100	98	99.6
	陕西	91	26.9	97.5	99.1	97.1	98.9	98.4	98.9	96.5
	甘肃	97.8	97.7	93	98.2	97	100	99.9	99.5	99
	青海	99	100	95.8	99.6	78.7	90.5	100	95.7	100
	宁夏	95	97.3	94.8	99.1	100	79.6	94.3	98.1	99.5
	新疆	94.9	93.4	86.5	99	96.7	97.5	97.8	98.6	95.8
	广西	97.8	97.8	98.6	100	99.3	99.1	98.5	97.6	96.7
	内蒙古	80.5	87.5	100	99.7	86.6	99.4	99	99.5	98.9
全国		95	91	97	98	92	98	98	97	97

附表7—2　　2005—2013年我国及东、中、西部排污费（PW）　　单位：万元

区域	省区	2005	2006	2007	2008	2009	2010	2011	2012	2013
东部	北京	16726.5	12490.0	8252.4	4336.2	3148.0	3574.8	2848.6	3103.0	3146.0
	天津	20176.5	24061.2	24614.7	18412.8	17246.0	18041.9	19643.8	19214.0	18697.0
	河北	64234.3	76033.5	105513.2	116961.1	120873.0	137247.7	148737.3	166539.0	166499.0
	辽宁	76625.2	87067.0	99982.4	106291.2	103949.0	120630.4	133549.5	128649.0	141254.0
	上海	29630.7	34692.6	29912.7	29776.5	27671.0	24827.9	23497.0	18961.0	22421.0
	江苏	116439.2	131238.4	177002.6	203554.8	187443.0	202611.5	200731.9	190582.0	199967.0
	浙江	92880.5	106584.2	108438.6	110122.7	101927.0	101472.6	95439.3	86262.0	74605.0
	福建	31975.5	37804.3	43387.5	40325.3	34172.0	35245.1	37984.7	34095.0	33691.0
	山东	90572.2	109404.8	119689.2	141345.8	138461.0	150685.9	139894.8	147638.0	158321.0
	广东	26124.4	28952.0	31645.0	23986.6	85069.0	46673.2	92263.9	87351.0	92938.0
	海南	2581.5	3141.9	4623.2	3973.4	3448.0	3604.5	3468.9	3530.0	4516.0
中部	山西	119201.2	155917.5	287343.5	256033.8	176074.0	166299.6	191457.4	126524.0	151279.0
	吉林	21086.7	22635.1	30005.9	37519.2	38170.0	41876.5	34791.4	33578.0	34413.0
	黑龙江	26228.4	28626.4	34388.1	33202.2	35025.0	43882.7	43711.7	43321.0	46884.0
	安徽	27698.8	32175.3	43485.9	43940.9	45783.0	52856.2	47146.6	56879.0	54315.0
	江西	19785.8	24113.5	38370.3	41070.0	47534.0	47806.9	63766.3	84307.0	84080.0

续表

区域	省区	2005	2006	2007	2008	2009	2010	2011	2012	2013
中部	河南	60578.9	73390.6	76923.3	91739.8	80326.0	91791.1	92886.6	104390.0	95414.0
	湖北	28041.0	33532.2	37779.5	41368.0	37065.0	37542.0	38672.7	40146.0	40554.0
	湖南	37831.5	51514.0	41905.4	51654.4	48205.0	54260.9	60153.2	60083.0	57008.0
西部	重庆	29744.3	34796.3	42322.7	46094.8	37478.0	37726.1	37170.8	36342.0	38602.0
	四川	40222.7	48507.0	52199.6	46790.5	52747.0	58566.5	60549.4	55326.0	73309.0
	贵州	33962.3	41509.5	46007.8	39305.1	43938.0	45304.3	44454.0	51209.0	54499.0
	云南	19415.4	26515.7	29168.1	28181.4	25123.0	29214.3	31564.8	36399.0	35773.0
	陕西	29735.8	33515.9	41433.9	44524.3	43376.0	47893.4	51941.4	54654.0	60185.0
	甘肃	18915.1	19382.0	22823.1	23764.4	21312.0	21306.7	26296.1	23296.0	23283.0
	青海	1857.5	1799.3	3346.1	4069.4	5907.0	6624.3	6369.9	6760.0	6947.0
	宁夏	8680.2	14249.9	16606.1	15531.1	13503.0	14690.2	15879.7	17796.0	16933.0
	新疆	18981.6	20750.7	26486.7	32979.7	28211.0	41688.1	35849.9	46912.0	64443.0
	广西	95907.0	108060.7	102331.2	95345.7	24738.0	94138.4	26394.4	26996.0	27562.0
	内蒙古	25168.7	33184.3	56194.8	79457.6	97516.0	102934.2	91842.3	98363.0	100501.0
全国		1231586.7	1441443.5	1783075.0	1852368.0	1726192.3	1881899.9	1898958.0	1889204.0	2048126.0

附表7—3   2005—2013年我国及东、中、西部环境信访数（XF）   单位：封

区域	省区	2005	2006	2007	2008	2009	2010	2011	2012	2013
东部	北京	18706	23197	1342	28918	20541	15492	664	877	1698
	天津	16138	14931	605	21021	17818	13837	13349	217	510
	河北	11141	11026	1856	17215	14835	25649	2184	2297	2202
	辽宁	13023	21206	3155	24621	28874	28648	4635	2959	4109
	上海	28696	32779	3249	37681	30055	25709	2279	1992	1742
	江苏	59235	72919	5486	57396	58407	63009	11068	8165	3890
	浙江	45787	59419	9663	67233	55782	51454	8511	4852	5888
	福建	27913	23708	9934	26232	33065	34518	5134	3758	4628
	山东	27989	33324	4317	27784	26474	24788	22338	8383	3768
	广东	77663	104659	3725	23221	105942	115392	25272	13279	14894
	海南	1898	1665	197	592	1238	11372	125	145	168

续表

区域	省区	2005	2006	2007	2008	2009	2010	2011	2012	2013
中部	山西	29737	7622	348	6206	5547	7725	3272	1850	1532
	吉林	11625	12814	1215	11485	5093	5556	2758	1593	804
	黑龙江	12007	5850	11546	15628	10017	10346	2022	2246	2169
	安徽	13776	13397	1725	18119	15507	20853	8131	5125	6729
	江西	12697	11097	5104	18186	23841	27648	4412	3419	5352
	河南	8053	5975	2593	31035	26133	17826	4073	3261	4344
	湖北	18147	20382	4817	27993	20411	26170	10991	6010	5672
	湖南	10050	427	3831	17872	16806	14802	6976	4178	5168
西部	重庆	45775	44722	970	28587	25445	37812	5083	3073	3931
	四川	20971	21528	5633	20015	25276	11607	9743	7601	7445
	贵州	6357	77	62	87	55	141	2711	1968	2250
	云南	31349	9940	587	8842	12084	8998	4674	2118	2216
	陕西	9606	19546	7969	27543	28118	24203	18629	1368	1476
	甘肃	5925	3329	3568	2985	2640	4508	1778	1528	1808
	青海	1134	1515	181	1681	1832	2469	1394	281	566
	宁夏	7698	9400	234	5793	3007	4300	3435	110	297
	新疆	7738	6876	50	2200	4675	3732	1506	1486	1958
	广西	16607	15008	21222	103792	25550	26385	2337	2076	2184
	内蒙古	7230	7733	3263	6562	6772	10054	9696	8400	1015
全国		608245	616122	123357	705127	696134	701073	201631	107120	103776

后　　记

　　由于本书获取的统计资料有限，加之学术造诣不深，对于环境规制对产业绩效影响问题的研究还不够深入和全面。首先，由于行业数据资料有限，无法准确计算我国38个工业行业全要素生产率和技术进步，只能从企业进入、技术创新和总资产贡献率等视角进行分析，结果的精确性将大大降低。其次，由于企业层面数据的可得性较低，也没有深入分析微观层面环境规制对企业经营绩效、生产决策等的影响，尤其是没有从博弈论视角分析企业与政府之间的环境博弈问题，这是本书最大的不足，希望在今后的研究中继续深入研究。最后，由于规模以上工业产业数据的变化和各省区指标的差异性，对部分数据进行的科学估算可能会对实证结果有一定的影响。